新方志编纂管见

◎鄢钢城／著

辽宁大学出版社
Liaoning University Press

图书在版编目（CIP）数据

新方志编纂管见/鄢钢城著. 一沈阳：辽宁大学出版社，2018.7

ISBN 978-7-5610-9360-3

Ⅰ.①新… Ⅱ.①鄢… Ⅲ.①地方志一编辑工作 Ⅳ.①K290

中国版本图书馆 CIP 数据核字（2018）第 148866 号

新方志编纂管见

XIN FANGZHI BIANZUAN GUANJIAN

出 版 者：辽宁大学出版社有限责任公司
（地址：沈阳市皇姑区崇山中路 66 号　　邮政编码：110036）
印 刷 者：大连金华光彩色印刷有限公司
发 行 者：辽宁大学出版社有限责任公司
幅面尺寸：170mm×240mm
印　　张：18.25
插　　页：4
字　　数：300 千字
出版时间：2018 年 7 月第 1 版
印刷时间：2018 年 7 月第 1 次印刷
责任编辑：祝恩民
封面设计：韩　实
版式设计：李天泽
责任校对：齐　悦

书　　号：ISBN 978-7-5610-9360-3
定　　价：65.00 元

联系电话：024-86864613
邮购热线：024-86830665
网　　址：http://press.lnu.edu.cn
电子邮件：lnupress@vip.163.com

序　　言

编纂地方志是我国特有的优秀文化传统，至今已延续千年。它作为承上启下、继往开来、服务当代、有益后世的文化基础事业，已成为社会主义先进文化建设中的一项系统工程。

方志学是既古老又年轻的一门学科。从方志编纂的发展脉络来说，方志学萌发于唐宋，集大成于清代，民国时期又有了重大发展，产生了一大批方志学名家，历代方志理论著作琳琅满目。当代，随着新方志从首轮到二轮的编修，辽宁乃至全国修志成果丰富，其中不乏名志佳志，方志的地位和作用也逐渐凸显出来。但是，新方志编修工作面临的问题需要很好的总结，实践中取得的经验更需要很好的提炼，新方志编纂工作对方志学理论提出了更高的要求。

《新方志编纂管见》立足于理论研究与地方志编纂工作实际相结合，在总结前人特别是近些年来新方志编修的经验和教训的基础上，对志书的编纂提出了新见解。全书共分 8 章、30 节、117 目，针对当前志书编纂过程中所遇到的诸多实际问题，力求在基础理论上讲明原则，在编纂方法上指明路径，对常见的问题给出了正确的方法。本书在不同层面、从不同角度对志书的编纂理论、方志的定位、指导思想、基本原则、特征与功能；方志编纂实践、编纂的基本方法、资料的搜集和考证、概述、大事记的编写、体裁运用等进行了详细的论述，对具体方志工作具有较强的现实指导性。本书名为管见，实为明见，其内容鉴往昭来，据经引传，数十万字，洋洋洒洒，这不仅显示了作者良好的学术素养和深厚的理论功底，而且体现出作者勤于思考的精神和关注方志事业大局的广阔视野。

《新方志编纂管见》突出了“官”修方志的特点，将新方志的指导思想贯穿始终，明确将习近平新时代中国特色社会主义思想确定为新方志的核心指导思想，体现了时代精神，突出了官修的政治导向与“依法治志”的法治理念。本书把新方志的政治定位、新方志的政治性提高到一个前所未有的高度，“政治性是方志的灵魂，是第一位的”。

《新方志编纂管见》既继承了主要方志学专著正确的理论观点，又推陈出新，总结提炼出一系列令人耳目一新的理论观点。首先在绪论中就开宗明义，首次提出了新方志的准确定位——“政治定位、历史定位、社会定位、文化定位”。在对新方志的功能论证中，首次将新方志原有的三大功能发展为“明道、资治、存史、辅教”四大功能。“明道”即“揭示特定地域自然与社会发展变化的基本规律，以明行事之‘道’”，这是地方志最基本、最首要的功能；将原“资政”功能改为表述更准确的“资治”功能，由资“政”发展到资“治”；将原“教化”功能准确定位为“辅教”功能，用词更为贴切，将方志的定位和功能融为一体，功能更加完备，充分体现了方志的宗旨。

《新方志编纂管见》汲取和利用历史上和现代的方志学名家之言论，在搜览了大量参考资料的基础上，广征博引、博采众长，批判地继承了前人的思想，既取前人观点中古今通用之精华，又去其不适应新时代之糟粕，不拘泥于古，长于变通，并将其与二轮修志的工作实践结合，进行创造，别出机杼，形成了独成一体的新方志理论体系。将新方志的特征归纳为政治性、时代性、地域性、资料性、科学性、综合性、著述性等7

个主要的特征，简明扼要；首次提出新方志要记述特定地域中事物“求新、求变、求发展”的全过程，新方志应展现的是特定地域的“新事物、新成果、新局面”，概括了地方志记述的主要内容及特征，从而构成了浑然一体的新方志理论科学体系。

全书内容充实，通俗流畅，逻辑关系清楚，条分缕析，言之有据，尤其是对新方志的具体编纂工作做了系统梳理和阐述，要言不烦。从本书的字里行间，能体会到作者对方志事业的热爱、经世致用的良苦用心、与时俱进的理念以及其严谨的治学态度和科学求实的学术精神。本书的问世，必将会对方志工作者有重要的指导作用，同时对广大读者了解和利用新方志以及向社会大众普及新方志知识，都将发挥积极作用。

今本书即将付梓，忝为作序。

丁玉恒　由林鹏

2018年4月17日

目　录

第一章　绪　论

编纂方志是中华民族优良传统，在我国拥有悠久的历史，自秦汉延续至今，一直没有间断。

方志是地方志的简称。作为文明发展到一定程度后的社会文化产物，在其漫长的历史发展进程中，经过从事方志工作的人们不断充实、完善、提高，逐渐演进成现代形式的方志书。宋代以前，方志之书多是图经、地记，记地、记人、记物各为专书，宋代以后，荟萃以上各体形成具有规范体例的方志。正如近代学者张国淦在《中国古方志考·叙例》中所说："方志之书，至赵宋而体例始备。举凡舆图、疆域、山川、名胜、建置、官职、赋税、物产、乡里、风俗、人物、方技、金石、艺文、灾异无不汇于一编。"① 学界把宋代以前的方志称作广义方志，把宋代以后的方志称作狭义方志。当代方志学界为了研究方便，把中华人民共和国成立前出版的方志，统称旧方志；中华人民共和国成立以后出版的方志，称新方志。新方志包括地方志书、地方综合年鉴。地方志书是指全面系统地记述本行政区域自然、政治、经济、文化和社会的历史与现状的资料性文献。地方综合年鉴是指系统记述本行政区域自然、政治、经济、文化、社会等各方面情况的年度资料性文献。

旧方志是中华文化遗产中非常宝贵的组成部分。在我国浩如烟海的传统文化典籍中，旧方志占有很大比重。据统计，在我国保存的中华人民共和国成立之前出版的方志，有8700余种，共11万多卷，占我国现存古籍的10%左右。方志是特定地域综合性著作，是研究中国各个地区历史、地理、政治、经济、文化、社会、物产资源、风土人情、自然灾害的宝贵资料，总览百科，内容十分丰富，被誉为博物之书。英国近代汉学家伟烈亚力评价说："在中国出现的一系列地方志，无论从它们的广度来看，还是从它们的有系统的全面性方面看，都是任何国家的同类

① 张国淦．中国古方志考［M］．北京：中华书局，1962．

文献所不能比拟的。”① 方志是中华民族传统文化的重要根脉，英国学者李约瑟博士说：“要研究人类文明，必须研究中国地方志。”方志客观全面地记载了中华民族的文化进程，记述了中华文化史的全部，通过志书，人们可以更加全面、详细地了解中华民族悠久的历史。我国方志文化凝聚了中华民族的精神，由于方志的世代传承，中华民族精神也得以发扬光大。只有民族的才是世界的，每一个国家和民族都在创造自己的文化，而方志文化是最具民族性的文化。

方志文化源远流长，灿烂辉煌，是中华民族优秀的文化传统。方志以其自身特有的方式，传承文明，服务社会。长期形成的方志文化，构成了丰富多彩的地域文化，凝聚着中国各地区各民族奋发向上、自强不息的民族精神，在当今构建和谐社会、推动社会主义文化繁荣兴盛中，方志文化将会放射出更加绚丽的光彩。英国历史学家汤因比早在20世纪70年代就断言，中国文化将是21世纪人类走向全球一体化、文化多元化的凝聚力和融合器，21世纪将是中国文化创新的时代。方志文化作为中国文化的一颗璀璨明珠，必将在世界文化发展中更加耀眼夺目。

“方志”一词，最早出现在《周礼·地官》这部书中，《周官·地官·诵训》中有“诵训：掌道方志，以诏观事”。方志一词产生至今，有两千多年的历史了。

《周官》又称《周礼》，记述的是周朝后期列国设官分职综合情况，堪称战国时代“官制汇编”，《周官》有职方、土训、诵训之职，掌道四方九州之事物，以昭王知其利害的记录。据《周官》记载：“外史，掌四方之志”“小史，掌邦国之志，奠系世，辨昭穆”“诵训，掌道方志，以诏观事”。“诵训”和“小史”“外史”一样，是周朝掌管历史资料工作的官员。周朝设有掌管四方之志的官员，这足以证明，方志最晚在战国时期就已经有了。朝廷专设官员“诵训”管理方志，这是一种政治制度安排，如果没有方志存在，作这样的制度安排又有何意义呢？后来，两汉的地记，实际上已经是方志了。近代学者梁启超曾经说，中国“最古之史，实为方志”②。可见方志历史之悠久。

编纂方志作为中华民族优良传统，薪火相传，经久不绝。千百年来编纂的方志种类繁多，包括秦汉以前已显示出方志雏形的《周礼》中

① ［英］李约瑟. 中国科学技术史（第五卷第一分册）地方志［M］. 北京：科学出版社，1976：44—45.

② 梁启超. 中国近三百年学术史［M］. 北京：东方出版社，1996：324.

《地官司徒》《春官宗伯》《夏官司马》等篇以及《尚书·禹贡》《山海经》等，秦汉至隋唐成书的《越绝书》《畿服经》《华阳国志》和多种风俗传、先贤传、耆旧传、地理书、图经、图志、地记、地志、图录等，宋代至民国成书的大量通志、府志、州志、县志、厅志、卫志、所志、土司志、乡镇志、乡土志等，还有元、明、清三朝编纂的一统志，以及名目繁多的各种专志等。

方志成果是中华民族文化宝库中的瑰宝。历来受到统治阶级、学人雅士的重视和钟爱。汉武帝刘彻、汉光武帝刘秀、隋炀帝杨广、唐太宗李世民、宋太祖赵匡胤、明太祖朱元璋、明成祖朱棣、清圣祖爱新觉罗·玄烨等，都曾下令编纂方志。唐代李泰、韩愈、李吉甫，宋代乐史、司马光、范成大，明代王世贞、谢肇淛，清代章学诚、戴震、钱大昕、孙星衍等众多硕学大儒，或编纂、或倡导、或点校、或辑佚，均对方志事业和方志文化发展做出卓越贡献。特别值得一提的是，北宋8位皇帝中，有7位皇帝先后20多次下令编纂、检阅、察问、嘉奖或宣示方志或舆图；宋徽宗大观元年（1107年），“朝廷创置九域图志局，命所在州郡，编纂图经”①，宋代朝廷设有专门机构修纂图经，更开创了官方修志的先河，为后世所效仿。宋以后，元、明、清、民国乃至中华人民共和国，方志编纂都是官方行为。

中华人民共和国成立后，社会主义新方志编纂大体分两个阶段：一是20世纪五六十年代，编纂社会主义新方志，是在毛泽东、周恩来、董必武等领导人关怀和倡导下开展起来的。中华人民共和国成立之初，各项事业方兴未艾，在国家领导人重视和众多专家学者呼吁下，全国各地新方志编纂工作比较普遍地开展起来了，但由于经济困难，这个阶段，全国各地编纂的250余部方志未能出版；二是20世纪80年代以来，方志事业的蓬勃发展。1978年，中共十一届三中全会决定，中国实行改革开放政策，方志事业迎来了蓬勃发展的春天。1979年7月9日，胡耀邦在李百玉建议修志的信上批示：“大力支持在全国开展修志工作。”1980年4月，胡乔木在中国史学会代表大会上指出：“地方志的编纂，也是迫切需要的工作。……要用新的观点、新的方法、新的材料和体例，继续编写好地方志。”② 2006年，国务院颁布《地方志工作条例》，

① 黄鼎. 乾道四明图经序.

② 郭凤岐. 地方志基础知识选编［M］. 天津：天津社科院出版社，1990.

规定修志是各级政府的责任，主要是省、市、县三级政府主要领导的责任，明确方志事业是社会主义物质文明和精神文明建设的重要组成部分。习近平总书记关于传承弘扬中华传统文化，发表了一系列重要讲话，2014 年 2 月，习近平视察北京首都博物馆时强调要“高度重视修史修志”。2015 年 7 月，习近平在中共中央政治局第 25 次集体学习时强调地方志工作机构要在抗日战争研究上发挥应有作用。2015 年，国务院制定《全国地方志事业规划纲要（2015—2020 年）》，要求各地将编纂方志工作纳入经济和社会发展规划，做到“一纳入、八到位”，即将地方志工作纳入各地国民经济和社会发展规划、地方各级政府工作任务，“认识、领导、机构、编制、经费、设施、规划、工作”到位，强调发展方志事业是社会主义文化建设的系统工程。2016 年 3 月，国家“十三五”规划正式发布，明确提出“加强修史修志”。这是首次在国民经济和社会发展五年规划中写明“加强修史修志”的内容，明确将地方志事业作为国家战略实施在文化领域不可或缺的重要一环，纳入“四个全面”战略布局。由此进一步推动了方志事业的大发展。2017 年 1 月，中共中央办公厅、国务院办公厅印发的《关于实施中华优秀传统文化传承发展工程的意见》中明确强调：“做好地方史志编纂工作，巩固中华文明探源成果，正确反映中华民族文明史，推进一批研究成果。”这是又一次从国家层面明确了地方志在建设社会主义文化强国，增强国家文化软实力，实现中华民族伟大复兴中国梦的重要作用，这是地方志事业发展进程中又一件足以载入史册的大事，对在全国范围内全面推进地方志从一项工作向一项事业转型升级具有十分重要的意义。据统计，中华人民共和国建立以来，特别是 20 世纪 80 年代以来，方志事业成就显著，已公开出版 8000 多部省、市、县三级地方志书，2 万多部行业志、部门志、军事志、武警志、专题志、乡镇（街道）志、村（社区）志等，1900 多种、1.5 万多部地方综合年鉴，1000 多种、7000 多部专业年鉴，山水名胜古迹志约 400 种，地情书 7000 多种，这些与现存的 8500 多种、11 万多卷旧志及其整理成果，共同构成了一座以国情、地情为主要内容，并不断丰富的地方志资源宝库。总之，以志鉴为中心，开发多元成果，既为方志文化发展提供了强有力的物质支持，也为社会主义文化大繁荣大发展提供了丰富资源。由此可见，编纂方志不是可有可无的工作，而是一项认识过去、服务现在、开创未来的伟大工程，地方志“明道、资治、存史、辅教”的作用日益彰显。通过修志编鉴、开发利用地方志资源，地方志编修已发展成为为国存史的一项重要工作。在记录当代、保存历史、传承文明、发展文化、激发民族自豪感和自信心、推动海内外文化交流合作、提供促进经济社会发展的历史借鉴和智力支持等方面，成绩日益突出、作用日益显著。不仅有近期社会效益，而且可以产生深远的社会效益，是一项功在千秋造福子孙后代的伟大事业。

第一节 新方志定位

2017 年 10 月召开的中国共产党第十九次全国代表大会（以下简称党的十九大），是在全面建成小康社会决胜阶段、中国特色社会主义进入新时代的关键时期召开的一次十分重要的大会。大会的主题是：不忘初心，牢记使命，高举中国特色社会主义伟大旗帜，决胜全面建成小康社会，夺取新时代中国特色社会主义伟大胜利，为实现中华民族伟大复兴的中国梦不懈奋斗。习近平总书记在报告中说："中国特色社会主义进入新时代，意味着近代以来久经磨难的中华民族迎来了从站起来、富起来到强起来的伟大飞跃，迎来了实现中华民族伟大复兴的光明前景；意味着科学社会主义在 21 世纪的中国焕发出强大生机活力，在世界上高高举起了中国特色社会主义伟大旗帜；意味着中国特色社会主义道路、理论、制度、文化不断发展，拓展了发展中国家走向现代化的路径，给世界上那些既希望发展又希望保持自身独立性的国家和民族提供了全新选择，为解决人类问题贡献了中国智慧和中国方案。"党的十九大具有划时代意义，吹响了新时代的号角。如今，中国特色社会主义进入新时代，开启了新征程。习近平总书记说："这个新时代，是承前启后、继往开来、在新的历史条件继续夺取中国特色社会主义伟大胜利的时代，是决胜全面建成小康社会、进而全面建设社会主义现代化强国的时代，是全国各族人民团结奋斗、不断创造美好生活、逐步实现全体人民共同富裕的时代，是全体中华儿女戮力同心、奋力实现中华民族伟大复兴中国梦的时代，是我国日益走近世界舞台中央、不断为人类做出更大贡献的时代。"

毫无疑问，当代中国正经历着我国历史上最为广泛而深刻的社会变革，也正在进行着人类历史上最为宏大而独特的实践创新。这种前无古人的伟大实践，必将给理论创造、文化繁荣提供强大前进动力和广阔发展空间。习近平总书记指出，中华优秀文化，"积淀着中华民族最深沉的精神追求，包含着中华民族最根本的精神基因，代表着中华民族独特的精神标识，是中华民族生生不息、发展壮大的丰厚滋养"。党的十九大报告明确提出，要“坚定文化自信，推动社会主义文化繁荣兴盛”。指出“文化是一个国家、一个民族的灵魂。文化兴国运兴，文化强民族强。没有高度的文化自信，没有文化的繁荣兴盛，就没有中华民族伟大复兴。要坚持中国特色社会主义文化发展道路，激发全民族文化创新创造活力，建设社会主义文化强国”。党的十九大，不仅给我国文化繁荣兴盛指明了方向，更是给方志文化发展指明了方向。方志文化作为中华民族特有的文化基因，是中华优秀传统文化的灵魂与根脉。方志工作者不能辜负这个时代，要以宽广视野、宏大抱负，立足全面建设社会主义现代化国家的伟大实践，推动方志事业开创新篇章。因此，方志事业和方志文化在新时代要有所作为，必须找准自己的定位。只有找准了定位，才能继承历代编纂方志的优良传统，不断创新，编纂出具有新时代特色的新方志。

一、政治定位

政治性是方志的灵魂，是第一位的。政治定位，决定方志文化发展方向和方志事业发展的道路。因此，发展方志事业，建设方志文化，必须始终保持和增强政治性，坚定政治方向。

（一）必须始终坚持党的领导

在我国的政党中，中国共产党处于最高的政治地位，是中国的执政党。所有民主党派都是参政党，与中国共产党长期共存、肝胆相照。坚持党的领导，是历史的选择，也是人民的选择。历史已经证明并将继续证明，没有中国共产党的领导，民族复兴必然是空想。党的十九大报告指出：“坚持党对一切工作的领导。党政军民学，东西南北中，党是领导一切的。必须增强政治意识、大局意识、核心意识、看齐意识，自觉维护党中央权威和集中统一领导，自觉在思想上政治上行动上同党中央保持高度一致，完善坚持党的领导的体制机制。”方志工作者必须牢固树立“四个意识”，不折不扣地执行党中央决策部署，坚决维护以习近平同志为核心的党中央权威和集中统一领导，自觉在思想上政治上行动上同党中央保持高度一致。

（二）必须加强政治学习，坚定政治自觉

要深入学习贯彻习近平新时代中国特色社会主义思想，准确把握其精神实质和核心要义，把思想和行动统一到党的十九大精神上来，把智慧和力量凝聚到落实党的十九大提出的各项任务上来。认真学习习近平

总书记关于文化工作和思想道德建设重要论述，充分认识方志事业和方志文化的重要性，增强做好新时代方志事业和方志文化工作的信心、决心和勇气。习近平总书记指出：“中国共产党从成立之日起，既是中国先进文化的积极引领者和践行者，又是中华优秀传统文化的忠实传承者和弘扬者。当代中国共产党人和中国人民应该而且一定能够担负起新的文化使命，在实践创造中进行文化创造，在历史进步中实现文化进步！”因此，方志工作者要始终团结在党中央的周围，朝着党指引的方向前进。

（三）必须提高政治站位，找准政治定位

坐标准、方向稳。方志文化作为中华文化重要组成部分，要站在巩固党的执政地位的政治高度，立足党的方志事业，坚定道路自信、理论自信、制度自信、文化自信，增强时代责任感，更好地担负起新方志文化的使命，体现方志文化的战略定位和职能作用。习近平总书记指出：“全党要更加自觉地增强道路自信、理论自信、制度自信、文化自信，既不走封闭僵化的老路，也不走改旗易帜的邪路，保持政治定力，坚持实干兴邦，始终坚持和发展中国特色社会主义。”推进马克思主义中国化、时代化、大众化，必须建设具有强大凝聚力和引领力的中国特色社会主义意识形态，使全体人民在共产主义理想、社会主义信念、核心价值观、纯洁道德观念引领下，紧紧团结在一起。要用马克思主义理论武装头脑，推动习近平新时代中国特色社会主义思想深入人心。方志文化既是历史文化，更是政治文化。方志工作者要强化政治担当，增强政治本领，为培育人们的共产主义理想、社会主义信念，践行社会主义核心价值观提供充足的精神食粮。党的十九大报告指出：“社会主义核心价值观是当代中国精神的集中体现，凝结着全体人民共同的价值追求。要以培养担当民族复兴大任的时代新人为着眼点，强化教育引导、实践养成、制度保障，发挥社会主义核心价值观对国民教育、精神文明创建、精神文化产品创作生产传播的引领作用，把社会主义核心价值观融入社会发展各方面，转化为人们的情感认同和行为习惯。坚持全民行动、干部带头，从家庭做起、从娃娃抓起。深入挖掘中华优秀传统文化蕴含的思想观念、人文精神、道德规范，结合时代要求继承创新，让中华文化展现出永久魅力和时代风采。”因此，方志要担负起明道的历史使命。方志显示政治性的途径，在于用翔实的资料，正确地反映事物的历史和现状。方志是辅教之书，必须以科学的态度、严谨的著述方法，全面、客观、真实地记述那些为中华民族伟大复兴而无私奉献的人物及事迹，让民族精神薪火相传，永远激励后人。方志既要突出政治性，又要防止和克服“泛政治化”倾向，记述事物要朴实、严谨，不能“穿靴戴帽”，空发议论，不能对事物贴政治标签，用标语口号式的资料记述事物，切忌大话、套话、空话，杜绝假话。

（四）必须始终牢记修志的指导思想

新时代方志保持和增强政治性，必须始终牢记修志的指导思想。具体而言：一是否符合马列主义、毛泽东思想、邓小平理论、“三个代表”重要思想、科学发展观和习近平新时代中国特色社会主义思想的立场、观点、方法；二是否背离党的领导、偏离社会主义方向；三是否损害党、国家、军队及其领导人形象；四是否违背宪法、民主与法治原则；五是否违背党的基本路线、改革开放的方针、政策；六是否违背共产主义理想、社会主义信念和核心价值观；七是否会伤害民族感情、影响民族团结；八是否坚持科学精神、反对宗教迷信；九是否会影响统一战线、影响祖国统一；十是否符合保密要求。只有指导思想明确，才能编纂出观点正确，政治性突出的新方志。

二、历史定位

方志的历史定位，是指方志在推动社会事业发展中担负的历史角色。方志的社会角色是由方志的属性决定的。要搞清方志历史定位，首先要弄清方志的属性。

马克思主义哲学认为，属性是指事物本身所固有的性质。在逻辑学上，属性是指对象的性质和对象间的关系，具有不同属性的对象，分别形成不同的类别。方志的属性是指方志本身所固有的本质特性，方志属性问题既是方志理论的基础，更是方志实践的指南，关系到方志编纂质量和方志事业的发展。因此，编纂方志首先要解决方志属性的问题。

关于方志属性问题，在方志学界争议颇多，综观方志学界的争议，大致可以分为“地理派”、“历史派”及“折中派（志兼史地两性说）”。

（一）“地理派”

认为方志属于地理性质，源于先秦《禹贡》《周官·职方》等地理著作，地方志是地理书，属地理学范畴。持此观点的有：唐代学者刘知几、颜师古，如刘知几说：“九州土宇，万国山川，物产殊宜，风化异俗，如各志其本国，足以明此一方，若盛弘之《荆州记》、常璩《华阳国志》、辛氏《三秦》、罗含《湘中》。此之谓地理书者也。"① 颜师古在《汉书·地理志》注中说："中古以来，说地理多矣，或解释经典，或撰述方志。"颜师古认为地方志属于地理，论述了中古以来地方志书附会失真的弊病，并指出撰写者"竟为新异"，不加考证所导致，开创了方志批评的先例。② 宋代持此观点的有司马光、欧阳忞、王象之等学者，如司马光说："《周官》有职方、土训、诵训之职，掌道四方九州之事物，以昭王知其利害。后世学者，为书以述地理，亦其遗法也。"③ 欧阳忞说："地理之书，虽非有深远难见之事，然自历世以来，更张改作……自尧舜以来至于今为书三十八篇，命之曰《舆地广记》。"④ 元代学者黄溍说："昔之言地理者，有图有志，图以知山川形势、地之所生；而志以知语言土俗，博古久远之事。"⑤ 明末清初思想家王源说："自汉以下，莫不有地理志，以志郡国……地志原以志地人物之在地志一端耳，后世之体耳。"⑥ 清代持此观点的有戴震、洪亮吉、谢启昆等学者，他们主张：古今沿革，作志首以为重；一方之志，沿革最要；志乘为地理书。如戴震说："夫志以考地理，但悉心于地理沿革，则志事已竟。"⑦ 戴震主张"志以考地理"，只要"悉心于地理沿革。就算完成修志任务，侈言文献，并非当务之急。"民国时期学者梁园东说："中国之地方志，以今日视之，实为不完全地理书。"⑧ 现代谢国桢、陶元珍等学者，亦认为"方志为地理书"。

主张方志为地理书，是中国方志学界的传统观点。其主要理由如下：一是方志源于《禹贡》《周官》等先秦地理著作，后在诸多史书中将方志隶于地理类，如《隋书·经籍志》《宋史·艺文志》《明史·艺文志》；二是每部方志都以大量篇幅记述特定地域地理内容；三是方志大至省、市、府志，中至州、厅、县志，小至乡、村志，都以特定区域为界限，记述这一界限内的建置沿革、风土人情、工农业生产等，有鲜明的地域性特点。

---

① ［唐］刘知几. 史通·杂述.
② ［汉］班固. 汉书. 地理志.
③ 河南志. 宋元丰六年二月.
④ ［宋］欧阳忞. 舆地广记（上下册）［M］. 成都：2003年影印本：1247.
⑤ ［元］宋讷. 东郡志.
⑥ ［清］王源. 居业堂文集［M］. 北京：商务印书馆，1936.
⑦ ［清］章学诚. 记与戴东原论修志［M］章氏遗书卷十四.
⑧ 黄苇. 方志学［M］. 上海复旦大学出版社，1993：6.

（二）“历史派”

认为方志是历史书，属历史学范畴。东汉郑玄说方志“若古国之史”。这个观点到宋代，由学者郑兴裔加以发挥。他在《广陵志·序》中说：“郡之有志，犹国之有史。所以察民风，验土俗，使前有所稽，后有所鉴，其重典也。”元代学者杨敬德、杨维桢、许如霖，亦有类似观点。“方志乃史书”的观点到了明代被很多人认同，如李东阳、康海、张居正、王世贞、冯梦龙等人，如“夫志一方之史也”“夫志史乘之流也”“志也者，邑之史也”“夫志史之翼也”等观点在明代方志序跋、凡例中随处可见。清代初期，邱璐、孙世昌等人基本承袭明代学者观点，认为“今之志古之史也”。至乾隆嘉庆年间，方志兴盛，“历史派”在方志学界占据上风，主张方志为地方历史。代表人物是章学诚，他强调“志属信史”“志为史裁”“志乃史体”，认为“方志乃国史要册”“部府县志，一国之史也”“方志乃一方之全史也”。章学诚的观点影响很大。清末民国初以后，方志学界基本祖述章氏观点。例如，梁启超说，“史之宿本则地志也”，甘云鹏说，“一省通志即一省之历史也，一县志乘即一县之历史也”；当代著名历史学家白寿彝说：“方志是地方之史”；此外，大陆方志学者傅振伦说，“方志是以行政地区为主的历史”，王全兴说，“地方志是一方之全史，叫地方史亦无不可”；台湾方志学者林献堂、林熊祥等人亦持“地方志即地方史”的观点。

（三）“折中派（志兼史地两性说）”

“地理派”和“历史派”的争论相持既久，至清代乾隆三十八年（1773年），“地理派”以戴震为代表，“历史派”以章学诚为代表，发生了一场论战。戴章二人的论战过程，章学诚在《记与戴东原论修志》中作了比较详细的记述。戴震认为：“……夫志以考地理，但悉心于地理沿革，则志事已竟。侈言文献，岂所谓急务哉?”章学诚认为：“……方志如古国史，本非地理专门，如云但重沿革，而文献非其所急，则但作沿革考一篇足矣，何为集众启馆，敛费以数千金，卑辞厚币，邀君远赴，旷日持久，成书且累函哉？……”这场争论最后导致戴章二人在方志学上分道扬镳。到民国时期，方志学者朱士嘉提出了方志史地两兼的观点，“志兼史地”，即方志既是地理书，又是历史书。从两个方面加以说明，一是从方志形成的渊源上看，方志渊源是多元的，不仅渊源于《周官》外史所掌四方之志，而且渊源于《禹贡》“以记禹导山浚川、敷土作贡之功”；二是从方志的内容和体例上看，在其定型前，内容较简略，地理特色比较明显，定型后，记述日益丰富，体例逐渐完备，内容既有疆域、山川形势、建置沿革、自然灾害，又有政治、经济、军事、艺文、风俗等社会活动和社会现象，方志内容已涵盖地理和历史，不能简单地将方志说成是地理或历史书。朱士嘉的“志兼史地”说堪称民国方志学界历史性贡献。他认为，方志记述的“不外一方地理之沿革，疆域之广袤，政治之消长，经济之隆替，人物之臧否，风俗之良窳，文化之盛衰，遗献之多寡，以及其他之遗闻轶事，盖无异一有组织之地方历史与人文地理也。书之关系一方者，统称志”。[①] 于乃仁赞同朱氏观点，说：“方志者，概以地方为单位之历史与人文地理也。起源昉自成周，初因地理书演变而成。至宋增人物、艺文，体例渐备。”[②] 著名学者黎锦熙在《方志会议》中称方志是“史地两性兼而有之，惟是兼而未合，混而未融。今主两标，实明一义，即方志者，一、地志之历史化；二、历史之地志化。”

以上各派，言之成理，持之有故。然细究之，并未能全面准确概括出方志的根本属性。

（四）方志属性的界定

揭示方志属性，找准方志历史定位，要进行文化和哲学思辨。毛泽东曾经说：“一定的文化是一定社会的政治和经济在观念形态上的反映。”[③] 方志是方志文化的核心，方志文化是中华优秀传统文化的根脉和灵魂。

研究方志属性，要以一定社会的政治和经济条件为前提。一定社会的政治和经济决定方志属性。方志内容和体例的变化，是由一定社会的政治和经济决定的。方志是应一定社会的需要而产生的，也因一定社会变化而变化。方志具有的功能，应该满足一定社会的需要；方志所具有的属性，应该反映一定社会的政治和经济特性。不论是“地理派”“历史派”，还是“折中派（志兼史地两性说）”，在讨论方志属性时，都是基于方志自身的内容和体例的研讨，这种讨论是必要的，可以清楚地看到方志的变化和发展成果，提振信心。但无法清晰地找出方志的本质属

① 朱士嘉．方志之名称与种类［J］．禹贡第一卷第二期，1936．

② 于乃仁．方志学略述［J］．建国学术（创刊号），1940．05：52．

③ 毛泽东．在延安文艺座谈会上的讲话．毛泽东选集（第3卷）［M］．北京：人民出版社，1991．

性。方志属性是在与其他学科书籍比较中界定的。

1. 方志与地理书的区别。最早方志记述内容比较单一，且侧重于地理方面的内容，以致历史上曾将方志列入地理类书籍。方志与地理书虽有不解之缘，但方志并不局限于地理环境门类，更多的还涉及人口、建置沿革、资源、工农业、交通运输、旅游文化、城乡建设、民风民俗等诸多门类。方志含有地理环境内容，但不是地理书，也不同于地理书。

地理书是专门研究地理环境结构、变化及人类实践活动如何根据地理环境规划自己的行动方案的科学。我国古代方志，对地理方面的内容有大量记述，故人们把方志看成地理书，如《禹贡》《山海经》《畿服经》等。作为早期的形态，方志与地理书并没有严格的区别。随着科学发展和社会进步，方志与地理书的不同就凸现出来了。地理书纯粹以自然地理作为自己的研究对象，着重探讨地理环境结构演变机理及规律，为人类社会实践活动提供自然环境方面的参考。方志则是以记述人类如何根据地理环境变化开展社会实践活动的情况，通过记述历史史料，为未来服务。即使方志中有地理方面的内容记述，也是重点记述地理环境的发展变化，而非对地理环境结构演变机理的记述。方志记述的是地理环境变化的过程性（现象）内容，地理书研究的是机理性（本质）内容。在自然科学和社会科学不很发达的古代社会，科学分类并不严格，把诸如《禹贡》《山海经》《畿服经》等著作看作方志或地理书，是可以理解的。现代社会科学较为发达，尤其是地理学的发展，其理论体系与方志已经截然不同。地理学可以完全不关心方志，但方志却依然关注地理环境的变化，特别是人与地理及环境变化的关系，依然是新方志重点记述的内容。

2. 方志与历史书的区别。从学科分类而言，方志与历史书属于史学的范畴。方志和历史书都是人们学习和认识人类历史的重要工具，人们可以从方志和历史书中，学习借鉴前人治国理政的历史经验，继承优秀文化成果，弘扬民族精神。尽管方志在记述的内容和体例上与历史书有很多相似之处，但方志与历史学是两门不同的学科。

（1）方志和历史书虽同属史学范畴，二者渊源甚深，但从产生发展过程看，二者是相对分离和独立的，方志不仅是古史之作品，而且是古代史书的起源，具有鲜明的特征。

方志产生在前，历史书形成在后，志以史为绪，史以志为宗。这个观点前人已经说得很明确了。科学研究必须以历史真实记录的事实为依据。据《周官》记载："外史掌书外令，掌四方之志。""小史掌邦国之志。""职方氏掌天下之图，以掌天下之地。""诵训掌道方志，以诏观事。"汉代郑玄注释说："志，记也。谓若鲁之《春秋》、晋之《乘》、楚之《梼杌》。"宋代学者郑樵说："古者记事之史，谓之志。"清代方志学者章学诚说："外史掌四方之志……是一国之全史。"近代学者梁启超说得更肯定："最古之史，实为方志"。当代学者傅振伦说："孟子所称晋《乘》、楚《梼杌》、鲁《春秋》，墨子所称燕、宋、齐、周等春秋及百国春秋，孔子所见百二十国宝书，皆周外史所掌四方之志也。"如此看来，方志在周代前就已经形成，距今已有近3000年了。孔子作《春秋》，左丘明作《左传》，司马迁著《史记》，班固编《汉书》，无一不以各国志记为凭藉。这一点，《隋书·经籍志》讲得非常清楚："（汉）武帝时，计书既上太史，郡国地志固亦在焉；而史迁所记，但述河渠而已。其后刘向略言地域，丞相张禹，使属朱贡条记风俗，班固因之作《地理志》，其州国郡县，山川夷险，时俗之异，经星之分，风气所生，区域之广，户口之数，各有攸叙，与古《禹贡》《周官》所记相埒。"由此可见，计书的搜集对史书的发展有着极其重要的作用。然而，后世或因《史记》有八书，《汉书》有十志，尤其是清代乾隆时期编纂的《四库全书总目》，将方志归属于史部地理类，便有人误以为，方志是从历史学中分离出来的，至今仍然有人把方志看成是历史学的一个分支学科。因此，出现了重历史而轻方志的现象，把方志看成是补正史之不足，可有可无的东西。这是对方志的一种误解。

"历史"作为学术概念提出，最早见于明代万历年间（1573—1619年）的学者袁了凡所作《历史纲鉴补》，距今才430多年。"历史"概念的诞生比方志晚了2000多年，"历史"是从方志中脱胎而出的。可见，梁启超说"最古之史，实为方志"，所言不虚。

（2）从记述的内容看。历史书是以历代王朝为中心，重点记述生产力与生产关系、经济基础与上层建筑，特别是记载历代王朝的政治、经济、军事、文化、思想、道德等制度，记载有利于维护统治与服从的社会秩序的事实和言论，而较少关注平民生活与活动。方志则不同，普遍关注社会，特定地域内的自然与社会、生产力与生产关系、经济基础与上层建筑、思想道德与风俗习惯……但凡地域内一切事物，都属记述范围。相较而言，对于不同事物，历史书籍记载的内容较窄，方志记述的内容较宽。对于同一事物，历史书籍则又表现出时间上无限性与空间上宽广性，即可跨越时间界限和超越地域，广泛记载和论述。方志则不然，只是对特定时限和地域内的事物状况进行记述，既不能越时限，也不能跨域界。严守地域范围和事物范围，突出方志地域特点和时代特色，是对方志编纂的基本要求。

（3）方志和历史书记述的重点和方法不同。历史书记述的是人类社会发展过程及其规律的科学，探索人类“求新、求变、求发展”的过程及其规律，阐述“新事物、新成果、新局面”形成的原因。历史书中，作者可以直接阐明自己的观点，夹叙夹议，褒善贬恶，臧否贤能，见诸文字。如历史书记述社会问题时，主要研究社会性质、社会组织、社会制度、社会结构、社会变迁等规律性内容，作者要给出价值判断，得出相关结论。方志记述特定地域社会发展过程及状况，主要记述人们在社会实践活动中“求新、求变、求发展”的过程及其“新事物、新成果、新局面”的实际状况。如记述社会问题时，方志主要记述社会性质、社会组织、社会制度、社会结构、社会变迁等状况，没有价值判断，也不用给出相关结论。编纂者只作记述不作评论，述而不论，以类系事，以事系人。编纂者所要阐释观点、揭示规律、褒善贬恶、臧否贤能，见诸所记述的史事和资料。方志是用史料说话，让读者自己体悟其中的道理。

方志与地理书、历史书的关系最为纠结，经历了同体共存和异体分化。地理书和历史书从古方志母体中分离出来后，形成了自己独具特色的科学体系，方志在经历地理学和历史学分离后，继续前进，逐步完善“明道、资治、存史、辅教”的功能，为历朝历代高度重视。至宋代定型，明清兴盛，方志进一步形成了有别于历史学的鲜明的特征即“政治性、时代性、地域性、资料性、科学性、综合性、著述性”。

（五）方志是总览一方古今的工具书

方志的属性是在漫长的历史发展过程中逐步形成的。虽然在发端、雏形阶段，以郡书、地理书、都邑簿、地志、地记、图经、图志等形式出现，内容单薄，体例也不够完备。但是，它一产生便遵循地域性原则，以一定地域为记述范围，以地域资料为根基，或记述一地乡贤耆旧，或记述一方风土人情，或记述一地山川形势、城郭亭馆、旧事古迹、神话传说，或记述一方故实、地理、疆域、物产、商旅、民情，具有鲜明的地域性特征。方志作为一方之志，总是以特定地域为记述界限，无论记事、传人、载物，都不超越特定地域范围，凡是本地域的社会、自然、人事一律记述，凡与本地域无关的人事一概不做记述。因此，可以说方志是兼容特定地域自然、地理、环境、社会、政治、经济、军事、文化、乡土、风俗等方面无所不包的百科式的独立学科。方志取材丰富、范围广泛，记述内容广博、翔实、系统、具体，是我国文化宝库中的珍贵财富。明代刘鲁生说，方志“广询博采，而后无遗迹；循名责实，而后无讹传。”① 对于历史科学、地理环境科学以及其他科学研究，可提供重要资料和佐证。故称方志为一方古今总览之工具书。

三、社会定位

方志社会定位是指方志在社会中所处位置、所担当角色的定位认识。党的十九大报告强调：“坚持以人民为中心。人民是历史的创造者，是决定党和国家前途命运的根本力量……推动文化事业和文化产业发展。满足人民过上美好生活的新期待，必须提供丰富的精神食粮……培育和践行社会主义核心价值观，不断增强意识形态领域主导权和话语权，推动中华优秀传统文化创造性转化、创新性发展，继承革命文化，发展社会主义先进文化，不忘本来、吸收外来、面向未来，更好构筑中国精神、中国价值、中国力量，为人民提供精神指引。”方志以其独特的记述形式，从时间上记述特定地域事物“求新、求变、求发展”的历史过程，从空间上记述特定地域呈现“新事物、新成果、新局面”的广泛内容。帮助人们了解事物发展变化规律，作明道之书；为政府决策提供依据便于施政，即所谓方志有“系于政而达之于政”，作资治之书；后世学者从中找到各种所需资料，为学术研究和经济、文化建设提供参考，作存史之书；乡邦子孙从中了解家乡辉煌历史、锦绣河山、名胜古迹、富饶资源、灿烂文化、能工巧匠、名人轶事，从而增强乡土情怀和民族自豪感，陶冶情操，作辅教之书。因此，准确把握方志的社会定位，是方志事业发展的前提。为此，必须从以下四个方面努力：

（一）方志要坚持正确方向

方志事业是党的文化事业的重要内容。党的十九大报告指出：“中国特色社会主义文化，源自于中华民族五千多年文明历史所孕育的中华优秀传统文化，熔铸于党领导人民在革命、建设、改革中创造的革命文化和社会主义先进文化，植根于中国特色社会主义伟大实践。发展中国

① ［明］刘鲁生．曲沃县志．明嘉靖卅年（1551）正月．

特色社会主义文化，就是以马克思主义为指导，坚守中华文化立场，立足当代中国现实，结合当今时代条件，发展面向现代化、面向世界、面向未来的，民族的科学的大众的社会主义文化，推动社会主义精神文明和物质文明协调发展。”推动方志工作和方志事业实现良性发展，必须坚持以党的十九大精神为统领，坚持中国特色社会主义文化发展道路，坚持为人民服务、为社会主义服务的方向，通过编修和开发利用地方志成果，为培育和践行社会主义核心价值观提供丰富、优秀的精神文化产品。

（二）方志要坚持依法治志

依法治志指方志机构统筹规划、组织协调、督促指导等程序要依法而行。要不断完善方志工作法律法规体系，为方志事业健康持续发展、科学稳定发展提供制度保障。省、市、县级地方志工作机构依法履行组织、指导、督促和检查工作职责，加强编纂业务工作。方志编纂工作者要牢固树立法治理念，坚持法治原则。

（三）方志要坚持改革创新和全面发展

继承和弘扬中华民族修志的优良传统，认真总结地方志工作的经验教训，深化改革，与时俱进，推动理论创新、制度创新、管理创新、方法创新。首先，理念要创新，既要破除陈旧的观念，又要坚守方志编纂正确的理念，不断创新工作方式、方法；既要继承方志编纂优良传统，又要不断创新体例，丰富方志内容的记述形式，拓展方志资料的时间范围；既要遵循方志编纂的基本规范，又要创新框架设计，转变方志记述重点，增强方志的著述性；其次，实践要创新，既要以修志编鉴为主业，坚持以志、鉴为重点，打造更多更好的精品志鉴，又要突出方志的社会功能，统筹兼顾理论研究、开发利用、信息化建设、方志馆建设、旧志整理等工作，大力开展方志资源的开发利用，全方位发展方志事业。方志只有做到价值传承、载体创新、体制发展，才能实现地方志事业全面协调可持续发展。

（四）方志要坚持修志为用

方志作为中华文化存在的独特形式，记述着中华民族的历史与现实，承载着中华民族的文化基因，是传承文明、留存史实、服务社会的重要文化基础，方志持续发展的文化衍生价值非常巨大。编纂方志的目的就是为了开发利用，方志为推动国家发展和地域经济建设服务。党的十九大报告指出，文化“要坚持为人民服务、为社会主义服务”。方志事业的发展首先要为建设中国特色社会主义服务，为推动社会主义文化事业繁荣兴盛服务。方志的开发利用价值在于：一是在社会实践中，为人们认识世界和改造世界，提供历史经验和智慧；二是在学术领域，为科学研究提供宝贵的参考资料；三是作为信息交流的工具。志书信息浩繁，资料丰富，是对外信息交流的载体，能全面、准确地将一个地区的情况提供给外界，能很好地帮助外界全面系统地了解当地的资源、历史、地理、经济、社会等情况；四是可以作为乡土教材。党的十九大报告指出：“要提高人民思想觉悟、道德水准、文明素养，提高全社会文明程度。深入实施公民道德建设工程，推进社会公德、职业道德、家庭美德、个人品德建设，开展移风易俗、弘扬时代新风行动，抵制腐朽落后文化侵蚀。”方志详细记载着特定地域的天文地理、山川地貌、风土人情、经济社会等各方面的情况，是一部重要的乡土教材。因此，要发挥方志资源优势，全面提升开发利用水平。要拓宽用志领域，提升服务大局能力，为党政机关、社会各界和人民群众服务。要加大宣传力度，提高全社会读志、用志水平。

四、文化定位

文化本身是一个动态的概念，是一个历史的变化发展的范畴。文化既具有地域特征和民族特征，又具有时代特征。中华优秀传统文化是中华民族在中国古代社会形成和发展起来的比较稳定的文化形态，是反映中华民族特质和精神风貌的文化，是中华民族智慧的结晶，是中华民族历史思想文化和观念形态的总体表征。方志是中华优秀文化宝库中的瑰宝，是文化典籍的组成部分；方志文化是中华优秀传统文化的重要组成部分。这是由方志文化的特质和内涵所决定的。首先，方志是中华优秀传统文化的重要载体，其自身又是一种特有的文化现象，作为文化特有的物质形态，自宋代官方修志以后方志具有成熟的体例规范，具有不同于其他形态的记述形式，如完备的记、传、图、表、录的运用，可以完整记述地域事物的状况，条理清晰；方志对资料搜集整理、鉴别取舍，融入了档案文献和编辑学的方法，提升了方志的文化品位。其次，方志文化传承弘扬中华民族强烈的爱国爱乡情怀，优秀传统道德和人文精神，实事求是、革故鼎新、与时俱进、开放包容的积极进取精神，恰恰是中华优秀传统文化的具体内容。第三，方志文化坚持中华文化载道使命，述而不论，客观记述特定地域曾经发生的事件，不同于其他文学作品，没有臆想杜撰的成分，寓褒贬于记述史事的字里行间，鉴往知来，给后世以启发。第四，方志具有“明道、资治、存史、辅教”的功能，体现了方志文化的先进性与科学性，方志文化与时俱进，随着时代的发展而发展，随着时代的进步而进步。方志资料折射着厚重的历史文化信息，为后世研判特定地域事物发展变化规律具有重要借鉴意义。中山大学教授李宗桂在《试论中国优秀传统文化的内涵》一文中说，中华文化“就性质而言，她是中华民族赖以长期发展、不断进步的精神支撑和智力支持；就结构而言，她是包括物质文化、制度文化和思想文化等层面在内的完整系统；就内容而言，她是以汉族文化为主体并包括各个少数民族文化在内的多元（汉族、藏族、蒙古族、维吾尔族、回族、苗族、壮族、哈萨克族等）于一体（中华民族）的文化；就思想学术发展的历程而言，她是包括先秦子学、两汉经学、魏晋玄学、隋唐佛学、宋明理学、清代朴学和新学等不同发展阶段的文化实体；就学术流派而言，她包括儒家、道家、墨家、法家、佛家、阴阳家、兵家、名家、杂家等在内的诸子百家分途发展而又相互碰撞交流吸收的结果；就体裁而言，她包括经史子集之类的典籍和风俗习惯生活方式等；就时代性而言，她是与时俱进、不断发展，彰显时代精神的产物；就民族性而言，她是前后相继、不断发展，体现民族智慧的载体；就价值取向而言，她是以中华民族精神为核心，以爱国主义为导向，蕴涵团结统一、贵和尚中、守成创新、以人为本的一整套价值理念的整合；就历史发展阶段而言，是指从古到今的中华民族的文化创造。”虽然李宗桂谈的是中华文化，但方志文化与中华文化是高度契合的，方志文化不仅是中华文化的不可或缺的重要组成部分，而且还担负着中华文化传承的重要使命。方志作为中华文化的重要载体，对中华文化的传播发挥了独特作用。

文化定位是人类文明的标志，是文化能够成为文明的必经门槛，没有文化定位即无法分门别类条分缕析。

方志文化的定位是指方志在一定的社会经济文化背景下，根据方志的发展历程规律、发展战略目标、需要解决的突出问题等现状进行调查研究，对方志文化中的某些要素进行重点培植和设计，使方志在公众心中留有深刻印象，从而树立起具有自身独特个性、有别于其他文化的独特形象和位置的方志活动，是塑造方志文化的首要环节。

（一）方志文化定位的内容

方志文化立足于区域，融合于整体。其定位的内容，大体包括三个方面的内容：一是影响方志文化的外部因素和内部因素，如社会经济文化背景、方志事业目标、价值观等，以确认方志文化建设的优势和特点所在；二是选择自己最具特色的或比较有个性特点的文化要素，加以重点培育、规划和设计，并确定适当的方志文化定位战略；三是选择恰当的方式，把方志文化定位的观念或要素融入方志工作者的思想中，并准确地传播给社会公众。这些观念（要素）既可以是物质方面的，又可以是心理或精神方面的，也可以是行为方面的，或者几个方面兼而有之。

（二）方志文化定位的着眼点

方志文化定位有三个基本着眼点：一是着眼于方志特征进行文化定位。不同的文化体现出不同的特点。方志文化作为人类的一种文化活动或社会现象，在其产生和发展过程中形成了自己独特的特点，这种差别正是进行方志文化定位的着力点和着眼点。例如政治性、地域性、资料性等。方志文化定位必须着眼于这些特征，制定符合特征的方志文化建设思路和基本框架。二是着眼于方志文化个性进行文化定位。任何文化都是共性与个性的统一，共性是文化发展的基础，个性则是文化发展的本源。文化的个性强弱决定了文化生命周期的长短，所以任何一种有活力的文化都具有独特鲜明的个性。但一种个性的形成需要长时间的培养，不是一蹴而就的。所以方志文化定位必须着眼于培养方志文化的独特个性。方志文化大体包含四个方面的内容，即物质性的方志产品、方志产品形成过程中的制度文化、方志产品所包含的文化价值、方志产品制造者的精神文化。因此，重视方志文化的个性及其特色的培育和挖掘，是我国方志文化事业建设中非常紧迫的任务。而这些都要通过准确的、合理的方志文化定位才能实现。三是着眼于社会文化消费进行方志文化定位。研究社会文化消费、倡导文化消费的出发点，就是要实现人的全面发展，立足点就是要满足人们精神文化需要。因此，倡导科学、有效、合理的文化消费，来构建方志文化消费是实现上述根本要求的最佳途径。

（三）方志文化定位的责任

2017 年 1 月，中共中央办公厅、国务院办公厅印发的《关于实施中华优秀传统文化传承发展工程的意见》提出，到 2025 年，中华优秀传统文化传承发展体系基本形成，具有中国特色、中国风格、中国气派的文化产品更加丰富，文化自觉和文化自信显著增强，国家文化软实力的根基更为坚实。党的十九大报告强调："文化是一个国家、一个民族的灵魂。文化兴国运兴，文化强民族强。没有高度的文化自信，没有文化的繁荣兴盛，就没有中华民族伟大复兴。”方志只有找准了自己的文化定位，才能积极拓展方志文化的内涵，不断提升方志文化在传承中华优秀文化传统中的地位，才能在铸就中华文化新辉煌中有所创新和发展，积极推动发展“面向现代化、面向世界、面向未来”的方志文化和方志事业。

第二节 新方志编纂的指导思想

编纂方志，首先要明确指导思想。指导思想决定方志事业发展方向，没有正确的指导思想，不但不能保证方志编纂工作顺利进行，编纂出符合时代要求的方志，相反，会走偏方向，甚至在政治上犯错误。

全面推动社会主义方志事业发展、繁荣，要以马克思列宁主义、毛泽东思想、邓小平理论、“三个代表”重要思想、科学发展观和习近平新时代中国特色社会主义思想为指导。只有坚持用辩证唯物主义和历史唯物主义的立场、观点和方法作指导，依据党的路线、方针、政策，认真研究方志的体例、结构、篇目、内容，仔细审核和科学分析史实资料，才能编纂出高质量的社会主义新方志。

一、坚持马克思主义唯物史观基本原理

马克思主义唯物史观是当代最先进、最科学的思想理论体系，是方志事业发展的客观遵循。马克思主义唯物史观认为，生产力和生产关系之间的矛盾，经济基础和上层建筑之间的矛盾，是社会发展的根本原因。其中，生产力是最活跃最革命的因素，生产力的发展变化影响和决定生产关系的发展变化。物质生产活动是人类最基本的实践活动，是决定其他一切活动的基础。上层建筑中的政治、法律、哲学、宗教、文学、艺术等的发展，是以经济发展为基础的。因此，不能离开生产力来谈生产关系变化，不能离开经济基础来讨论上层建筑变化。对上层建筑发生的变革，不能只是从政治斗争、意识形态方面找原因，而且应该从经济基础的发展变化中寻找科学依据。新方志对生产力和生产关系、经济基础和上层建筑方面的记述，既要充分记述反映生产关系，包括生产资料所有制形式和人们生产、分配、交换中形成的各种关系，又要把生产力放在首位，详细记述生产力发展变化情况；在经济基础与上层建筑关系方面，既要研究政治、法律、宗教、文化等上层建筑方面的内容，又要对于工业、农业、商业、服务业、林业、牧业、渔业、金融业、贸

易业、交通运输仓储业等经济基础方面的内容加以认真研究，详细记述各方面的历史和现状。总之，要始终坚持辩证唯物主义和历史唯物主义的基本原理，既要从物质生产活动是人类社会最基本的实践活动，是决定其他一切历史活动的基础的高度，把一方各个时期的生产力，诸如在市场经济之商品生产过程中，人力资源包括商品生产者、商品生产组织体，人类进行商品生产所运用知识技能、手段工具、方式方法，以及生产资料、生产对象等经济基础，包括工业经济、农业经济、商业服务及金融贸易等方面的发展状况，放在方志记述的首要位置；又要正确对待它们的辩证关系，把一个地域各个时期的生产关系诸如人们在物质资料生产过程中，即在生产、分配、交换、消费全部四个环节中所发生和结成的各种经济关系，以及生产资料所有制、分配制度、产权制度等方面的变化，上层建筑诸如政治体制、法律体系、宗教文化、价值理念的变革情况，特别是上层建筑和生产关系对经济基础和生产力的积极作用等情况，在方志中要记述清楚。要依照方志记述的原则和规范，如实记述。通常采用横排纵写，横排就是在空间的广阔性、普遍联系性方面，清楚记述事物“求新、求变、求发展”的过程；纵写就是在时间的纵向性、事物系统性方面，仔细记述一方事物出现的“新事物、新成果、新局面”的历程。唯有如此，才能全面地反映社会进步的状况。

社会主义新方志，特别是第二轮编修的方志，其记述的时间断限是1986—2005年，是我国改革开放重要时期。众所周知，改革开放以来，我国取得一切成绩和进步的根本原因，归结起来就是：开辟了中国特色社会主义道路，形成了中国特色社会主义理论，建设中国特色社会主义制度，发展中国特色社会主义文化体系。中国特色社会主义道路、理论、制度、文化是在改革开放的伟大实践中形成并不断发展和完善的。中国特色社会主义道路，就是在中国共产党领导下，立足基本国情，以经济建设为中心，坚持四项基本原则，坚持改革开放，解放和发展社会生产力，巩固和完善社会主义制度，建设社会主义市场经济、社会主义民主政治、社会主义先进文化、社会主义和谐社会，建设富强民主文明和谐的社会主义现代化国家。中国特色社会主义理论体系，就是包括邓小平理论、“三个代表”重要思想、科学发展观和习近平新时代中国特色社会主义思想等在内的科学理论体系。这个理论体系，坚持和发展了马克思列宁主义、毛泽东思想，凝结了几代中国共产党人带领人民不懈探索实践的智慧和心血，是马克思主义中国化最新成果，是党最宝贵的政治和精神财富，是全国各族人民团结奋斗的共同思想基础。中国特色社会主义制度，是人民代表大会的根本政治制度，中国共产党领导的多党合作和协商制度，民族区域自治制度和基层群众自治制度的基本政治制度；以公有制为主体，多种所有制经济共同发展的基本经济制度，中国特色社会主义法律体系，以及建立在基本政治经济制度上的其他政治制度，经济制度，文化制度，社会制度。中国特色社会主义文化，源自于中华民族五千多年文明历史所孕育的中华优秀传统文化，熔铸于党领导人民在革命、建设、改革中创造的革命文化和社会主义先进文化，植根于中国特色社会主义伟大实践。发展中国特色社会主义文化，就是以马克思主义为指导，坚守中华文化立场，立足当代中国现实，结合当今时代条件，发展面向现代化、面向世界、面向未来的，民族的科学的大众的社会主义文化。中国特色社会主义文化建设包含思想道德建设和教育科学文化建设两个大的方面。其中思想道德建设解决的是整个民族的精神支柱和精神动力问题，集中体现着社会主义文化建设的性质和方向。思想道德建设的基本任务是：坚持爱国主义、集体主义、社会主义教育、加强社会公德、职业道德、家庭美德建设，引导人们树立建设中国特色社会主义的共同理想和正确的世界观、人生观、价值观。社会主义核心价值观是当代中国精神的集中体现，凝结着全体人民共同的价值追求。要以培养担当民族复兴大任的时代新人为着眼点，强化教育引导、实践养成、制度保障，发挥社会主义核心价值观对国民教育、精神文明创建、精神文化产品创作生产传播的引领作用，把社会主义核心价值观融入社会发展各方面，转化为人们的情感认同和行为习惯。坚持全民行动、干部带头，从家庭做起，从娃娃抓起。深入挖掘中华优秀传统文化蕴含的思想观念、人文精神、道德规范，结合时代要求继承创新，让中华文化展现出永久魅力和时代风采。教育科学文化建设，是为整个民族的科学文化素质和社会主义现代化建设提供智力支持，其主要内容包括教育、科学、文学艺术、新闻出版、广播电视、卫生、体育、图书馆、博物馆等各项文化卫生事业和人民群众知识水平的提高。发展教育和科学是精神文明建设和文化建设的基础工程。中国特色社会主义道路、理论、制度、文化，属于社会主义上层建筑的范畴，其发展对我国现代经济体系的形成和发展产生巨大作用。因此，社会主义新方志必须全面客观准确记述这些内容，为后世留下珍贵的史料。

二、坚持实事求是思想路线

实事求是，是我们党的思想路线，是马克思列宁主义、毛泽东思想的精髓。毛泽东曾说，实事指客观存在的一切事物；求即研究；是即客观事物的内部规律性。实事求是，是指从客观实际对象出发，探求事物的内部联系及其发展的规律性，认识事物的本质。编纂社会主义新方志，要以党的十九大精神为统领，坚持实事求是，从实际出发，忠实地反映我国社会主义革命和社会主义建设，特别是改革开放的历史和现状。

党的十九大报告指出："改革开放之初，我们党发出了走自己的路、建设中国特色社会主义的伟大号召。从那时以来，我们党团结带领全国各族人民不懈奋斗，推动我国经济实力、科技实力、国防实力、综合国力进入世界前列，推动我国国际地位实现前所未有的提升，党的面貌、国家的面貌、人民的面貌、军队的面貌、中华民族的面貌发生了前所未有的变化，中华民族正以崭新姿态屹立于世界的东方。经过长期努力，中国特色社会主义进入了新时代，这是我国发展新的历史方位。""……中国特色社会主义进入新时代，我国社会主要矛盾已经转化为人民日益增长的美好生活需要和不平衡不充分的发展之间的矛盾……我国社会主要矛盾的变化，没有改变我们对我国社会主义所处历史阶段的判断，我国仍处于并将长期处于社会主义初级阶段的基本国情没有变，我国是世界最大发展中国家的国际地位没有变。"依据这个科学论断，新方志必须准确全面地反映中国特色社会主义初级阶段的基本国情。党的十九大报告这个时期的特点概括为："中国特色社会主义进入新时代，意味着近代以来久经磨难的中华民族迎来了从站起来、富起来到强起来的伟大飞跃，迎来了实现中华民族伟大复兴的光明前景；意味着科学社会主义在 21 世纪的中国焕发出强大生机活力，在世界上高高举起了中国特色社会主义伟大旗帜；意味着中国特色社会主义道路、理论、制度、文化不断发展，拓展了发展中国家走向现代化的途径，给世界上那些既希望加快发展又希望保持自身独立性的国家和民族提供了全新选择，为解决人类问题贡献了中国智慧和中国方案。"新时代，中国特色社会主义面临不少困难和挑战。党的十九大报告指出："主要是发展不平衡不充分的一些突出问题尚未解决，发展质量和效益还不高，创新能力不够强，实体经济水平有待提高，生态环境保护任重道远；民生领域还有不少短板，脱贫攻坚任务艰巨，城乡区域发展和收入分配差距依然较大，群众在就业、教育、医疗、居住、养老等方面面临不少难题；社会文明水平尚需提高；社会矛盾和问题交织叠加，全面依法治国任务依然繁重，国家治理体系和治理能力有待加强；意识形态领域斗争依然复杂，国家安全面临新情况；一些改革部署和重大政策措施需要进一步落实；党的建设方面还存在不少薄弱环节。这些问题，必须着力加以解决。”

新方志要牢牢把握社会主义初级阶段这个基本国情，牢牢立足社会主义初级阶段这个最大实际，充分反映新时代的特点，这就是改革开放。我国的改革开放从1978年党的十一届三中全会发端，经历了从农村改革到城市改革；从经济体制改革到各方面体制机制改革；从对内搞活到对外开放的波澜壮阔的伟大历程。经过30多年的发展，中国特色社会主义取得了伟大成就，中国特色社会主义以崭新姿态进入新时代。编纂新方志，必须以改革开放为主线，把中国共产党带领各族人民，坚定道路自信、理论自信、制度自信、文化自信，进行伟大斗争、建设伟大工程、推进伟大事业、实现伟大梦想的伟大实践记述下来。中国特色社会主义建设并不是一帆风顺的。因此，编纂新方志，要始终坚持实事求是的思想路线，要尊重客观实际，反对主观臆断，对中国特色社会主义建设实践中的具体问题进行具体分析，特别是对一个地域的历史和现状、成绩和失误、人物和事件，要本着客观公正的原则，如实记述。要忠于资料，忠于事实，忠于真理。抱着对历史负责，对人民负责，对子孙后代负责的精神，编纂出经得起时代检验、经得起历史检验、经得起人民检验的方志。

三、坚持反映社会发展规律

历史唯物主义认为，人类社会是不断发展、不断进步的。其经历原始社会、奴隶社会、封建社会、资本主义社会、社会主义社会，最后将进入共产主义社会。这是社会历史发展的必然规律。中国人民在中国共产党领导下，经历了旧民主主义革命和新民主主义革命，建立了中华人民共和国，进入了社会主义革命和社会主义建设时期。这个道路是曲折的，过程是艰难的，中国共产党在历史潮流中，起到了中流砥柱的作用，历史和人民选择了中国共产党，中国共产党勇担历史重任，不负人民重托，带领中国人民进行革命斗争，走社会主义道路，这是历史发展的必然结果。党的十九大报告指出：“鸦片战争后，中国陷入内忧外患的黑暗境地，中国人民经历了战乱频仍、山河破碎、民不聊生的深重苦难。为了民族复兴，无数仁人志士不屈不挠、前仆后继，进行了可歌可泣的斗争，进行了各式各样的尝试，但终究未能改变旧中国的社会性质和中国人民的悲惨命运……十月革命一声炮响，给中国送来了马克思列宁主义。中国先进分子从马克思列宁主义的科学真理中看到了解决中国问题的出路。在近代以后中国社会的剧烈运动中，在中国人民反抗封建统治和外来侵略的激烈斗争中，在马克思列宁主义同中国工人运动的结合过程中，1921年，中国共产党应运而生。从此，中国人民谋求民族独立、人民解放和国家富强、人民幸福的斗争就有了主心骨，中国人民就从精神上由被动转为主动。”新方志的内容和体例，要有助于如实记述这一客观规律。这一客观规律具体表现在以下几个方面：

1. 实现中华民族伟大复兴的中国梦，必须推翻压在中国人民头上的帝国主义、封建主义、官僚资本主义三座大山，实现民族独立、人民解放、国家统一、社会稳定。

2. 实现中华民族伟大复兴的中国梦，必须始终高举中国特色社会主义伟大旗帜，坚持开创中国特色社会主义道路、创新中国特色社会主义理论、建立中国特色社会主义制度、建设中国特色社会主义文化。中国特色社会主义是改革开放以来党的全部理论和实践的主题，是党和人民历尽千辛万苦、付出巨大代价取得的根本成就。中国特色社会主义道路是实现社会主义现代化、创造人民美好生活的必由之路，中国特色社会主义理论体系是指导党和人民实现中华民族伟大复兴的正确理论，中国特色社会主义制度是当代中国发展进步的根本制度保障，中国特色社会主义文化是激励全党全国各族人民奋勇前进的强大精神力量。全党要更加自觉地增强道路自信、理论自信、制度自信、文化自信，既不走封闭僵化的老路，也不走改旗易帜的邪路，保持政治定力，坚持实干兴邦，始终坚持和发展中国特色社会主义。

3. 实现中华民族伟大复兴的中国梦，必须准确把握时代特征和找准历史方位，坚持党的“一个中心、两个基本点”的基本路线，以经济建设为中心，坚持四项基本原则，坚持改革开放，与时俱进，合乎时代潮流、顺应人民意愿，确定基本方略，让党和人民事业始终充满奋勇前进的强大动力。

4. 实现中华民族伟大复兴中国梦的伟大梦想，必须进行具有许多新的历史特点的伟大斗争。要更加自觉地坚持中国共产党的领导和我国社会主义制度，坚决反对一切削弱、歪曲、否定中国共产党的领导和中国特色社会主义道路、理论、制度、文化的言行；更加自觉地维护人民利益，坚决反对一切损害人民利益、脱离群众的行为；更加自觉地投身改革创新时代潮流，坚决破除一切顽瘴痼疾；更加自觉地维护我国主权、安全、发展利益，坚决反对一切分裂祖国、破坏民族团结和社会和谐稳定的行为；更加自觉地防范各种风险，坚决战胜一切在政治、经济、文化、社会等领域和自然界出现的困难和挑战。

5. 实现中华民族伟大复兴中国梦的伟大梦想，必须深入推进党的建设新的伟大工程。中国共产党要始终成为时代先锋、民族脊梁，始终成为马克思主义执政党，自身必须始终过硬；要更加自觉地坚定党性原则，勇于直面问题，敢于刮骨疗毒，消除一切损害党的先进性和纯洁性的因素，清除一切侵蚀党的健康肌体的病毒，不断增强党的政治领导力、思想引领力、群众组织力、社会号召力，确保我们党永葆旺盛生命力和强大战斗力。

6. 实现中华民族伟大复兴中国梦的伟大梦想，必须在理论上跟上时代，不断认识规律，不断推进理论创新、实践创新、制度创新、文化创新以及其他各方面创新。实践没有止境，理论创新也没有止境。时代是思想之母，实践是理论之源，世界每时每刻都在发生变化，中国也每时每刻都在发生变化，只要善于聆听时代声音，勇于坚持真理、修正错误，21 世纪，中国的马克思主义一定能够展现出更强大、更有说服力的真理力量。

编纂新方志，要充分反映和揭示中国特色社会主义发展的基本规律，为中国特色社会主义的发展，提供明道之书、资治之书、存史之书、辅教之书。

四、坚持体现人民历史地位

历史唯物主义认为，人民群众是历史的主人，是历史的创造者和推动者，既是物质财富的创造者，也是精神财富的创造者，又是变革社会制度的决定力量。正如毛泽东所说："人民，只有人民，才是创造世界历史的动力。"党的十九大报告指出："我国是工人阶级领导的、以工农联盟为基础的人民民主专政的社会主义国家，国家一切权力属于人民。我国社会主义民主是维护人民根本利益的最广泛、最真实、最管用的民主。发展社会主义民主政治就是要体现人民意志、保障人民权益、激发人民创造活力，用制度体系保证人民当家做主……人民是历史的创造者，是决定党和国家前途命运的根本力量。必须坚持人民主体地位。"社会主义新方志，必须突出人民群众是历史主人这一历史唯物主义观点，充分记述人民群众的作用，反映人民群众在社会主义革命和建设，特别是推进改革开放伟大事业的事迹，为时代英雄、劳动模范、先进工作者、能工巧匠、思想家、科学家、发明家、文学家、艺术家、教育家等人民群众中的杰出代表人物树碑立传，记述他们不怕牺牲、勤劳勇敢、艰苦奋斗、勇于开拓的优良品德。在记述中国特色社会主义事业发展的过程时，要突出人民群众的实践活动和事迹，对那些埋头苦干、艰苦创业的人物，那些勇于改革、开拓进取的人物，他们的事迹应用以事系人的方法加以充分记述。反映出人民群众在创造物质财富、精神财富、推动改革开放和中国特色社会主义向前发展中的伟大贡献，把新方志写成人民的方志。

五、坚持体现中国共产党的领导地位

《中国共产党章程》指出："中国共产党是中国工人阶级的先锋队，同时是中国人民和中华民族的先锋队，是中国特色社会主义事业的领导核心，代表中国先进生产力的发展要求，代表中国先进文化的前进方向，代表中国最广大人民的根本利益"。党的十九大报告指出："坚持党对一切工作的领导。党政军民学、东西南北中，党是领导一切的。"社会主义新方志，在肯定人民群众创造历史的同时，要更加突出中国共产党的领导核心地位和作用。中国共产党以马克思列宁主义、毛泽东思想、邓小平理论、"三个代表"重要思想、科学发展观、习近平中国特色社会主义思想作为自己的行动指南。在推进中国特色社会主义事业中起着发起者、组织者、领导核心的作用。编纂新方志必须旗帜鲜明地记述中国共产党的历史地位和作用。党的十九大报告指出："中国特色社会主义政治发展道路，是近代以来中国人民长期奋斗历史逻辑、理论逻辑、实践逻辑的必然结果，是坚持党的本质属性、践行党的根本宗旨的必然要求……坚持党的领导、人民当家做主、依法治国有机统一是社会主义政治发展的必然要求。"因此，新方志在内容和体例上要充分体现这个特征。

第三节　新方志编纂的基本原则

任何文体，都有其编写的原则。原则是决定一种文体区别于其他文体的特别之处。方志是记述特定地域自然、社会各种事物状况的工具书籍，在长期的发展过程中，也形成了独特的编纂原则。社会主义新方志编纂原则主要包括：横分竖写原则、秉笔直书原则、详今略古原则、科学严谨原则、实事求是原则等。

一、横分竖写原则

横分竖写，即“横分门类，纵述历史”。“横分门类不缺项，纵述史实不断主线”是方志编纂的基本原则，也是决定方志的基本特征主要方面。任何一部方志所反映一方之地情，其时间长度能统合古今，其空间广度更是天文地理无所不包。方志为适应这样的广泛、复杂记述内容的需要，必须做到分门别类，才能免于资料和史实的杂糅和紊乱。因此，方志编纂应确立横分竖写、事以类从的形式和原则。

（一）横　分

横分解决方志门类设置合理的问题。横分门类是由方志的内容和功能决定的：一是便于全面系统记述事物；二是能够归集丰富的资料；三是可以方便读者查阅资料。

横分门类一般是按社会分工和职能对方志内容进行科学分类，即把一个特定地域的情况，按照事物的不同性质加以科学分类，门类划分诸如自然、政治、经济、文化、社会、环境等，也可划分诸如疆域地理、建置沿革、人口变迁、政治军事、经济发展、文化艺术、教育科技、医疗卫生、民俗风情、名胜古迹、奇闻轶事、名人表传等。不同的地域、不同的时代有不同的分类。做好分类工作后，按照以类系事的要求，确定志书的章、节、目、子目名称，把所有的章、节、目、子目名称排列出来就是一部方志的篇目结构。因此，必须做到横分门类要到边，全覆盖，不缺项。

横分门类的要求：一是各门类横分标准要统一，即同一划分过程，对同一门类在同一层次划分依据的标准要一致；二是各门类划分出来的子项，内涵不得相互兼容；三是门类划分出的各子项，外延相加必须与门类母项的外延相等；四是门类划分要依据属种关系逐级划分，不能越级。防止不按客观事物的性质区分门类，轻重倒置，缺少要项；五是切实遵守志界、不越界的原则。

（二）竖　写

竖写可以解决方志门类记述得当的问题。竖写即纵述历史，就是根据门类所含事物的不同和记述的方便与得当，采取不同的体裁，以时为经，反映事物的历史与现状，即按时间顺序呈现所记地域事物发展脉络，完整系统展示事物面貌，反映事物发展变化、兴衰起伏的全过程。

竖写按篇目设置要求，组织文字和编纂资料，是方志编纂的重要工作，直接影响和决定志书的质量。

竖写的要求：一是主线突出，纵不断线。组织文字和整合资料要围绕主线展开，保证清晰记载事物发展变化过程，内容不能上下空档、产生断层现象；二是事件完整，因果关系明确。记述事物要有发生、发展、变化的情况，转折、起伏、现状及结果，不仅要记述事件是什么样，而且还要记述事件为何是这样，不能勉强维持，看不出发展变化；三是突出地区特点和时代特征。同一事物在不同地区有不同的表现形式，同一事物在不同时代也有不同的表现形式。方志要将事物在不同地区与不同时代的不同表现形式记载清楚；四是坚持以事系人，事与人同记，突出人文精神。将事物发展与人物活动紧密结合，通过人的活动更好地反映事物发展状况，不能重政治经济、轻社会人文，重奇闻轶事、轻民俗风情。

竖写应注意的问题：一是切忌纵列文件，而应记述史实，反映事物发展变化；二是切忌逐年记述，而应记述演变，记述事物从量变到质变、兴衰起伏的全过程，不要像流水账式地逐年罗列资料；三是切忌用总结和报告式、文献汇编式、新闻报道式的记述方法，简单地罗列资料，看不出地域事物“求新、求变、求发展”的历史过程；四是切忌纵述史实溯源过远，淡化时代特色。

二、秉笔直书原则

秉笔直书是历代史官最优秀的品德。《左传·宣公二年》记载，晋赵穿在桃园杀死晋灵公，晋国正卿赵盾（赵穿的堂弟，是位贤良大夫）本来要逃亡的，听到这个消息又返回都城。太史董狐写上：“赵盾弑其君”，以示于朝。孔子后来称赞说：“董狐，古之良史也，书法不隐。”《左传·襄公二十五年》记载，齐国的崔杼为了讨好晋国而杀死齐君。“太史书曰：崔杼弑其君。崔子杀之。其弟嗣书而死者二人。其弟又书，乃舍之。南史氏闻太史尽死，执简以往。闻既书矣，乃还。”董狐和南史氏被尊为古代良史，成为后世史官学习的楷模。真实记述史实难，尤其记述掌权者的错误更是难上加难。然而，方志要完成“明道、资治、存史、辅教”的使命，必须著信史。只有这样，方志才能为“天子明目达聪之助，以扶大一统之治”①。清代林则徐说：“方域所以有志，非仅

① 卫周·长治县志.

纲罗遗佚，殚洽见闻；实赖以损益古今，兴革利病。政事所由考镜，吏治于焉取资。”“如导行之有津梁，制器之有模范”①“非独一郡所资，即措之天下，传之奕祀，莫不如契斯印。”。现代学者顾颉刚说：“每地修志，主要目的在于备行政官吏之鉴览，以定其发施政令之方针。”② 唯以信史为鉴，方知政事之正误。

唐代徐坚在《初学记》中提出“方志直文”的主张，倡导编纂方志要像司马迁著《史记》那样，“其文直，其事核，不虚美，不隐恶，故谓之实录”。唐代刘知几很推崇东汉史学家荀悦的史书旨意：“一曰达道义，二曰彰法式，三曰通古今，四曰著功勋，五曰表贤能”。他在《史通·直书》说：“夫人禀五常，士兼百行，邪正有别，曲直不同。若邪曲者，人之所贱，而小人之道也；正直者，人之所贵，而君子之德也。”“史之为务，申以劝诫，树之风声。其有贼臣逆子，淫君乱主，苟直书其事，不掩其瑕，则秽迹彰于一朝，恶名被于千载。”编纂方志有“如董狐之书法不隐……若齐史之书崔弑，马迁之述汉非，韦昭仗正于吴朝，崔浩犯讳于魏国。”他说“其有舞词弄札，饰非文过”“……斯乃作者之（丑）行，人伦所同疾也。”提倡“良史以实录，直书为贵”；“好是正直，善恶必书”，“礼仪用舍，节文升降则书之；君臣邪僻，国家丧乱则书之；幽明感应，祸福萌兆则书之”。

秉笔直书是方志发展的客观需要。《地方志工作条例》指出，编纂方志是“为了继承和发扬中华民族优秀文化传统，全面、客观、系统地编纂地方志，科学、合理地开发利用地方志，发挥地方志在促进经济社会发展中的作用”。可见，编纂方志目的是明确的。具体体现在：一是为经济建设提供可靠的历史资料，有利于了解特定地域的全面情况，从实际出发，扬长避短，因地制宜，发挥优势，提高效益，加快经济发展步伐。近代方志学家寿鹏飞在《方志通义》中说：修志目的在于“正人心，敦风尚，明正谊、垂治规；究兴衰之由，陈利弊之要，补救时政之阙失，研求民生之荣枯”；二是从历史的经验教训汲取规诫，避免走弯路走错路。因此，清代徐又弼在《吏治悬镜》提出，新官上任要奉行23条“莅任初规”，其中就有“览志书”，甚至把方志称为“观民设教、体国经野”的资治宝鉴。清代卢崇峻在康熙《陕西通志·序》中说：“今

① ［清］林则徐．大定府志．道光二十九年．

② 顾颉刚．中国地方志综录序［M］．北京：商务印书馆，1937．

捧此志如金镜焉，玉律焉，鉴观而体行之，庶几告无罪于先贤”；三是为精神文明建设和物质文明建设提供文化资源。旧方志是我国珍贵的文化遗产，是进行革命传统教育的重要乡土教材。新方志既要记述祖国发明创造和各种建设成就，包括古代和现代的发明创造、辉煌建筑和伟大工程、科学研究、创作治学的成就，记述历史人物、革命烈士、专家学者、良工巧匠等，以丰富爱国主义、社会主义思想教育的内容，又要客观记述中国革命和建设，改革开放中出现的失误，走过的弯路。明代范嵩说：“夫风俗之淳漓，政治之得失，山川之险易，人才之盛衰，非有以志之，后将奚征焉?”①

方志只有做到直笔如山，严格考证一个地域的治乱兴革，才能臧否得失，昭隐发潜，彰善瘅恶；只有笔削可质鬼神，论断无惭衾影，才能使方志成为信史，使后世能够从中受到启发，得到借鉴，既立懦以廉顽，亦信今而传后。

三、详今略古原则

详今略古原则，要求对现代的情况有比较详细的记述，对古代的史事则应简明记述。我国方志是总览一方古今的百科全书，公认的惯例和传统是横排纵述。从横的方面看，是“无不备载”，从纵的方面考察，则是“统合古今”。略古详今，即对一地从古至今的历史和现状都要详略不同的记述。古往今来，一地历史发展变化情况很多，如果只载古而不记今，那就不可能了解一地的状况；相反，如果只记今而不载古，那又无从得知一地的历史全貌。新方志是在前期已编修志书的基础上续编的志书，因此，具有连续性和时代性特征。所以，新方志对旧方志记述过的历史情况，只能作简要的追溯，不能全部照抄。故必须做到略古。详今就是要尽可能多地如实记述当时当地的新情况，反映记述当时地域特色，不仅为当代提供丰富的现实材料，而且为后代保存大量的信息资料，所以新方志详今非常重要。如何做到详今略古呢?

1. 方志工作者要正确认识详今的重要性和必要性，在实际工作中，坚持从全局出发，将布局、取材、叙述的重点放在详今上，从而达到详今的目的。

2. 要注意做到略古。因为一地的史事很多旧方志已经陆续作了记

① 范嵩. 重修建宁府志・序.

述，编修新方志时，要恰当使用史料。旧志已载，凡是正确的只要分门别类，简单载述以示不缺即可。旧志已载，凡有错必纠正，有疑可存疑，并按照重要程度和需要情况决定取舍和采用。

3. 注意防止详今无古和详今虚古的现象。详今并非有今无古，只记述现代情况，而不记述古代重要史事，详今并非重今虚古，记述古代史事要择其重点、简明精确，切忌虚化、浮夸。清代章学诚曾说，方志编纂中，如果“法度义例，不知斟酌，不惟辞不雅训，难以行远，抑且害于事理，失其所以为言”[①]，到头来必然造成“虚文害实事矣”。

四、科学严谨原则

科学严谨包含对方志内容和形式的要求。内容上的要求是资料全面系统，真实可信，力求客观反映特定地域事物的本质和全貌。形式上的要求是篇目设计严谨，门类分排合理，统属得当，门类记述上比较得体。

方志的科学严谨是建立在资料的真实准确基础上的。离开了资料的真实准确性，也就无科学严谨可言。什么是方志所要求的真实准确的资料呢？首先是反映特定地域事物存在的资料，记述的每一件事情、每一个人物、每一组数据，都必须真实准确；其次是反映特定地域事物发展变化的真实过程，认识历史事实不能全凭资料，资料并非等同于事实，方志记述的是经过分析事实获得的对客观事物的本质的认识。我们平常说的实事求是、存真求实、去粗取精、去伪存真，讲的就是科学严谨。

方志是统揽古今，纵横百科的综合性资料性著作。其门类划分、篇目设计、资料选用，都是互相联系和相互制约的，稍有不慎就会出现不科学严谨的问题。科学严谨要求门类划分要坚持统一标准，严格依据事物的性质来分门别类，不同性质的事物不能强为一类。篇目设计要严格遵循方志的体例规范，篇、章、节、目统属要得当，层次结构要由最高级的类逐渐向最低级的类依次延伸，确保篇、章、节、目形成一级管一级的关系，做到层次分明，有条不紊。

科学严谨原则的具体要求是：

1. 观点正确，这是方志的思想性和政治性的标准。方志是文化产品，也是精神产品，指导思想必须体现社会政治意识。

① 章学诚．与石首王明府论志例//文史通义．

2. 资料翔实，这是志书真实性标准。真实是方志的生命，方志所记述的资料既要丰富，也要严格考订，去伪存真，人时地事无差错。

3. 体例完备，这是方志整体性标准。一部方志是一个有机整体，述、志、纪、录、图、表等各种体裁交互使用，纵写史实不断线，横排门类不缺项，力求体例完备。

4. 特点突出，这是方志规律性标准。方志为了防止千志一面，必须做到特点突出，反映规律。方志用史事和资料揭示规律，不同地域的事物是不同的，事物发展的规律也不同，方志记述要把握地域特征，正确反映特定地域自然和社会发展规律。

5. 文风端正，这是方志纪实性标准，方志的文字表述应该以纪实为主，文字简洁、朴实。

6. 图文并茂，这是方志艺术性标准。

五、实事求是原则

实事求是是我们党的思想路线，更是方志编纂根本原则。《地方志工作条例》明确指出：编纂地方志应当做到存真求实，确保质量，全面、客观地记述本行政区域自然、政治、经济、文化和社会的历史与现状。可见，能否坚持实事求是原则是决定方志优劣成败的关键因素。因此，方志编纂必须始终坚持实事求是原则，如实记述特定地域自然和社会等方面发展的历史和现状。

综观当代方志工作，违背实事求是原则的表现有：一是隐恶，即方志只记述成绩，不记述失误，只记述一些为本地域增光的事情，不记述那些影响本地域声誉的丑事，只记述所谓共识，不记述矛盾，只记述光明的事物，不记述曲折的道路；二是溢美，不顾事实，把刚刚萌芽的事物记述得枝繁叶茂，只记述锦上添花、雪中送炭的事情，不记述有缺陷的工作；三是主次颠倒，不能正确选择重要资料和史事加以记述，而是不分主次地把次要的、非典型资料、非主流事物作为重点加以记述，扭曲了事物发展的本来面目；四是首尾脱节，方志记述重起始、轻终结，虎头蛇尾。

方志是记述特定地域自然与社会各个方面情况的综合性、资料性工具书，具有“明道、资治、存史、辅教”的功能，要求它必须实事求是。要以真实、准确为本，只有存真求实，才能发挥其功能，才可鉴往昭来，流传百世。

坚持实事求是原则，要做到：一是要从实际出发，科学严谨拟订篇目；二是全面系统真实准确记述特定地域事物发展变化的全貌。记述内容要符合史实，不以偏概全，以特例代替一般，以局部代替整体，更不能以个人好恶来代替人民群众的真实感受；三是客观真实地记述工作中的成绩和失误。既充分肯定成绩，又如实记述失误。但记述内容必须有利于改革开放稳定大局，有利于维护党和国家事业长治久安。

第四节　新方志编纂的质量标准

方志满足社会需求，能否发挥积极作用，关键在于方志的质量。质量是方志的生命。编纂高质量的方志，必须有完整的质量标准。坚持质量第一。坚持存真求实，确保地方志质量。要正确处理质量与进度的关系，将精品意识贯穿于地方志编纂出版工作全过程，严把政治关、史实关、体例关、文字关、出版关，确保编纂出经得起历史检验、具有鲜明时代特征和地域特色的社会主义新方志成果。

志书质量的总体要求：观点正确，体例严谨，内容全面，特色鲜明，记述准确，资料翔实，表达通顺，文风端正，印制规范。

一、政治观点方面

新方志编纂要以马列主义、毛泽东思想、邓小平理论、“三个代表”重要思想、科学发展观和习近平新时代中国特色社会主义思想为指导，新方志的内容要符合马列主义的立场、观点和方法，符合辩证唯物主义和历史唯物主义基本原理，所有记载要与1978年党的十一届三中全会以来党的路线、方针、政策保持一致。用新观点、新方法、新资料、新体裁，写出本地区人民在推动经济、政治、文化、社会发展过程中，“求新、求变、求发展”的历史情况以及“新事物、新成果、新局面”的现实状况。这是新方志政治观点方面的总标准。具体要求是：

（一）坚持党的基本路线

党在社会主义初级阶段的基本路线是：领导和团结全国各族人民，以经济建设为中心，坚持四项基本原则，坚持改革开放，自力更生，艰苦创业，为把我国建设成为富强、民主、文明、和谐的社会主义现代化强国而奋斗。党的基本路线的核心内容即“一个中心，两个基本点”。一个中心，两个基本点是相互依存，缺一不可的有机整体：一是必须把改革开放和四项基本原则统一起来。只有坚持四项基本原则，才能保证改革开放沿着社会主义方向顺利发展；只有坚持改革开放，才能解放和发展生产力，使社会主义制度进一步巩固和完善。两个基本点一个是立国之本，一个是强国之路，同等重要，缺一不可；二是坚持四项基本原则和坚持改革开放都是为了更好地解放和发展生产力，把经济搞上去，实现社会主义现代化的宏伟目标。新方志必须始终坚持党的基本路线，记述内容要充分体现我国人民在中国共产党的领导下，坚持以经济建设为中心，坚持四项基本原则，坚持改革开放的现状和成就。

（二）坚持以人民为中心的发展思想

党的十九大报告指出，必须坚持以人民为中心的发展思想，不断促进人的全面发展、全体人民共同富裕。以人民为中心的发展思想是坚持人民主体地位这一根本原则在发展理论上的创造性运用，是对中国特色社会主义建设过程中经济社会发展的根本目的、动力、趋向等问题的科学回答。以人民为中心的发展思想，强调人民是推动发展的根本力量。人民是历史的创造者，是物质财富和精神财富的创造者。

新方志坚持以人民为中心的发展思想，具体体现在：一是全面记述中国共产党始终把增进人民福祉、提高人民生活水平和质量、促进人的全面发展作为根本出发点和落脚点，把实现好、维护好、发展好最广大人民根本利益作为发展的根本目的；二是系统记述中国共产党始终依靠人民，把人民作为发展的力量源泉，充分尊重人民主体地位，充分尊重人民所表达的意愿、所创造的经验、所拥有的权利、所发挥的作用，充分尊重人民群众首创精神。自觉拜人民为师，向能者求教、向智者问策，不断从人民群众中汲取智慧和力量；三是客观记述中国共产党坚持发展成果由人民共享，使发展的成果惠及全体人民，逐步实现共同富裕。

（三）坚持“四个自信”

习近平总书记在庆祝中国共产党成立95周年大会上讲话指出：“坚持不忘初心、继续前进，就要坚持中国特色社会主义道路自信、理论自信、制度自信、文化自信，坚持党的基本路线不动摇，不断把中国特色社会主义伟大事业推向前进。”坚持“四个自信”，是不断把中国特色社会主义伟大事业推向前进的内在动力，也是全面建成小康社会和实现中华民族伟大复兴中国梦的根本保障。新方志要全面系统客观地记述中国人民在中国共产党的领导下，坚持走中国特色社会主义道路，发展中国特色社会主义制度，创新中国特色社会主义理论，繁荣中国特色社会主义文化的伟大实践和丰硕成果。

（四）坚持内容科学性与思想性相统一

新方志的科学性是指方志的体例选择、篇目结构设计等是否正确，记述的内容是否准确，是否符合客观实际，是否反映事物的本质和内在规律，观点是否正确，资料是否真实准确。科学性的原则要求：一是记述的科学性；二是以科学思想为指导。思想性就是政治性和政策性的体现，方志的思想性集中体现在编纂的指导思想上，观点正确是方志的灵魂。坚持政治标准是方志指导思想的首要任务。具体包括：一是否符合马列主义、毛泽东思想、邓小平理论、“三个代表”重要思想、科学发展和习近平新时代中国特色社会主义思想的立场、观点、方法；二是否偏离社会主义方向；三是否损害党和国家形象；四是否违背宪法和法制原则；五是否违背党的基本路线和方针政策；六是否违背党的民族宗教政策，影响民族团结；七是否违背党的统一战线政策，影响祖国统一；八是否违反保密原则，泄漏党和国家秘密。九是否危害国家安全。方志要做到科学性和思想性相统一，必须始终牢记编纂宗旨，一切编纂工作要围绕编纂宗旨进行。

二、体例方面

方志的体例由体裁、结构、章法三要素构成。关于新方志体例问题，将在第三章讨论。在此，仅从体裁、结构、章法的一般质量要求，谈一些看法。方志体例质量标准的总体要求是门类设置比较合理，在门类记述上比较得当，而且要力求表现出各门类的相互关系，科学运用各种手段，记述特定地域的基本面貌。在新方志的编纂和审定验收中，体裁上要坚持述、记、志、传、图、表、录诸体并用，以志为主。结构上坚持横分门类，纵述历史，归属得当，特色鲜明，标题妥当，特点突出。记述方式上综述事实、寓论于记，坚持用资料和史事说话，以事系人、点面结合。在章法上，做到行文规范、统一、流畅、简洁、朴实。概括而言，方志体例质量标准主要包括方志的体裁标准、结构标准和章法标准。

（一）合理运用体裁

方志体裁是方志因记述内容的需要而采用的记述形式。《关于地方志编纂工作的规定》要求：“地方志的体裁，一般应包括述、记、志、传、图、表、录等，以志为主体。”因此，对于述、记、志、传、图、表、录七种体裁的具体质量要求是：

1. 述，是一部方志的总纲，为全书的精华。用以勾画方志轮廓，说明方志内容概要，阐明方志体例。源于方志的内容，又高于方志的内容。其功用在于让读者了解方志编纂宗旨，总览一方之概貌，综观地域自然与社会发展客观规律，以便阅读和使用方志。述作为方志总纲，务必做到统摄方志全部内容，概而述之；横陈事物门类，纵述事物发展变化概况，简明扼要，提纲挈领；简溯方志渊源，评介旧志史料，恰当精确；阐明修志宗旨，情理交融，言简意赅。

2. 记，用于记述大事，依时记事，举地域史事大端，按年编排，贯通古今，为全书之经。方便读者阅读和查检方志内容，可减少方志门类，补充专志缺项。其时贯古今，事涉百科，要坚持标准，不滥收或遗漏，突出大事要事，司马光《资治通鉴》所记大事是，“专取关国家盛衰，系生民休戚，善可为法，恶可为戒者”，即大事记所记事关国计民生的大事要事、事关全局影响深远的重大变革和重要事件、对后人有教育意义足为后世所效法或为后人引以为戒的人物事件。凡影响特定地域的大事要事，要准确真实记述。记述大事要事，要坚持只记不论的原则，尊重事实；要严格选材，突出大事要事，一事一条，言简意赅；要详略适度，突出地域特色。

3. 志，是方志核心体裁。各类专志，坚持以事归类、以时系事的原则，突出地域特色。篇目是方志的总体设计和框架，是事物内容联系的外在表现形式，既要反映同类事物的序列关系，又要反映各门类之间的排比关系。因此，务求篇目设计科学合理，层次分明，标题简明，统属得当；地域特色和专业特色突出；横排不交叉，纵述不重复；内容丰富翔实，科学系统，观点正确，寓论于资料记述之中。

4. 传，是方志用来记述特定地域人物的一种记述方式。坚持以人系事，志人述史，史事翔实，朴素自然的原则。传主要记述人物一生的主要活动和突出事迹，以及政治品德、思想境界、道德情操、个性特征、精神面貌，目的是存史备用，彰往昭来，激励后人。因此，要坚持生不立传，功过分明，事迹鲜明，史料准确，个性突出，形象完整。

5. 图，可代替文字，节省篇幅，丰富内容，补文字之不足，以反映方志全貌，展示事物发展过程，再现原貌，以昭征信，是无言之方志。务求图文相宜，选择精当，绘制精美，图不离文，文以附图，图文并茂，形象生动。

6. 表，汇方志分门别类之事物于一体，经纬互订，横可见门类之面貌，纵可见事物发展变化之状况。表可使方志化繁为简，文省而事明。因此，要精选表目，要素齐备，结构清晰，文字简明，文表相辅。

7. 录，有杂录、附录。所记“揽入则不伦，弃之犹可惜”的内容，诸如奇闻逸事、诗文荟萃、重要文献辑存，地方重要文献目录，以存资料备考。所录资料必须符合方志宗旨，观点要正确，突出地域特色，资料要考订辩证，确保收录资料真实准确，记述史实要具有借鉴价值。

（二）科学设计结构

篇目结构设计要科学合理，主要体现在：①严守志界。不能突破断限，不能突破地域界限。记述一方事物，按类归为一志，归类得当，依时而记，系统全面，统属得当；②横排竖写。横分门类，分到边，不缺项；纵述史实，记到底，不断线。以时为经，以事为纬，纵横结合，以横为主。保持事物的完整性，保持过程的系统性。全面反映一方事物的开端、演变、现状，反映兴衰起伏，彰明因果关系。

（三）严格遵守章法

方志一般采用记述体语文体。忌用工作总结、新闻报道、教材讲义、文艺作品等文体。忌用夹述夹议、先述后议，依照时间顺序和事物发生发展的过程记述，忌用倒述、插述、补述。方志重在著述性，要坚持述而不论。思想观点和政治主张，全部寓于方志所记述的资料和史实中。

三、资料方面

全面系统、科学准确、客观真实、丰富完整，是方志资料的总标准。

（一）资料特性

1. 具有区域性特点，这是组织资料的基本原则。一方之志不可越境而书，古今方志概莫能外，区域是突破不得的。方志记述的全部资料和史事必须以本省、本市、本县、本地域为依归，只有这样，方志才能配称一方之志。

2. 具有广泛性特点，方志是了解一方的工具书，对一方自然与社会各方面的情况作百科式记述，其门类多，范围广，资料容量浩繁，资料的广度和深度是一般书籍不可比拟的。

3. 具有实录性特点，方志是一方情况之实录，虽不必像历史书籍那样去探索规律，但能为人们探索规律提供历史资料和史事，虽不能总结经验教训，但可以记述经验教训，通过资料的排比和史事的记述，给人们总结经验教训提供参考和借鉴。

4. 具有连续性特点，方志纵写不断线是编纂原则要求，因此方志堪称“传世之工具”。一个行政区域的范围或名称可能会有变化，但其历史发展进程永远不会中断，因此，反映这一行政区域兴衰起伏的历史资料，要一代一代通过修志而传承下来，没有方志记述资料的连续性，方志也难以达到系统性和科学性要求。

（二）资料要求

资料充足，记述翔实，是方志的特征、优势和生命力所在，是方志功能发挥的关键支撑。方志质量的优劣决定于所运用的资料是否全面系统、科学准确、客观真实、丰富完整。

1. 全面系统。一部方志要完整地记述特定地域的自然、政治、经济、文化、社会、生态环境等各个门类、各个方面。记述对象的广泛性，客观要求搜集的资料必须全面、系统。全面性要求门类齐全，重要门类不缺项，同一层次的门类也不能缺项或降格记述。首先是资料必须丰富翔实，不能存在遗漏和缺失。系统性规定方志必须系统地纵述史实，将同类事物的若干要素按一定联系组成有机整体，各个门类及相应的篇章节目等，在方志中既有相对独立的位置、比重，有鲜明的地域特征和时代特征，相互间又能协调对称。方志要达到这些标准，必须有充实完整的资料作支撑。只有系统地搜集各个历史时期、事物发展各个阶段的资料，才能保证方志记述的系统性。总之，搜集资料是否全面系统，直接影响方志编纂规范化程度。一部好的方志，不仅要有门类齐全、规范合理的框架结构，严谨缜密、鲜明独特的编纂方法，持续连贯、完整如一的记述体系，更要以全面系统的资料作保证。

2. 科学准确。方志是一门科学，编纂方法具有科学性，诸如整体布局合理、篇目结构严谨、事物归属得当、事实排列有序、记述层次分明，横排门类要到边不缺项、纵写史事要始终不断限等，这些都是科学性的具体体现。方志的科学性是建立在资料科学性基础之上的。没有资料的科学性，就没有方志的科学性。方志资料的搜集要坚持科学态度和科学方法，即对史料进行校勘考订、整理归纳、分析研判，确保方志记述的史料经得起历史的检验、时代的检验、人民的检验。

3. 客观真实。方志能否客观真实记述事物状况，取决于资料是否客观真实。方志要做到客观真实地反映事物变化的历史过程和真实状况，其运用的资料务必客观真实。资料是方志的基础，方志既然是记述特定地域事物真实的历史面貌和发展变化状况的，就应该围绕要记述的事物，搜集有关此事物的状态、实质、结构、表征、内容、数量、始末、发展缘由等详细资料，并在博采众集的基础上，对全部资料进行考订辩证，作去伪存真、去粗取精的功夫，确保记述的内容真实。特别是注意搜集关于事物发展变化的历程和兴衰起伏过程的资料，着重搜集事物在历史发展过程中形成的可资借鉴的重要资料，即围绕事物兴衰起伏的发展线索，体现事物的本质、主流与特点，反映规律资料，要仔细搜集整理。方志记述的内容具有典型性、标志性、借鉴性，其资料必须做到存真和求实，这是方志价值的客观要求。存真就是在对待历史时，要对资料进行严谨地考订辩证，方志宁缺毋滥，决不能将伪造、虚假的资料记入方志。对浩如烟海的资料要严格研判甄别，存良去莠，去伪存真；真实就是对新入志的资料要坚持实事求是，如实反映入志事物的真实状况。方志允许存在遗憾，但不能存在错误。

4. 丰富完整。资料丰富完整，记述翔实，是方志的特征、优势和生命力所在，也是发挥方志明道、资治、存史、辅教作用的基础。方志是一方地情资料的百科全书，是人们了解一方历史和现状的工具书。可见，资料丰富完整是方志发展的必然要求。

综观当代方志发展现状，资料不足，记述不详，是一些志书质量不高的突出问题。具体表现在：一是记述史实缺乏连贯性，记述现状不全面，重经济轻人文现象较普遍；二是静态资料多，动态资料少，微观资料多，宏观资料少，记述平铺直叙，只见树木不见森林；三是文书档案资料多，实地调查资料少，记述程式化，照抄照搬文件内容，只见上级文件号召不见群众生产实践；四是反映“是什么”的资料多，体现“为什么”的资料少，记述成了资料简单堆砌，缺乏综合提炼。

根据方志的特征和功能，需要丰富完整资料、记述完备的内容，要做好四个方面的工作：一是充实体现地方特色、突出人文的资料。地方特色是方志最重要的特征。从某种意义上说，方志属于地情资料，直接反映一个地域的地力、人力、财力、物力及其优势、劣势。因此，举凡自然、社会、政治、经济、文化、生态环境，一切能供人们认识、规划、建设、改造、振兴的地情资料，都应尽收归集。尤其是地方人文资料和在当地物质文明和精神文明建设中做出重大贡献的人物，诸如劳动模范、企业家、科学家及科技工作者、文学家及文艺工作者，要搜集齐全，记述充分，凸显方志人文特色。二是充实体现时代特色、突出现状的资料。《新编地方志工作暂行规定》强调，方志要着重记述现代历史和当前现状，体现了方志的时代特征要求。方志要坚持详今略古原则，记述好现状。因此，搜集资料的重点要放在现代，特别要搜集 1978 年改革开放以来，反映地方自然、社会、政治、经济、文化、生态环境、人文风俗等方面出现的“新事物、新成果、新局面”的资料，确保方志记述体现时代特征。三是充实宏观性、全局性的资料。这是方志总揽和综括一个地域情况的需要。宏观性、全局性的资料是指能够反映全局大势的资料，诸如重要建设规划、产业布局和结构调整、重大政策举措以及关系全局的生产关系、管理体制机制的演变等重要资料，使方志能够概括事物全貌，反映事物门类之间的联系，彰明因果关系，揭示事物发展客观规律。四是充实重要时期的关键资料。事物在发展变化的不同阶段，总会出现新的矛盾和新的问题，方志应该记述事物发展过程出现的新矛盾新问题。搜集重要时期关键资料，全面记述一地为克服新矛盾、解决新问题，当地所提出的方针、政策、措施，及人们付出努力的过程，让读者从中看到新变化、新发展、新局面。

四、语言文字方面

语言文字是人类创造的最重要的交际工具，语言文字交际工具的功能是真实的、客观的，其作用也是巨大的，是人类所使用的其他任何工具都无法替代的。语言文字因民族地域不同而不同。为了交际的方便，各国都规定以某种语言文字作为官方交际工具。中华人民共和国规定汉语语言文字为官方使用的交际工具。因此，新方志一律用汉语语言文字作记述工具。中华人民共和国成立以来，编修的方志，都用汉语白话文记述，规定用语体文记述。

方志语言文字要符合美学要求。南朝学者刘勰在《文心雕龙·风骨》中说：“结言端直，则文骨成焉；意气骏爽，则文风清焉。”① 就是说文章的语言文字，要有感染力，具有感染力的语言文字，才是美丽的，才能吸引读者。方志在长期的发展过程中，对语言文字的美也是有追求的。清代方志学者章学诚说：“纂辑之史，则以博雅为事，以一字必有按据为归，错综排比，整炼而有剪裁，斯为美也。”② 编纂者对方志

① ［梁］刘勰．文心雕龙·风骨．

② ［清］章学诚．记与戴东原论修志//文史通义．

美的追求，集中体现在方志语言文字美上。一部方志语言文字晦涩难懂，读起来形同嚼蜡，是谈不上美的。方志要通过简洁朴素的语言文字，体现出质朴的美。

（一）新方志语言一般标准

方志的语言文字力求达到朴实、准确、精炼、严谨，符合志体。

1. 朴实，是古人特别强调的作家艺术风格特色，朴实就是用自然纯朴的语言来表达作者的思想意图。讲究“清水出芙蓉，天然去雕饰”，强调“天机自露，水到渠成”。朴实的语言是吸收化用俚言俗语，却不粗俗，精心挑选和运用群众听得懂、看得明白的语言文字来记述。方志语言讲究朴实，要求做到雅俗共赏，特别注意约定俗成的语言，符合人们的社会习惯的语言习惯；讲究朴实，要求只能客观地记述一件事情的始末缘由，对事件、人物的感情、评价只能通过记述体现出来。

2. 准确，是对文字的一般要求，方志务求考订辩证、谨严简肃，方志语言必须符合科学性、逻辑性。准确的语言，第一要合乎事实，合乎情理；第二要合乎语法，合乎逻辑；第三要能恰如其分地表达出思想内容。语言是反映客观事物、表达思想感情的，方志语言要合乎事实，合乎情理。编纂者对于事物的认识要合乎实际。否则，无法准确表达思想感情。

3. 精炼，精炼就是简洁，方志语言不仅要有科学性，还要具有艺术性，给人以美感。唐代刘知几说：“夫国史之美者，以叙事为工，而叙事之工者，以简为主。简之时义大矣哉！历观自古，作者权舆，《尚书》发踪所载务于寡事，《春秋》变体，其言贵于省文。斯盖浇淳殊致，前后异迹。然则文约而事丰，此述作之尤美者也。”① 因此，方志语言要做到简洁精炼，文成规矩，义昭笔削。力戒假话、空话、套话、大话，务去陈词滥调、冗语赘言，注意锤字炼句做到言简意赅。

4. 严谨，方志记述一件事物，要遵循事物内部的客观联系，顺理成章地记述，即采取顺叙方式，少用补叙、分叙，禁用倒叙、插叙，方志记述事物要前有因后有果，清楚记述事物的本来面目。只有把顺序、因果照应等处理得当，才能编纂出高质量的方志。方志的严谨还体现在资料的选择上。南宋杨潜提出，资料要详加讨论，以昭来者。他说：“邑之雅君子，相与讲贯，畴诸井里，考诸传记，质诸故老，有据则书，有

① ［唐］刘知几：史通·叙事.

疑则阙，有讹则辩，凡百里之风土，粲然靡所不载。”[1] 清代方志学家焦循说：对于资料“事远年湮，咨询莫及，既不可见，复不可闻，无可奈何，乃检之故籍，以求十一于千百”。[2] 古人严谨治志的态度值得学习和借鉴。

（二）新方志语言具体标准

《地方志书质量规定》要求，新方志使用规范的现代语体文记述使用规范汉字，用词概念准确，符合现代汉语语法规范。为此，提出新方志语言具体标准如下：

1. 新方志语言要使用书面语言，使用白话文记述，禁用文言文或文言文白话文夹杂混用。

2. 新方志文风要朴实端正，禁止假话、大话、空话、套话和“八股调”；力求避免“泛政治化”（即不适当地表现出一种政治色彩，减弱方志的严谨性和科学性，使方志染上浓厚的宣传色彩）倾向。

3. 述而不论，记述事物、事件和人物，寓观点于记述之中。述体中的必要议论适度，不空泛。要用资料和事实说明观点。

4. 概念清晰，用词准确，文辞简洁，行文流畅，文风朴实，通俗易懂。

5. 逻辑严密，严谨科学，语言精练，表达清楚，符合语文规范。

6. 书写要求、名称运用、时间表述、图表处理、数字书写、计量名称、引文注释及标点符号，符合行文规则。

---

① ［宋］杨潜. 云间志・序.

② ［清］焦循. 上郡守尹公书//雕菰集・卷十三.

第二章　新方志特征及功能

中国方志历史悠久，方志种类繁多。为了便于研究，将中华人民共和国成立以前编纂的方志统称为旧方志，把中华人民共和国成以立后编纂的方志统称为新方志。

第一节　新方志分类

一、新方志的由来

中华人民共和国成立以后编纂的新方志，大体可以分为两个时期。

从 1949 年中华人民共和国成立，到 1978 年改革开放前，为第一个时期。自 1953 年开始，随着经济建设与文化建设高潮到来，方志编纂受到关注，各地相继开展编纂工作。到 1960 年，全国有 20 多个省（市、自治区）和 530 多个县相继建立编纂机构，有 250 多个县完成方志初稿，但未能公开出版。特别是由于受“文化大革命”干扰，方志编纂工作处于停滞不前状态。

1978 年改革开放以来，为第二个时期。1978 年，中共十一届三中全会的召开，标志着我国社会主义建设进入了一个新的历史阶段，方志事业也进入了一个新的发展时期。中国迎来了历史上最大规模编纂方志的高潮，全国各地方志机构的建立和方志队伍不断壮大，方志成果大批出现。1985 年发布的《新编地方志工作暂行规定》提出，“编纂具有时代特点和内容丰富的社会主义新方志，是我国社会主义物质文明和精神文明建设的需要。编修新方志应当运用新观点、新方法、新资料，编修工作应当有步骤、有计划地进行。”“新方志”之名应运而生。2006 年，国务院颁布了《地方志工作条例》，推动新方志编纂事业走上了常规化、规范化、制度化的正确轨道。

二、新方志种类

中国方志种类繁多，分类因时而异。有以行政区划级别划分的，如清代储元升说：“地志有四，曰一统志，曰通志，曰府志，曰县志”（〔雍正〕《平望镇志·序》）。储元升所说的一统志，是指记述全国范围状况的志书；通志是指记述一省范围状况的志书，省志又称总志、大志；府志是指记述一府范围状况的志书；县志是指记述一县范围状况的志书。纵观方志发展的历史，县志数量最多记述最详。

随着方志学研究不断深入和方志事业的不断发展，方志分类越来越细。现代方志学家傅振伦在《中国方志学通论》一书中将旧方志分为8类：一统志、总志、通志、郡县志、合志、乡土志、都邑志、杂志。黄苇等著《方志学》将旧方志分为21类：总志、通志、府志、州志、厅志、县志、军志、路志、道志、市志、乡镇志、卫所志、边关志、土司志、盐井志、设治局志、特别区志、盟志、旗志、地区志、区志。

随着我国方志事业的发展，新方志类型越来越多。1978年，改革开放以来，我国新方志事业蓬勃发展，成果丰富，从第一轮修志到现在，30多年编纂的新方志，总数多达9000多种，已经超过我国现存的历代旧方志的总和（8500余种）。为研究方便，必须对如此繁多的方志进行科学分类。

对事物的分类，首先要确定分类的标准。对新方志的分类，可以依据方志记述内容的范围、时限、详略以及载体来进行分类，如图2—1所示。

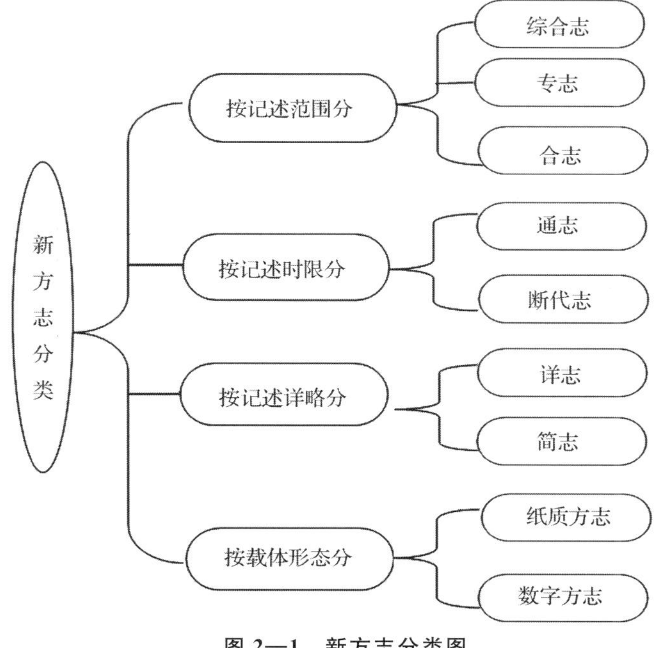

图2—1　新方志分类图

（一）按记述范围分类

新方志可以分为综合志、专志和合志。

1. 综合志。即综合记述特定区域内自然、政治、经济、文化、社会、人物 6 大部类各方面历史与现状的资料性文献书籍。在新方志中，综合志是指省级以下、村级以上各行政区编纂的方志，包括省志、市志、县志、乡志、村志和社区志等。其中最重要的三级方志是国务院《地方志工作条例》所指的省、市、县三级方志。

2. 专志。专志是专业志书或专门志书的简称，是专门记述特定区域某一行业、某个部门（单位）、某项事业（专题）、某种事物各方面情况的志书。专志可分为行业志、部门志、企业志、学校志、山水志、名胜志、风俗志、物产志、人物志、专题志等。

3. 合志。将两个以上地区或部门综合志或专志合编一本志称合志。这类志书多见于乡镇志。

（二）按记述时限分类

新方志可以分为通志和断代志。

1. 通志。通志是指在时间跨度上通贯古今，完整记述特定地域内各项事物从古至今的状况的志书，或者是通观百科、统揽全局，全面记述特定地域内各类事物各方面状况的志书。我国首轮编纂的新方志大都是通志，对所记述的内容尽可能追记历史，上溯到事物在本地域内的发端，全面、系统、完整记述自古迄今各类事物发展变化的详细情况。

2. 断代志。断代志是指记述设定时间范围内特定地域各类事物发展变化情况的志书。我国第二轮编纂的方志，大都是断代志。

（三）按记述详略分类

新方志可以分为详志和简志。

1. 详志。详志是指详细记述特定地域各类事物发展变化情况的志书。我国第一轮、第二轮编纂的方志大都是详志。

2. 简志。简志是指在特定地域详志的基础上经过加工编纂出来的门类简约、内容简单、文字简洁的志书。其特点是结构简单、层次减少，门类优化、内容精干，具有“短、平、快”特点，是详志的衍生产品。

（四）按载体形态分类

按载体形态，新方志可以分为纸质方志和数字方志。

1. 纸质方志。纸质方志是指以纸质材料为载体，以排版印刷或誊抄文本的形式制成的志书。

2. 数字方志。数字方志是指利用现代化数字技术，将纸质志书的内容转化为数字信息，通过计算机储存的方法，利用网络平台传播方志内容。因其具有方便快捷、出版成本低、信息量大、传播范围广、传播途径无障碍等特点，是未来方志开发利用的重点方向。数字方志又分移动版和网络版。移动版是以光盘版、优盘版方式出版的数字方志；网络版是以数据库或网页版方式借助网络平台上发布的数字方志。

第二节　新方志特征

方志记述的是特定地域各种事物发展变化情况，与其他著述相比，有自己的独特性。关于方志的特征，方志学界讨论非常热烈，然迄今为止，还没有形成一个统一的说法。

现代学者朱士嘉是最早提出方志特征的学者，他总结出四条：区域性、连续性、广泛性、可靠性。后来参与讨论的人越来越多，讨论越来越广泛，越来越深入，总结出来的特征也越来越多，搜集起来又增加了：资料性、时代性、详今性、真实性、社会性、多用性、系统性、体系性、全面性、科学性、现代性、史鉴性、纪实性、历史性、阶段性、阶级性、继承性、专业性、思想性、权威性、实用性、客观性、整体性、规律性、著述性等，真是不厌其烦。一个学科，竟然有如此多的特征，是不可想象的。

上述方志近30个特征，其实有很多特征是相互包容的，从语意上看，有些内容是重复的。事物的特征是指甲事物区别乙事物，特别显著的征象和标志。对上述方志的特征分析，可归纳出新方志的特征主要有：政治性、时代性、地域性、资料性、科学性、综合性、著述性七个方面，如图2—2所示。

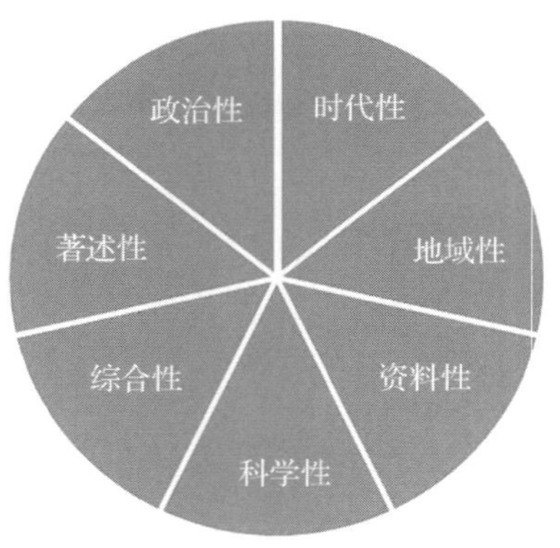

图 2—2　新方志的特征图

一、政治性

方志自问世起就带有鲜明的政治性。方志的起源于周代春秋战国时期，形成于秦汉隋唐时期，定型于两宋时期，兴盛于明清时期，发展于民国时期，繁荣兴盛于中华人民共和国成立以后，特别是改革开放以来。不论经历哪个时期，方志多具有“官修、官书、官责”的性质，政治性是方志最鲜明的特征。《周官》记载“诵训，掌道方志，以诏观事。”“训”在《尚书》中，通常解释为训教政令。由此可见，诵训的责任就是用四方志书记载的史事和资料，来帮助君王正确处理政事提供经验和借鉴。因此，方志不仅是官修的，而且也是为官方服务的，一直被看成“资治之书”“辅教之书”，受统治阶级的高度重视。自隋朝起，官修方志，历朝历代承继至今。

编纂方志的目的，是为统治阶级服务。因此，体现和维护统治阶级的意志，是方志的历史使命和政治责任。社会主义新方志体现的是中国共产党和人民意志，维护的是党和人民的利益。因此，社会主义新方志和旧方志政治性是有本质区别的，新方志的政治性就是要求志书与党中央在政治、政策、理论上保持一致。社会主义时期，编纂新方志，是我国重大的文化工程，也是精神文明建设的重要内容。突出政治性是时代赋予新方志的重要使命。偏离政治性，就违背了编纂新方志的初衷，方志所担负“明道、资治、存史、辅教”的功能就难以发挥。

编纂新方志，继承了方志官修制度的传统，在编纂原则、指导思想等方面，体现鲜明的时代特色，形成了党委领导、政府主持的修志格局，保持正确的政治方向，坚持方志为社会主义物质文明、精神文明和生态文明建设服务，突显编修方志的目的性。

在讨论方志的政治性时，要防止两种倾向：一是抹杀方志的政治性。有人认为，方志是特定地域资料性文献，不应该具有政治性。这种看法是不正确的。在阶级社会里，任何精神产品都是为一定的阶级服务的，无不打上阶级的烙印，表现出鲜明的政治性。方志是文化产品，也是精神产品。因此，政治性是它的灵魂。丢掉了政治性，方志就会失去灵魂，方志的发展就会迷失方向；二是方志“泛政治化”倾向。所谓“泛政治化”，就是不适当地表现出一种政治的色彩，过分政治化。坚持政治性和“泛政治化”倾向是截然不同的两种态度。政治性是方志固有的本质特征，是修志过程和方志本身决定的。“泛政治化”倾向，则是人为制造的，其政治色彩是人为地刻意涂抹上去的。

进入新时代后，新方志的政治性，必须高举中国特色社会主义伟大旗帜，坚持以马克思列宁主义、毛泽东思想、邓小平理论、“三个代表”重要思想、科学发展观和习近平新时代中国特色社会主义思想为指导，坚持党性原则，坚持实事求是的原则，坚决摒弃空话、套话、假话等虚假文风，坚持科学方法，客观公正、秉笔直书著“信史”。

二、时代性

唐代诗人白居易说：“文章合为时而著。”方志是历史的产物，更是时代的产物。不同的时代，对编纂方志有不同的要求和标准。历代方志都充分显示了其时代性。

早期的方志详于地理而略于人文，如汉晋时期的地记，记述的内容一般是疆域、山川、古迹、人物、风土，诸如《吴越春秋》只记人物，内容简单；《越绝书》记述山川、城郭、冢墓、都邑、建置、纪传等门类；《华阳国志》记述历史、地理、史迹、风俗、物产、人物等。宋代以后，方志体例初步成型，因此人文内容逐渐占据重要位置。明清以后，方志体例更加成熟，记述的内容更加广泛，广涉自然、社会、人文各个方面。天文、地理、政治、经济、文化、教育、艺文、风物等无所不包。社会主义新方志，继承了我国方志编纂体例等优良传统，内容不断创新。新方志坚持用新观点、新方法、新材料，全面、系统、客观、准确记述各地区自然、政治、经济、文化、社会、生态文明建设各个方面的真实情况。

从地记、地志、郡书、图经、图志，到方志的成熟、定型，再到新方志事业的全面兴盛，方志编纂事业代代相传，长久不衰，一个重要的原因，就是方志能够顺应时代发展，适应时代需要，体现时代特性。

方志时代性特征主要体现在两个方面：一是方志编纂始终坚持“详近略远、厚今薄古”的原则，重在记述古今变化。清代冯达道说：“郡国亘千古不变者，在天为分野，在地为山川。若户口则登耗变矣，赋役则轻重变矣，兵防则疏备变矣，官司人物则盛衰变矣，沟垒渠梁胶庠廨宇，以及诸所建置则隆替变矣。郡必有志，所以记变也。”① 即是说，随着时代变化，方志记述的内容必须顺应时代的变化而改变。在通纪历史的同时，要记述当代的人和事，为当代统治者服务。二是坚持继承与创新相结合，在创新中发展。方志是时代的产物，从形式到内容，都有时代的烙印。方志又是历史的产物，是历史文化的传承和延续，没有继承便没有发展。要坚持在体裁、编纂原则及记述方法上继承，在记述形式、内容和手段上创新，使记述的内容体现出鲜活的时代精神，满足当代的需要。

三、地域性

地域性是方志的主要特征。方志从诞生之日起，就以专门记述特定地域事物发展变化状况为己任。无论是省志、府志、州志、市志、县志等各种通志，山志、河志、湖志、名胜志等各种专志以及诸多杂志，都是有特定地域范围的，都以地域名命名，内容也具有鲜明的特定的地域性。东晋常璩说：方志“汇史事、地理、人物于一编”②；他认为单一记载方国史事，州郡地理、一方人物，都不是以反映一个地区的全貌，从而提出方志应汇史事、地理、人物于一编的主张。元代杨敬德说：方志备载一方全貌，“其著星土，辩躔次，而休咎可征矣；揆山川，察形势，而扼塞可知矣；明版籍，任土贯（贡），而取民有制矣；诠人物，崇节义，以彰劝惩，而教化可明矣，此乃大凡也。城池司存之沿革废置，典祀异端之祠宇，土田与津梁畎浍无不备者，纷争辩讼者，有时而可稽矣，举其大，撮其要，合天下郡国而上之。”③ 他将一地的修志的重要进行诠释，从天文到地理，从为政到节义，以及存史、传信，等等。清代施闰章说：方志综记一方地理、政事、人物，“郡县亦各有志，所以载山川，稽户口，考政治得失，人物高下，而谂谣俗之贞淫也……其法与

① ［清］冯达道．重修汉中府志·序//古今图书集成．

② ［东晋］常璩．华阳国志·序［M］．济南：齐鲁书社，2010．

③ ［元］杨敬德．赤城元统志·序．元统二年（1334）．

史近，顾其事不隶乎史官，书不献于天子作且修者率皆其郡国之人，或务涂饰相夸耀，摭拾芜秽，为荐绅先生所难言，志之法于是大坏。夫天下之地之事之人物，其得闻于史官者鲜矣；史官闻而能笔于书者鲜矣；以一郡国之地之事之人物散见诸书"[①] 记于方志。综观中国方志发展历史，方志地域性特征一直是鲜明的。汉魏南北朝时期的方志以地记为主，目的在于"矜其乡贤，美其邦族"[②]，乡土气息十分深厚；东汉光武帝诏令编修的《南阳风俗传》也是"矜其州里，夸其氏族"[③]；隋唐图经不外是编纂各地风俗、物产、地图而已；宋代方志趋于定型，其内容变得丰富起来，记述各地地理形势、山川气候、物产资源、风土人情及社会环境，但依旧遵循只记述特定地域范围内的事情。直到当代，方志编纂始终坚持严守地界、越境不书的原则，方志的地域性特征一直未有改变。

四、资料性

方志不同其他著述，采用的记述性体裁，用大量的史事材料说话，遵循"述而不作"的原则，是非褒贬寓于事实的记述之中。方志记述的内容十分广泛，非常丰富。方志中蕴藏着极其丰富的资料，是其他著述无法比拟的。上自天文，下至地理，山川水利、物产资源、典制沿革、贡赋徭役、风俗习惯、各类人物、宗教寺院、科举学校、艺文著作、天灾人祸、奇闻逸事，无所不包。故宋代司马光称"方志为博物之书"。

新方志继承了旧方志资料性传统，主要任务是记录史事、积累资料。2006 年，国务院颁布的《地方志工作条例》明确规定：方志是"全面系统地记述本行政区域自然、政治、经济、文化和社会的历史与现状的资料性文献"。《地方志书质量规定》要求："资料真实、准确。资料经过鉴别、考证、核实，时间、地点、人物（单位）、事实、数据等准确。资料全面系统。"要求方志行文"述而不作"，寓观点于记述的资料之中。这更加突显了方志的资料性特征。在方志资料性特征中还包含有真实性、权威性和实用性等基本特征。

---

① ［清］施闰章．登州府志·序，何庆善，杨应芹点校．施愚山集［M］．合肥：黄山书店 1993：139.

② ［唐］刘知几．史通·杂述.

③ ［唐］刘知几．史通·采撰篇.

五、科学性

方志的科学性，是由方志记述的形式、体例、内容决定的。

方志记述形式的科学性，决定了方志不同于论文专著、文学作品等其他著作，而是具有独特风格的资料性文献。方志采用的是记述文体，在记述事物时，坚持“述而不作”的原则，寓议论、褒贬于资料的记述之中，做到朴实无华，对任何事物都要做到客观、真实、准确的记述，不事夸张，不加雕饰。这种文体构成了方志的一种传统和一种基本因素，代代相传。

体例是一种著作区别于其他著作的体制形式。方志体例是贯彻修志宗旨，决定方志内容特有的、区别于其他著作的体制形式，主要由体裁、结构、章法三个要素构成。随着时代的发展和方志事业的不断进步，方志体例越来越规范，体裁、结构、章法也越来越科学。

方志体例有平列体、纲目体、纪传体、编年体、三书体、三宝体、章节体等多种形式，是方志发展的重要成果。方志自问世后，历朝历代，在体例方面不断继承和创新。方志自发端至秦汉魏晋时期，方志体例单一，或单记人物，或单记地理，或专记物产，于是，形成了事以类聚的体例；方志经隋唐发展到宋代时期，体例渐趋完备，形成了自己特有的格式，在继承事以类聚，横排门类传统基础上，体裁又向前发展，出现了序、表、笺、录、图、叙、辨、志、传诸体；自此以后，方志格局基本确定，历朝历代均循此格局，或增或减，或主或次，或先或后，约定俗成，方志逐步定型，如表 2—1 所示。

表 2—1　　　　　　　中国方志传统体例一览表

体例名称	结　构　方　式
平列体	采用诸多类目并列平行而互不统摄的结构方式。清代方志多采用这种体例
纲目体	方志编纂时先列若干大纲，每纲之下再分诸多细目，以纲统目的结构方式，又称门目体，是一种较复杂的体式
纪传体	是指仿效纪传体史书结构，以纪、志、表、传，杂以考、录、谱、略等体裁分部类，其下又设子目的方式。以南宋周应合编纂《景定建康志》为较早，纪传体方志在清代影响较大的是清代谢启昆编纂《嘉庆广西通志》

续表

体例名称	结构方式
编年体	指总体上不分门类，仅以时间为序的结构方式。明代陈士元《滦志》开其端，清代有仿效者，《康熙平乡县志》为此体。这种体例终因不便反映一方复杂事物而遭冷落
三书体	把方志分为志、掌故、文征三个部分。志是著述部分，包括纪、谱、考、传等部分；掌故是资料部分，包括吏、户、礼、兵、刑、工六个部分；文征是一方文献专集，也是属于资料性质。这种体例是清代方志学者章学诚创立，如章氏编纂《乾隆永清县志》《乾隆亳州志》
三宝体	指方志总体上分为土地、人民、政事三门的结构类型。宋代曹叔远《永嘉谱》开其先例，清代《康熙密云县志》《乾隆河间府志》属此类
章节体	是20世纪以来方志编纂体例。即将事物史料分别列目，独立成篇，各篇按一定顺序排列篇、章、节、目。如《光绪莲花厅志稿》是已知较早的章节体方志
政书体	此体为史书重要体例，主要记述典章制度。方志采用政书体，多载一方政事典章，以六部（吏、户、礼、兵、刑、工）分类记述，主要是为了资治，突显实用性，如明代弘治时编纂的《明会典》
两部体	指方志以经纬分体，分为两大部类，部类下再设各志的体式。明代陈棐编纂《嘉靖广平府志》，首创此式。先排经，再排纬，“经纬者两仪之象也”，故有人称其为“术数体”
通纪体	是自一地建置之始或事物发端开始记述，直到方志搁笔时止，全过程记录一地情况的记述方式。统合古今，详今略古，是其特征。我国旧方志绝大部分都采用此体例
断代体	是记述一定时期内特定地域各种事物的记述方式。此体例是仿汉代班固《汉书》断代正史的体例。南宋《嘉定赤城志》、清代《康熙文安县志》采用这种方式

注：表2—1系参阅黄苇等著《方志学》、王晓岩著《方志演变概论》《方志体例古今谈》等综合编制。

方志体裁是方志体例的重要组成部分。体裁是适应体例发展完善而成型的。综观我国方志发展历史，方志体裁具有多样性特点。有序、跋、图、表、纪、记、书、志、考、略、谱、录、传等十多种体裁，如表 2—2 所示。这是方志不断创新发展的结果。不同编纂者采用不同的体裁，或一种，或几种，方志兼用多种体裁是方志发展的客观要求和必然结果。一部方志兼用多种体裁，使记述方式多样化，方志内容也更加全面系统，科学实用。

表 2—2　　旧方志主要体裁概览表

体裁名称	主　要　内　容
序	又作叙、绪、引，用来叙著述之原委、主旨、体例等，方志有序似始于《越绝书》，东晋常璩《华阳国志》序列 12 卷，叙其编纂始末、体例、内容、卷帙，并阐发方志功能“达道义，章法戒，通古今，表功勋，而后旌贤能。”其后，方志大多有序。不仅成了方志的重要组成部分，而且成了方志的体裁之一。序长短不一，但内容大体有六：一是介绍地方建置山川形势人文情况；二是叙旧志源流评旧志得失；三是探索方志渊源性质功能史志关系编纂方法；四是叙述方志内容体例指导思想和编纂始末；五是叙述资料搜集；六是品评所序方志明其得失。序体特点：一是以小引大，言简意赅；二是切合实际，不空发议论；三是灵活多样，不拘一格
跋	又名题跋、跋尾、后序。位于书末，或叙内容，或评得失，或叙读后感。明代徐师曾《文体明辨》释跋：“按题跋者，简编之后语也。……夫题者缔也，审缔其义也；跋者本也，因文而见本也；……其词考古证今，释疑订谬，褒善贬恶，立法垂戒，各有所为。”跋文较为简短，体裁如序。其所述多属编纂原委、内容、体例，考释方志印制情况，阐发方志理论。方志跋文约始于宋代，吕大防《长安图记》有跋，其后方志每多有跋文。新方志可用，但至今未见用

续表

体裁名称	主 要 内 容
图	图之为体源于古地图。《周官》载有小宰掌版图、职方氏掌天下之图、土训掌道地图、大司徒掌建邦之土地之图，《管子》有地图篇，《战国策》载苏秦说秦昭王“以天下之图案之”，《史记》荆轲刺秦王时献地图，说明先秦地图已经公行于世者多。东汉始以图为主附注文字说明的图经，如《巴郡图经》是现知最早的图经。此后，图经渐盛，经的内容日益丰富，晋代裴秀提出制图六体：“一曰分率，所以辨广轮之度也；二曰准望，所以证彼此之体也；三曰道里，所以定所由之数也；四曰高下；五曰方邪；六曰迂直，此三者各因地而制宜，所以校险夷之异也。”隋朝出现与图经类似的图志。由于图难以保存，多佚失，而经、志部分却流传下来，并逐渐取而代之，图经便定型为方志正式体例
表	表起源于谱，唐代刘知几《史通・表历》曰：“谱之建名，起于周；表之所作，因谱象形。”司马迁首创表体，班固仿之，《汉书》撰八表。表成为正史不可缺少的体裁。方志列表乃法正史而为，始于宋代。志表有表人、表事、表物三类。表作为体裁为人所重视，原因有四：一是表可化繁为简，节省繁文；二是综括各类人、事、物，眉目清楚，便于查阅；三是表依时序简述人、事、物发展变迁情况，既便于读者了解，又利于总结和发现规律；四是可以避免交叉重复。故成为历代方志不可缺少的体裁。方志以表为辅助，不能滥用表，制作宜精慎，形式多样

续表

体裁名称	主　要　内　容
纪	纪用以载记一方之大事，编年记事，横排门类，纵贯时间，诸门类均依时序纵叙始末，重于人、事、物本身发展脉络的记载，而略于反映人、事、物相互间联系。本为方志不易之体。方志编纂借鉴纪体，可以弥补方志横排竖写之不足。方志首用纪体始于宋代高似孙编纂《剡录》，至清代使用较为普遍。方志之纪，体法正史，以时为序，为全书纲领，刘知几《史通·本纪》："盖纪者，纲纪庶品，网罗万物"；章学诚说"本纪为经，诸本为纬"，载地方大事，为后世所继承，易名大事记。特点有三：其一统理众事，为全书之纲；其二以时为序，编年纪事；其三钩玄提要，记一方之大事。韩愈《进学解》："记事者必提其要，纂言者必钩其玄。"
记	记，载述也，以备不忘。泛指以文字叙述一方古今人、事、物。明代徐师曾说："记者，纪事之文也，……其文以叙事为主"。方志之记的特点是，述而不作，寓议论于叙述中，不尚论赞，寓褒贬于资料中。方志用记体始见于汉代王褒《云阳记》，至魏晋南北朝时期，方志普遍以记为名。明清两代，方志之记体有两种用途，其一用作方志各大纲目之统类，载记一方建置、山川、食货、职官、选举、人物、文献等；其二为专记地方大事，即大事记
书、志	书、志，皆为著述之意。刘知几《史通·书志》曰："名目虽异，体统不殊。"书一般为著作通称，作为一种体裁最早见于司马迁《史记》之八书（礼书、乐书、律书、历书、天官书、封禅书、河渠书、平准书），方志用书一标志名，二为体裁；志乃班固始用，班固仿《史记》之八书体作十志。方志之志，效仿正史志体，记其事也。既可记一方经济、政治、军事、文体、科教、环境、卫生、社会、风俗、人物、文献等方面情况，又可集中记述政治、经济、文化、社会、军事等各项制度和自然现象。其特点是，记一方各类人、事、物，资料翔实，全面系统、真实可靠；横排纵写，先分门类，事以类聚、目以事分，纵向叙述，事不交叉、时不断线；述而不作，史料精准、取舍有度；春秋笔法，据实直书、褒贬同书。方志以志为主体，至今依然

续表

体裁名称	主　要　内　容
考、略	方志之考体，实为仿书志体而来。考称著述多以详核为宗，考述明求故事之发展源流。考用以统括各类人、事、物，如明代陆柬《隆庆宝庆府志》有五考：图、天文、地理、从事、杂考，清代李葆贞《顺治浦城县志》有地理考等十篇。考用以载典章制度为主，如明代周士英《崇祯义乌县志》、清代章学诚《乾隆常德府志》。考之为书精核，资料翔实，断制谨严，条理可观，切实可用。略，同书、志、考，清代吴曾祺《文体刍言》曰："略之云者，盖撮举其大凡之义。"略之为体，宋代郑樵始为之。主要用于典章制度和学术文化。元代有李京撰《云南志略》、明代有杨行中撰《通州志略》、清代有隋汝龄撰《辽海志略》如洪亮吉《乾隆淳化县志》、阮元《嘉庆广东通志》。其特点是简约、典核
谱	谱类表，司马迁效《周谱》在《史记》作三代世表。后汉谱系之书经久不衰。方志用谱始于宋代。如孙懋、曹叔远编纂《永嘉谱》，置年、人、地、名四谱而系子目，以时为经，以人、事、物为纬，详载永嘉县情况。谱既可以时为序，载地方要事，犹大事记，又可按类记人、事、物。既似表，又如志、记。宋代以后，以谱为志代有所出
录	录即记录、载记，录在方志中，一是作方志的别称，如宋代程大昌《雍录》、高似孙《剡录》；二是作方志的余编、志余，称附录、丛录、杂录、序录等，一般记述难以按类编入正文的逸闻趣事、灾异、存疑、考辨、修志始末等。北宋《吴郡图经续记》设杂录；三是志，记录古迹、文献等；四是相当于列传，主要记录专访官员和乡贤耆旧。录体需据事直书，不尚铺陈
传	记事迹以传后世。汉代司马迁《史记》始创列传之体，专记人物故事，传其人之贤否善恶，以垂示万代。传有载人载事两种。以传人为主。方志传人，始于东汉。多用于记述一方有影响的人物。人物传记分大传、小传、合传、类传、专传、附传等。人物传记，坚持生不立传的原则，人已殁，事已定，方可立传。记述人物故事，据实而写，不作褒贬，寓议论于记述之中

注：表2—2系参阅黄苇等著《方志学》、王晓岩著《方志演变概论》《方志体例古今谈》等综合编制。

方志结构特征是科学性的重要体现。在长期发展过程中，方志形成了独具特色的结构特征，表现在设计原则上，就是：以类系事，事以类聚；横排门类，竖写史实；事以类从，横排不缺项；类为一志，纵写不断线；时空界限清晰，详略范围准确；归类得当，统属合理。这些原则，是方志发展的经验总结，更是科学性的重要体现。

六、综合性

方志是一方地情书，综合记述一方自然社会发展变化的基本面貌。重在记述古今各类事物的发展变化，门类齐全，内容丰富，涵盖一方百科各业，天文、地理、政治、军事、经济、文化、科技、教育、社会、民族、宗教、古迹、灾异、风俗、人物，各行各业，各种事物，应有尽有。甚至一些看似细枝末节的小事及有意义的奇闻轶事，也记录在册，以飨读者。因此，可以毫不夸张地说，没有哪一种书籍比方志更具有综合性了。

方志的综合性体现为其内容的广泛性、翔实性，记述的全面性、系统性。

方志内容统合古今，统揽全局，一个地域的各类事物悉数收录，未有遗漏。正如清代王鹏龄在《新民县志·序》中所说："凡地方之掌故，乡土之旧闻，以及疆域、沿革、古迹、险要、人物、物产、政教、礼俗，可以展卷即得；不为智而增，不为愚而减，斯义得矣。"① 方志内容的广泛性、翔实性特征，是方志经过长期发展形成的。方志从萌芽到成熟，经历了漫长的发展过程，其内容随着社会发展日益丰富，门类不断增加。如方志早期是以地记为主，记述一方自然地理情况，而略于人文；至宋代，方志的人文内容占据重要位置；到清代方志更加内容广泛，涵盖自然与人文百科各业；特别是社会主义新方志更加明显，内容涵盖政治、经济、文化、社会、生态、科技、教育、艺术、风俗等方方面面。

方志记述一方各行各业各类事物，不是杂乱无章、随心所欲的，而是门类齐全、体系严密的。以类系事，依时记事。

物以类聚，彰显各事物间的有机联系，揭示事物的全面性和广泛

---

① 辽宁省地方志办公室．辽宁省地方志书序跋选［C］．沈阳：辽宁省地方志办公室，1985：46．

性；事依时记，体现各事物的发展过程，突出事物的系统性和连续性。这是方志发展的客观要求。不同时代，方志记述内容的详略是有所不同的。总体而言，宋代以前的方志，内容比较单薄，或仅记人物、或仅记地理、或仅记山川、地理、神话传说。宋代方志基本定型，记述内容更加丰富，囊括一方自然地理和社会人文无不记述。宋代以后，随着社会发展，方志内容更加全面，基本涵盖一个地域的各类事物，堪称百科全书。总之，随着历史的进步和社会生活的不断发展，方志的内容也随之不断发展、丰富、充实，方志的综合性特征越来越突出。

七、著述性

方志的著述性，是指编纂者运用正确的指导思想，对志书的内容和形式，资料和观点，部分和整体进行科学的思辨和认知过程，集中表现在观点的鲜明性、资料的系统性、分类的科学性、结构的严谨性、行文的规范性、语言的精确性上面。方志著述性特征主要包括：

1. 编纂方志要坚持辩证唯物主义和历史唯物主义，以马克思主义世界观和方法论作指导，用历史的、发展的观点使用资料，精心加工资料，让事实说话，让资料传达正确的世界观、价值观。《新编地方志工作规定》明确指出："新方志应当运用新观点、新方法、新材料。"这就要求坚持哲学思辨，用进步的发展的眼光搜集资料、选裁资料、用好资料使方志体现资料性与思想性的有机统一。

2. 方志是一种科学著述，是利用翔实的资料进行创造性编纂工作。方志的著述，不同于一般的著述，它必须按照完备的体例、科学的方法编纂资料、撰写文章，不能像其他著作，随作者的想象发挥。编纂方志是根据搜集的资料进行科学加工和合理记述，述而不作，用资料说话，寓观点于资料之中，寓褒贬于史实之中。所以，方志是一种体例形式特殊的著述。

3. 编纂方志，必须体现和彰显时代精神，在资料选取上，要做到具有典型性，突出地域特点，反映事物本质，反映专业或行业特色。编纂工作必须以正确的观点为指导，严格遵循方志的体例分类编排，科学合理地设置篇目，结构务求严谨缜密，做到个性突出，特色鲜明。方志的语言特点是朴实、简洁、严谨、流畅。确保方志做到规范性和可读性相统一。

第三节　新方志功能

方志是关于特定地区、特定时期历史状况的科学性记述，保存相关地域极为丰富的科学资料，是我国地情、国情资料的重要载体。有人称为“一方之百科全书”。因此，为历代朝野所重视。《周官》有小史掌邦国之志、外史掌四方之志的记载；秦朝御史编绘的《秦地图》开创方志总志之先河；汉代有郡国上报计书的史实；两晋南北朝时期的地记之发展，内容之丰富，实乃方志之滥觞，《畿服经》详记“州郡及县分野、封略、事业、国邑、山陵、水泉、乡、亭、城、道里、土田、民物、风俗、先贤旧好，靡不具悉”①，开一统志之先例；隋代“普诏天下诸郡，条其风俗、物产、地图，上于尚书”②，隋代编有《区宇图志》《诸郡物产土俗记》以及失传的《西域图记》。唐太宗四皇子李泰编纂总志《括地志》；北宋8位皇帝中有7位皇帝先后20多次诏修、检阅、察问、嘉奖或宣示方志与舆图，宋徽宗时期还设立专门的中央修志机构“九域图志局”，为后世仿效；元代颁发具有划时代意义的《大元一统志凡例》，明代永乐年间编修《大明一统志》并两次颁布编纂方志《凡例》③。清代是方志的兴盛时期。清代康熙帝诏令“直省各督抚聘集宿儒名贤，接古续今，纂辑通志”，为编纂《大清一统志》，要求：“各省通志宜修，如天下山川、形势、户口、丁徭、地亩、钱粮、风俗、人物、疆域、险要，宜汇集成帙，名曰通志，以汇《大清一统志》之用。”④《大清一统志》经康熙雍正乾隆三代皇帝督修而成。民国时期，社会板荡，但编纂方志活动并没有停止。民国18年（1929年），国民政府颁布《修志事例概要》，要求省设通志馆，县设县志馆，并对志书的体例、结构、内容、表述手段及各门类的具体要求，作了明确规定。

历代如此重视方志，原因在于方志具有独特的，为其他文献所无法代替的功能和价值。

春秋战国时期已开始探讨当时地方图、志的功能。《周官》记载：“职方氏掌天下之图，以掌天下之地，辨其邦国、都鄙、四夷、八蛮、

① ［唐］魏征．隋书·经籍志［M］．北京：中华书局，1986．

② ［唐］魏征．隋书·经籍志．史部地理类类叙［M］．北京：中华书局，1986．

③ ［清］万邦维修．（康熙）莱阳县志：卷首［M］．奉上修志檄文．清康熙十七年刻本．

④ ［清］万邦维修．（康熙）莱阳县志：卷首［M］．奉上修志檄文．清康熙十七年刻本．

七闽、九貉、五戎、六狄之人民，与其财用、九谷、六畜之数要，周知其利害，乃辨九州之国，使同贯利”；[①] 东汉史学家荀悦在《汉纪·高帝经》中提出，史书之要旨是“达道义、彰法式、通古今、著功勋、表贤能”；东晋常璩发挥荀悦的观点，在其《华阳国志·序言》中，将方志的功能总结有五方面，即“达道义，章法戒，通古今，表功勋，而后旌贤能。只有‘章法戒’与‘章法式’有些差别，强调方法的功用”。唐代刘知几对秦汉时期方志分析后指出，方志的功能有褒扬一方人物、辨明一方风土及龟镜将来之功用；宋代郑兴裔认为，方志主要有三大功能：一为存史，二为资政，三为教化；元代黄溍也有类似的观点；明代李登认为：“志有三要焉，一曰经政，二曰观风，三曰考艺。”[②] 清代是旧方志发展的鼎盛时期，众多学者参与方志功能的讨论。与前代比较，清代学者对方志功能的认识更深入、更系统。各家观点，如表2—3所示。

表2—3　清代方志学家关于方志功能的观点汇总表

姓　名	主　要　观　点
李懋仁	志有五善焉：为政者知其务，观风者采其俗，作史者核其实，立言者缀其文，尚友者论其世
李　绂	庶几上稽前事，下协人情，藉资兴革，实关治道。 有天下者志天下，其次若司、府、州、县莫不有志，山川、土地、人民之籍，礼乐兵农之制，庠序学校、饮射读法之方，以治以教于是焉考，使人生今世而知往古，不出户而知天下
戴　震	方志地理派代表，对方志论述偏重地理，认为方志主要是辨明及载述“地名、山川、故城、废县，以及境内之利病，以供后人参考”
章学诚	方志历史派代表。从“志乃一方之全史”观点出发，认为方志功用有三：其一，经世致用，强调方志主要用于当世，“夫修志者，非示观美，将求其实用也。”其二，教化，认为“史志之书，有裨风教者，原因传述忠孝节义，凛凛冽冽，有声有色，使百世而下，怯者勇生，贪者廉立。”其三，存史，认为方志为修国史提供资料，“方州虽小，其承奉而施布者，吏户礼兵刑工，无所不备，是则所谓具体而微矣。国史于是取材，方将如《春秋》之籍资于百国宝书也”

① 周礼·夏官·职方氏.

② ［明］程三省修·李登等纂·上元县志（万历），李登后序//南京文献. 1946.

姓　名	主　要　观　点
李奉翰	一代纲纪之所立，德泽之所被，以及人物之兴替，守令之贤否，能详史册之所未及详，使览者观感兴起，得以因地制宜，因民善俗，则皆于是志赖焉。是志者，固辅治之书也
李兆洛	山川、都邑、室屋、祠墓，名贤轨躅之所寄，书史图籍之所志，可以见时会之盛衰，地势之险夷，陵谷之变迁，政治之得失，风俗之厚薄。以之斟酌条教，风示劝惩，览一隅知天下，其所裨甚巨。志民生之休戚也，志天下之命脉也，志前世之盛衰以为法鉴也，志异日之因革以为呼吁也
张　瑛	郡之有志，所以表贤敦俗，佐治兴文，考沿革，正疆域，察风土，论政教，励官常，详典章，以备掌故者也

注：表2—3系参阅黄苇等著《方志学》，曹子西、朱明德主编《中国现代方志学》，仓修良著《方志学通论》等书籍综合编制。

到民国时期，学术界对方志功能的认识大有进步。梁启超、寿鹏飞、黎锦熙、顾颉刚、李泰棻等学者关于方志功能的观点，带有鲜明的时代特色。是对历代方志功能认识的继承和发展。诸位学者的观点，如表2—4所示。

表2—4　　民国时期方志学家关于方志功能的观点汇总表

姓　名	主　要　观　点
梁启超	方志功用主要有三：一是为学术研究保存有价值的史料；二是激发人们爱家乡的感情，进而加强团结；三是地方文化学术活动的开展并影响全国
寿鹏飞	方志功用在于正人心，敦风尚，明正谊，垂治规；究兴衰之由，陈利弊之要，补救时政之阙失，研求民生之荣枯。…为治理之龟镜
黎锦熙	认为方志有四用：一是记科学资源，二是为地方年鉴之用，三是提供教学材料，四是为旅行指南
顾颉刚	方志功用“在于备行政官吏之鉴览，以定其发施政令之方针……使在位者鉴览得其要，发施得其宜。”方志乃一史料宝库

续表

姓　名	主　要　观　点
李泰棻	方志功用是“记载及研究一方人类进化现象”，横向展示一方自然社会之全貌。一是各地社会制度之隐微、递嬗不见于正史及各书者，往往于方志见之；二是历朝人物应入正而未列，而以今日眼光视之其人靡重者，亦往往见于方志；三是历代遗文轶事，赖方志存者甚多；四是地方经济状况如工商各业、物价、物产等，其变迁多见于方志；五是建置兴废、文化升降可以从方志中窥见，六是古迹、金石，借方志可以补正史之缺遗，七是氏族之分合门第之隆衰，可以借方志与他史互证

注：表2—4系参阅黄苇等著《方志学》，曹子西、朱明德主编《中国现代方志学》，仓修良著《方志学通论》等书籍综合编制。

中华人民共和国成立后，方志学界对方志功能的认识有很大发展，许多专家、学者坚持辩证唯物主义和历史唯物主义观点，对方志功能作了深入研究和探讨，提出了许多新观点，如表2—5所示。比如：方志对于各级党委和政府及社会各界进行科学决策，对干部群众进行爱国主义、社会主义教育，对科研工作者开展多学科研究和对两个文明建设都具有重要作用。并将方志的功能概括为“资政、存史、教育”三个主要方面，如图2—3所示。

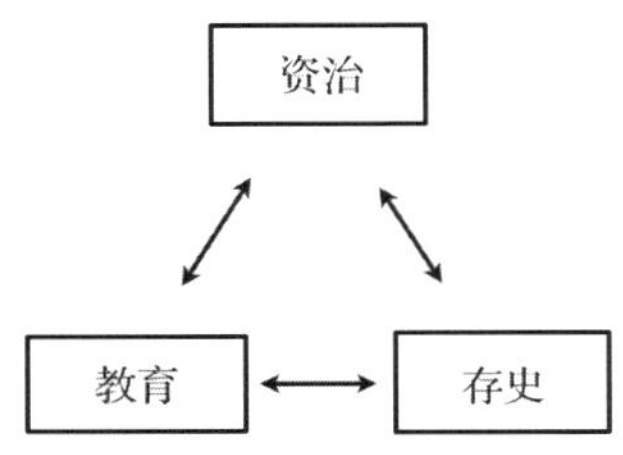

图2—3　方志三功能图

表2—5　中华人民共和国成立后学术界关于方志功能观点汇总表

姓名	主　要　观　点
金毓黻	中华人民共和国成立后较早重新认识方志功用，认为方志是“我国富有内容之历史文化遗产，数量至巨，……其地位及价值之重要，仅次于国史。……语其内容，则历史、地理、政治、经济、军事、文化，无不具载。”以方志中人物、农民起义及会党活动、自然灾害三方面内容为例分析论证了方志资政存史的价值和功用

续表

姓名	主　要　观　点
王重民	认为方志中保存大量“正史”中略载或缺载的珍贵史料，如农民革命史料、物产资料、少数民族史料、经济史料、科学技术史料、人物传记史料、文化艺术资料等。方志的重要功用在于为后人治理国家及科学研究提供丰富而珍贵的资料
傅振伦	是中华人民共和国成立后率先著文论述方志功用的人，认为方志记述的事迹比较可信，且记载广博，无所不有，可作为史学研究的资料；方志所载纪事，灾异、兵燹等内容，足以反映农民的反抗活动。其在《中国方志学》中较全面论述了方志的资政、存史、教育功用
朱士嘉	方志资料可为我国现代化服务，表现为六个方面：一是方志中有关自然地理、自然资源、自然灾害的资料，可为基本建设提供参考；二是方志农业方面的资料可为农业全面发展提供借鉴；三是方志科学技术资料可为科学技术史研究提供资料；四是方志有关阶级斗争和民族斗争的资料可为历史科学研究提供资料；五是方志中有关中外文化交流的资料，可为促进中外友好和文化交流服务；六是可利用方志资料编写乡土教材
张舜徽	作为历史文献学家，他认为：“方志的价值不但与中国史相等，其作用往往比廿四史、九通之类的书籍还重要得多。廿四史、九通之类是以历代王朝为中心，只是记载有利于维护统治与服从的社会秩序的事实和言论，而丝毫没有注意平民的生活与活动。……至于方志，便以社会为中心，举凡风俗习惯，民生利病，一切不详记于正史内的，都藉方志保存下来了。其中如赋役、户口、物产、物价等类记载，最为可贵。……在今天欲研究过去广大劳动人民受压迫剥削的严重情况，方志实是最重要的史资源泉。至于方言、风谣、金石、艺文诸类，在可为史部考证之用，更显示出方志的重大价值了”

续表

姓名	主要观点
史继忠	旧志功能：一为巨细无遗，以为国史要删；二为周知利害，以立一代纲纪；三为详审山川，以决攻守之略；四为备载方物，以筹国计民生；五为登列丁亩，以定一方税赋；六为博采风情，以利因地制宜；七为考核典章，以知政治兴替；八为著录政绩，以察官吏贤否；九为彰善瘅恶，以裨社会风教；十为广征诗文，以见文化升降。 新方志功用有五：一是可以增强政策法令的准确性；二是可以增强国家计划的科学性；三是可以增强国家干部的责任感；四是可以增强人民群众的爱国心；五是可以增强社会主义道德观
董一博	方志功用有：一是“巨细毕载，一方全史；”二是“利弊治乱，鉴往知来；”三是“山岳湖河，形貌尽收”；四是“人丁田亩，丰歉有记”；五是“风土民俗，因情施教”；六是“方物矿产，规划民生”；七是“典章制度，识辨政绩”；八是“人物贤否，彰善瘅恶”；九是“贫困灾患，兴革有则”；十是“史删记误，拾遗补阙”；十一是“诗文碑刻，文物教化”；十二是“年鉴资料，志忘备征”
左开一	认为修新志“是为新时期的总路线服务，为四化建设服务，为两个文明建设服务”，具体功用有五：一是借鉴作用；二是咨询作用；三是教材作用；四是科研作用；五是存史作用
张仲荧	认为功用有五：一是地方志是一种知识，它以认识价值体现其社会功能；二是人们通过对地方志知识的获取，所涉及事物得出比较深刻的认识，因而地方志具有认识手段的功能；三是地方志具有开发人类智力的功能；四是地方志还有赋予人们热爱乡土的情怀；五是地方志的资治价值

注：表2—5系参阅黄苇等著《方志学》，曹子西、朱明德主编《中国现代方志学》，仓修良著《方志学通论》等书籍综合编制。

综观古今学者关于方志功能的代表性观点，共同的看法是：资政、教化、存史。人们对方志功能的认识，有一个逐渐由粗浅而深化的发展过程，古今对方志功能认识的变化，主要在于认识的立场、观点、方法的不断进步。

新时代中国新方志的功能是什么呢？新时代中国新方志应该发挥明

道、资治、存史、辅教的功能，如图 2—4 所示。

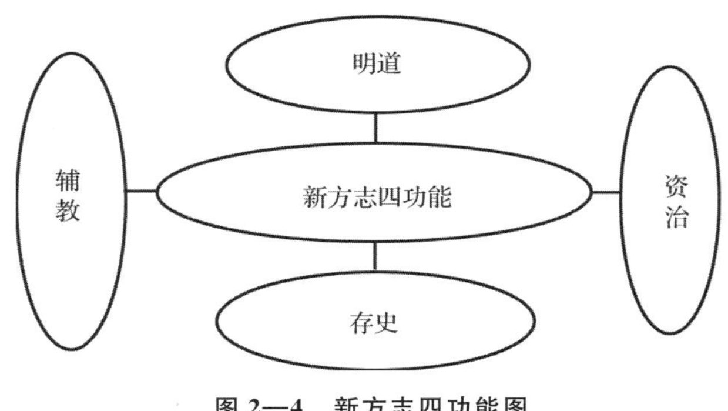

图 2—4　新方志四功能图

一、明道功能

清代学者吴定说："道德者，文章之宗也。"① 在他看来，天文、地文、人文都是道的体现。天下文章，无不以明道为宗旨。我国方志自产生之日起，就具有鲜明的政治性，其明道功能非常突出。方志文化是一种政治文化，方志文化的发展和一个时代的政治、经济有着密切关系。毛泽东曾经指出："一定的文化是一定的社会政治和经济在观念形态上的反映。"由此可见，明道，乃方志之首要责任。

唐代刘知几在《史通》中就史书明道功能，讲了很多观点。他说："史之为务，申以劝诫，树之风声"，"洎夫子修《春秋》……或陈力就列，功冠一时；或杀身成仁，声闻四海。苟师其德业，可以治国字人；慕其风范，可以激贪励俗。"② 他强调，编纂史书，"不可辄不自揆，轻弄笔端，既不知善之为善，亦不知恶之为恶"；著述重任，贵在真实，"彰善贬恶，不避强御，若晋之董狐，齐之南史"；"其有贼臣逆子，淫君乱主，苟直书其事，不掩其瑕，则秽迹彰于一朝，恶名被于千载。""名刊史册，自古攸难，事列《春秋》，哲人所重"。在谈到著《史通》一书时，刘知几说："若《史通》之为书也，盖伤当时载笔之士，其义不纯。……夫其书虽以史为主，而余波所及，上穷王道，下掞人伦，总括万殊，包吞千有。…夫其为义也，有与夺焉，有褒贬焉，有鉴诫焉，

① ［清］吴定．海峰夫子古文序//贾文明．桐城派论选．

② ［唐］刘知几．史通·人物篇三十．

有讽刺焉。”“载言记事，藉为模楷，搦管操觚，归其仪的”。[①] 古代方志和史书是相通的，方志的明道功能不言而喻。东晋常璩在《华阳国志》序言中，把明道摆在方志功能的首位，他说：“夫书契有五善：达道义，章法戒，通古今，表功勋，而后旌贤能”。达道义，是方志的首要功能。宋代赵抃在《成都古今集序》中说：“书乱臣所以戒小人，书盗寇所以警出没，书蛮夷所以尽制御之本末”。[②] 虽然他站在封建统治阶级立场，从维护国家的长治久安加以论述，但也揭示了封建统治阶段重视修志的一个重要原因便是“明道”。

文以明道的思想，在战国时《荀子》中已见端倪。荀子在《解蔽》《儒效》《正名》等篇中，把道看作客观事物的规律，又把儒家的圣人看作客观规律的体现者，总理天地万物的枢纽，因此提出文以明道思想。汉代扬雄在《太玄·玄莹》《法言·吾子》等篇中，进一步提出了作者要遵循自然之道的问题，而最好体现自然之道。刘勰在《文心雕龙》中设有《原道》篇，明确地论述了文以明道的问题。他说：“道沿圣以垂文，圣因文而明道”。强调文是用来阐明道的。唐代古文运动，为了反对六朝文章绮靡之风，曾把“文以明道”作为其理论纲领。如唐代古文运动的先驱者柳冕就曾说过：“夫君子之儒，必有其道，有其道必有其文。道不及文则德胜，文不及道则气衰。”（《答荆南裴尚书论文书》）韩愈作为唐代古文运动的领袖，他在诗中有“文书”“传道”之语，他的弟子李汉在《昌黎先生集序》中概括说：“文者，贯道之器也。”这里说的“文以贯道”，实即“文以载道”。韩愈曾多次说过：“愈之志在古道，又甚好其言辞。”（《答陈生书》）“愈之所志于古者，不惟其辞之好，好其道焉耳。”（《答李秀才书》）韩愈以儒家道统的继承者自居，他所尊崇的古道，即尧、舜、禹、汤、周公、孔、孟之道。柳宗元也主张文以明道，他曾说：“圣人之言，期以明道，学者务求诸道而遗其辞……道假辞而明，辞假书而传。”（《报崔黯秀才论为文书》）宋代古文运动的代表人物欧阳修对这个问题的论述，“道”，除了韩愈所讲的“仁义”外，就是《大学》里讲的格物致知、正心诚意、齐家治国平天下的道理。欧阳修主张从日常百事着眼，“履之以身，施之于事，而又见于文章”（《与张秀才第二书》），并且主张文以载道要能载大道，即载历史上和现实中与国家、社会有关的大事件，惟其“载大”，才能“传远”。北宋理学家

① ［唐］．刘知几．史通·辨职．

② ［宋］．赵抃．成都古今集序．

周敦颐是第一个明确提出“文以载道”的人，他在《通书·陋》中说：“圣人之道，入乎耳，存乎心，蕴之为德行，行之为事业。”他还认为，写作文章的目的，就是要宣扬儒家的仁义道德和伦理纲常，为封建统治的政治教化服务；评价文章好坏的首要标准是其内容的贤与不贤，如果仅仅是文辞漂亮，却没有道德内容，这样的文章是不会广为流传的。清代的章学诚认为，“诸子之为书，其持之有故而言之成理者，必有得于道体之一端。”

方志属于文化，是传承文明的重要载体，方志在发挥明道功能时，必须通篇表现出鲜明的立场，体现在文章中，则表现为公开叙事与隐蔽叙事的综合使用。公开叙事是指叙事者的身份是公开的，它提醒着读者，是叙述主体在进行讲述；隐蔽叙事则意味着用事实说话，叙事者是隐藏在事实的背后进行讲述。

方志文化是具有鲜明的政治性。新方志要做到明道，就是必须高举中国特色社会主义伟大旗帜，坚持道路自信、理论自信、制度自信、文化自信。体现在坚持正确的政治文化方向，坚持为中国特色社会主义服务、为无产阶级政党服务、为人民大众服务的正确方向。体现在坚持用社会主义核心价值体系引领社会思潮，旗帜鲜明地坚持什么、反对什么，倡导什么、抵制什么，在全社会大力弘扬爱国主义、集体主义、社会主义思想，倡导社会主义基本道德规范，促进良好社会风气的形成和发展，为推进公民道德建设工程，加强社会公德、职业道德、家庭美德和个人品德教育，提供地情资料和乡土教材。

总之，方志作为中华文明史的优秀文化成果，始终担负着明道传道的使命。方志是明道之书。其所明治国理政之道、明富民安邦之道、明修身齐家之道、明立身处世之道、明为官做事之道……

二、资治功能

古往今来，人们都把方志看作是资治之书、致用之书，正如明代杨宗气在《嘉靖山西通志·序》中所说“治天下者，以史为鉴，治郡国者，以志为鉴”“推求往迹，酌救时宜”“搜讨政策，以伸仰止”“资观摩于往事，垂文献于来兹”①，方志具有“资治垂训”的功能，因此，成为历代统治者视为巩固其统治的工具，视之为“资治之书”。

① 顾颉刚．中国地方志综录序［M］．北京：商务印书馆．1937．

唐代李吉甫在《元和郡县图志·序》中说地方志应“成当今之务，树将来之势，莫若版地理之为切也。”认为地方志应记丘壤山川、攻守利害的地理内容，以达到“传明王扼天下之吭，制群生之命”的目的。南宋史安之说：“使剡古而有志，则历代因革废兴之典，百世可知也”[①]；董弅说：“方志记述‘尝访求历代沿革，国朝典章，前贤遗范，’‘岂特备异日职方举闰年之制，抑使为政者究知风俗利病，师范先贤懿绩，而承学晚生，可以辑睦而还旧俗，宦达名流，玩之可以全高风而励名节。’”[②] 由此可见，修志活动的意义已不是备职方之举，而是转向追寻对地方吏治，敦睦士风、缙绅名流等地方政治的“资治垂训”。元代许汝霖在《仙乘志·序》中提出，方志应“垂则后世，启览者之心，使知古今得失之归。”欧阳玄说，郡县之图志，是地方官勤政之助，“守令保图志以治分地，……因田野之有定界也，而考其有污莱者乎；因户口之有定数也，而考其有流亡者乎；因赋役之有定制也，考其在公者有湮没乎，在私者有暴横乎；因士习之有旧俗也，考其有可匡匡直而振德者乎，有可濯磨而作新者乎？治之而无倦，则田野可辟，户口可增，赋役可均，风化可以日美，人材可以日盛矣。然则图志可一日而缺乎！……庶知前人作图志之意，非徒以广纪载，备考订而已，将以为之勤政之一大助也。”[③] 明弘治《句容县志·序》说：“志之为书，有关治保，有补风化，其为备大矣。”清代张九徵说，方志有补于长治久安之道，“求其有关天下之大计者，以裨久安长治之道则握管而为之志”[④]；清代窦启英在乾隆《四川通志》序中说：“非志则无以知历代之成宪，非志无以知山川之险易、田地之肥瘠、谷种之异宜，非志无以知户口之多寡、官吏之贤否。是故圣王重焉。”[⑤] 民国苏洪宽在《中江县志序》中说：“县志之用，一作政治设施之镜助。一助文化之革新，一引起邑人爱护乡土之观念，一备国史之要删。”[⑥]

正因为方志资治作用和影响巨大，历代统治者无不高度重视收集、

---

① 高似孙．剡录//［清］张金吾．爱日精庐藏书志·卷十六．

② 董棻．严州重修国经序//严州图经：卷百．

③ 赵思顺．铃冈新志．

④ ［清］张九徵．重修镇江府志·序//王晓岩．历代名人论方志［M］．沈阳：辽宁大学出版社，1986．

⑤ 查郎阿．［雍正］四川通志［M］乾隆元年刻本//中国地方志指导小组·清代方式序跋汇编（通志卷）．

⑥ 李洪量．中江县志序//周开庆·整理地方志文献导论［M］．1985．

整理和利用方志。诸如汉高祖刘邦攻入秦都咸阳，其下属萧何尽收秦国丞相府里的图籍文书，于是刘邦才能了解天下要塞、户籍多少、民力强弱、百姓疾苦；东汉末年刘备入蜀，首先是得到蜀地的关隘、道里远近、山川处所之图，以及兵器、府、库存等情况，因此尽知蜀地虚实，然后才建立蜀国；隋炀帝杨广在灭陈朝时，先从其内部弄到图谱，了解情况，最后才取得胜利，统一天下。影响一般者：诸如唐代韩愈，被贬为潮州刺史，离京前，先借阅《潮州图经》以了解潮州的疆域沿革、民俗风物、山川地貌等情况；在途经韶州时，又向地方官员借《韶州图经》阅读，曾留下“曲江山水闻来久，恐不知名访倍难。愿借图经将入界，每逢佳处便开看”[①] 的诗篇。南宋朱熹在江西知南康军时，入境便问志书，被传为佳话。毛泽东在庐山期间向工作人员讲过“下轿伊始问志书”的典故：朱熹到南康军（今江西省庐山市）去当郡守，一上任，当地属吏照例到轿前迎接。朱熹下轿的第一句话就问：《南康志》带来没有？搞得前来迎接的官员们措手不及，面面相觑。这就是“下轿伊始问志书”的由来。朱熹这个故事传开后，也就有了后人“以志呈阅”的习惯。毛泽东借这个故事肯定了朱熹为官重视志书的认识和实践。

编纂新方志，就是“古为今用”，促进方志更好地为社会主义精神文明、物质文明和生态文明建设服务，为建设中国特色社会主义现代化强国服务，为实现中华民族伟大复兴中国梦服务。新方志的资治功能主要表现在为各级政府决策提供依据。科学决策的产生需要丰富翔实、系统的背景资料和数据。地方志源于现实记载的地情实录，反映事物的本质属性与发展轨迹，各级党政领导可以参考和借鉴地方志宝贵资料提供的经验和教训，科学制定战略性决策。领导在决策活动中离不开对本地历史及现状的了解和掌握，这些内容只有从比较系统、全面、完整的方志书籍中找到，而在其他书籍所刊载的往往是零散的或不系统的。从方志书籍中找到有价值的资料，特别是重要的历史数据，再加以比对分析，从而得到本地经济社会发展的最新成果。为制定下一个发展规划提供科学依据。使决策更符合本地实际，经得住历史的检验。

① 韩愈. 将至韶州先寄张端公使君借图经//黄雨. 历代名人入粤诗选［M］. 广州：广东人民出版社，1980.

三、存史功能

宋代郑兴裔在《广陵志·序》中说："郡之有志，犹国之有史，所以察民风，验土俗，使前有所稽，后有所鉴，其重典也。"[①] 方志汇史事、地理、人物于一编，综记一方地理、政事、人物，详载生民衣食之所系，着重反映一方民生之疾苦，记述一方古今之变化，备载一方之全貌。方志具有记述的连续性、著述性，内容的全面性、资料性，时空的地域性、时代性等特点，反映某一特定地域社会、政治、经济、文化等诸多方面情况，是统合古今、备载万物的百科全书，其生存价值的最大体现在于存史，供后人借鉴。南宋史安之在《剡录·序》中说："使剡古而有志，则历代因革废兴之典，百世可知也。予惧夫后之视今，亦犹今之视昔，故为剡录十卷。"存史价值在于更好地服务于当代，有益于后世。清代廖元发在《东平州志·序》中说："展卷阅之，直书厥事，不尚浮饰稽其民生之繁耗，土地之荒辟，风俗之淳漓，物产之饶乏，赋贡之增损，吏治之得失，人文之振靡，较如眉目。至于名宦义士，道德文章，有关纲常，有裨名教表人寰者，尤加郑重而核寔焉。则上之朝廷为寔录，示之奕世为信史。"方志存史功能服务当代，必须在深层次和广泛性上狠下功夫，从而使志书更加鲜活，更加生动，便于更好地施惠于当代，发挥其最大的存史价值。方志记述特定地域自然、政治、经济、文化、社会各方面历史发展的详细情况，可以为经济建设、科学和社会研究提供珍贵的资料，也能为后世提供全面系统、翔实可靠的历史资料。方志具有信息量大，涵盖面广的特征，所记事迹真实可信，丰富翔实，无疑会为史学研究和其他学科研究提供了重要的有参考价值的资料。国情、地情，载存于方志，读者可以研究借鉴当地事物的历史沿革、兴衰变化的背景、经过和结果、是非得失，走了哪些弯路，出现了哪些失误，从中获得启迪和教育，不重犯过去的错误，这正体现了方志的"存史"价值所在。

四、辅教功能

清代章学诚在《记与戴东原论修志》中指出："夫修志者，非示观美，将求其实用也。"方志与传统正史一道，记载了中华民族从远古时

---

① 郑兴裔. 广陵志·序//郑忠肃公奏议遗集.

代绚烂的文化、到近代的屈辱岁月，以及新中国的建设发展，留下的人们的生产劳动、社会生活、精神生活以及其他各方面的面貌。方志资源是文化资源的重要组成部分，是今人了解认识古代社会历史和文化、近代社会文化和当代社会文化不可多得的宝贵资料。它同历史书一样，是弘扬了中华民族勤劳勇敢、敬老爱幼、忧国忧民、坚韧不拔的民族精神和优秀品质，是对青少年传统文化教育的好教材。南宋董弅在《严州图经·序》中说："抑使为政者究知风俗利病，师范先贤懿绩，而承学晚生，览之可以辑睦而还旧俗，宦达明流，玩之可以在全高风而励名节，渠小补也哉！"清代张荩在《重修金华府志·序》中说："深之可以悟政教，浅之可以广见闻，近之可以考民风，进之可以察吏治，则兹一郡志，播之四方，传之来叶，其攸系岂鲜也哉！"清代孔白洙在《重修延平府志·序》中说，地方志可以"察民风之纯薄，可以隆教化。"比如：方志中记述我国劳动人民创造的精神文明和物质文明成果以及各地丰富的资源和壮丽的山河，能使广大人民群众特别是青少年一代认识中华民族历史的悠久、文化的灿烂和祖国的伟大，从而增强民族自豪感和民族自信心。新方志记述我国劳动人民反抗外来侵略和本国反动势力的事迹和精神，能激励广大人民特别是青少年一代为祖国的繁荣昌盛而努力奋斗。新方志中记述民主革命时期的革命先烈及先进人物的事迹和精神，为广大人民特别是青少年一代树立了学习的榜样。方志的辅教功能是显而易见的。从自然到社会、从政治到经济、从历史到现实、从人物到风俗一应俱全，是全面、系统、准确的社会大观的综录，可谓包罗万象、卷帙浩繁、信息全面、史料丰富，是一地系统全面的"百科全书"。而地方志这种特有的文化个性，将成为提高民族亲和力和凝聚力的一个重要依托。中华民族悠悠五千年，中国文化绵绵不断。中华各族人民在世界历史的发展长河中，相互依存、相互影响、若消若长、几分几合、如撮土成山、如百川汇流，以无与伦比的创造精神共同养育了博大精深、辉煌耀眼的中华民族文化。志书本身属于文化的范畴，它是中华文化的重要组成部分，它的产生和发展为中华文化增添了丰富的内容，它是文化百花丛中一朵灿烂的奇葩，它的产生和发展直接影响着中华文化的发展，它随着中华文化的发展生生不息，长盛不衰，形成了一种独特的文化定式，它对文化的传承起着巨大的作用。历朝历代都把修志当作一项重要任务来完成，备受重视，远比其他文化显得重要。正因为有了方志这种独特的文化，使中华灿烂的民族文化得以传承并保存下来，成为我们了解中国古代文化的一扇重要的窗。党的十九大报告强调："加强思想道德建设。人民有信仰，国家有力量，民族有希望。要提高人民思想觉悟、道德水准、文明素养，提高全社会文明程度。广泛开展理想信念教育，深化中国特色社会主义和中国梦宣传教育，弘扬民族精神和时代精神，加强爱国主义、集体主义、社会主义教育，引导人们树立正确的历史观、民族观、国家观、文化观。深入实施公民道德建设工程，推进社会公德、职业道德、家庭美德、个人品德建设，激励人们向上向善、孝老爱亲，忠于祖国、忠于人民。加强和改进思想政治工作，深化群众性精神文明创建活动。弘扬科学精神，普及科学知识，开展移风易俗、弘扬时代新风行动，抵制腐朽落后文化侵蚀。推进诚信建设和志愿服务制度化，强化社会责任意识、规则意识、奉献意识。"在建设中国特色社会主义的新时代，方志在辅教方面大有可为。爱国是以爱家乡为前提的。爱家乡首先要了解家乡，方志是全面了解家乡的最好的乡土教科书。其辅教功能表现在，通过全面、系统、客观、真实记述地域优势和各行各业发展成就，提供科学、准确的地情教育资料，让人们从中受到教育、得到启发，激发他们干事创业、建设家乡的豪情壮志，进而推动社会主义物质文明建设；通过准确、真实记述本地域推动各方面事业建设与发展中涌现出来的先进集体和英雄模范人物，对人民群众进行思想品德教育，激发他们奋发向上、甘于奉献、锐意进取、开拓创新的热情，通过全面记述地域乡土风俗、民情故事，尤其是家庭、家风、家教典型事例，对人们进行孝悌礼仪和勤俭廉洁教育，培养良好的道德风尚，促进社会主义精神文明建设。

新方志"明道、资治、存史、辅教"四大功能，是相互依存、紧密联系、不可分割的。随着时代的发展，其内涵和外延也在不断变化，不断被赋予新的含义。《新编地方志工作暂行规定》指出：我国"新方志应当系统地记载地方自然和社会的历史与现状，为本地社会主义现代化建设提供有科学依据的基本状况，以利于地方领导机关从实际出发，进行科学的决策。新方志可以积累和保存地方文献，促进科学文化事业的发展，提供便于查考的、实用的系统资料，有助于各行各业全体干部职工提高专业知识和文化水平。新方志可用以向各族人民进行爱国主义、共产主义和革命传统教育。"这是对新方志四大功能的科学诠释。由此归结出新方志的具体作用是：揭示地区自然变化，政治、经济、文化、社会、生态文明建设发展规律，为地方领导决策提供可资借鉴的经验教训，为制定本地区各项事业发展规划提供历史借鉴，为文化、道德、思想建设提供乡土教材，为科学研究事业提供参考资料，为对外交流与合作提供政治经济和人文历史资料。

第三章　新方志体例

新方志编纂的体例，要以继承为前提，在继承的基础上，再根据时代发展的需要，加以发展和创新，如果离开了这个前提，把千百年来方志编修过程中所形成的一些优良传统全部抛开，另起炉灶搞创新，那将会失去编纂方志的宗旨和意义。

第一节　方志体例的继承与创新

何谓体例？体例是一种著述区别于其他著述的体制形式。体例一词，最早见于《春秋谷梁传集解·僖公三十二年》，“鲁政虽凌迟而典刑犹存，史策所录不失常法，其文献之实足征。故孔子因而修之，事仍本史而辞有损益，所以成详略之例，起褒贬之意。若夫可以寄微旨而通王道者，存乎精义穷理，不在纪事少多，此盖修《春秋》之本旨。师资辩说，日用之常义，故谷梁子可不复发文而体例自举矣。”① 体例一词在此处是指能够体现微言大义的春秋笔法。因此，体例这一概念便成为体现作者思想的一种笔法，不断地被运用于各种各样的著述之中。古今著述，无论是修史编志，还是撰写类书、目录、辞典和其他书籍，都必须首先确定体例。因为体例决定着著述的质量。

方志也不例外。从方志的发展史看，方志的体例不断发展变化，以适应不同时代的需要。方志曾由两汉时期的地记，发展成为隋唐时期的图经，普遍以志命名的是宋代，直到南宋方志才基本定型。清代郭嵩焘说：“地志体例，经始于北宋，至南宋而始备。”② 南宋以后的方志和秦汉、隋唐的地记、图经相比，已是比较完备的志书体，即今日所称的方志体例，它是在长期发展过程中，吸收了历史、地理等书籍的一些体裁

① 张松斌．实用中国方志学［M］．北京：中国国际人文出版社，1993：50．

② ［清］郭嵩焘．湘阴县志·序例//郭嵩焘诗文集［M］．长沙：岳麓书社，1984．

和表现形式，逐渐成熟完善起来的。方志的体例直接影响方志的质量，古今方志学者非常重视这个问题。

一、古今学者对方志体例的认知

关于方志体例，古今方志学者有很多论述。唐代刘知几在《史通·序例》中说："夫史之有例，犹国之有法，国无法，则上下靡定；史无例，则是非莫准"。宋代马祖光在《建康志·序》中说修志须"定凡例"（凡例即体例）。明代朱衣在《汉阳府志·序》中说："志者史之职也，史者志之存也。然有史之体，有志之体"，指出了史志体例的差异。清代方志兴盛，方志学家关于方志体例讨论激烈，观点颇多，未宗一说。如方苞在阐明方志体例重要性时说："体例不一，犹农之无畔也"[①]，编纂方志"譬为巨室，千门万户，各执斧斤，任其目巧，而无规矩绳墨以一之，可乎?"[②] 纪昀在其编撰《四库全书总目》中，对历代方志体例得失多有所论。在对乾隆《临安志》评论中说"第一卷纪宫阙、官署，题曰行在所，以别于郡志，体例最善"[③]；在对《舆地广记》评论时说"其书前四卷，先叙历代疆域，提其纲要，五卷以后，乃列宋郡县名，体例特为清晰"[④]。章学诚是有清一代方志学大家，一向以讲究方志体例著称。在所著《文史通义》外篇各篇文章中，对方志体例作了专门探讨。章学诚在综合分析古今方志后，将其归纳为"文人之书、学人之书、辞人之书、说家之书、史家之书"[⑤]，史家之书又分著述类、纂（比）类两家。在《报黄大俞先生》一文中，进一步分析了著述类与纂（比）类的关系，主张方志兼具著述与纂（比）类二体。关于古代修志，他强调"然古人一事必具数家之学，著述与比类两家，其大要也。班氏撰《汉书》，为一家著述矣，刘歆、贾护之《汉记》，其比类也；司马撰《通鉴》，为一家著述矣，二刘、范氏之《长编》，其比类也；两家本自相因而不相妨害。拙刻《书教》篇中所谓圆神方智，亦此意也。但为比类之业者，必知著述之意，而所次比类之材，可使著述者出，得所凭借，有

① ［清］方苞．与一统志馆诸翰林书//方苞集卷六．

② ［乾道］临安志．浙江孙曾家藏本//钦定四库全书总目录：卷六十八．宋元浙江方志集成．

③ ［清］永瑢．纪昀主编．

④ ［清］章学诚．报广济黄大尹论修志书．文史通义·外篇四．

⑤ ［清］章学诚．报黄大俞先生·文史通义·外篇三．

以恣其纵横变化；又必知己之比类，与著述者各有渊源，而不可以比类之密，而笑著述之或有所疏；比类之整齐，而笑著述之有所畸轻畸重；则善矣。盖著述譬之韩信用兵，而比类譬之萧何转饷，二者固缺一而不可；而其人之才，固易地而不可为良者也……凡修方志，往往侈为纂类家言。纂类之书，正著述之所取资，岂可有所疵议！而鄙心有不能惬者，则方志纂类诸家，多是不知著述之意，其所排次襞绩，仍是地理专门见解。如朱氏《日下旧闻》，书隶都邑之部，故称博赡；若使著述家出，取以为《顺天府志》，则方凿圆柄，格格不相入矣。故方志而为纂类，初非所忌；正忌纂类而以地理专门自画，不知方志之为史裁，又不知纂类所以备著述之资，而自以为极天下之能事"①。《与石首王明府论志例》说"志为史裁，全书自有体例。志中文字，俱关史法，则全书中之命辞措字，亦必有规矩准绳，不可忽也"②。《答甄秀才论修志第二书》提出志与史之分别，"史体纵看，志体横看"③。总之，章学诚从方志的结构、记述方式、章法等方面讨论了方志体例，他的很多见解，给后人以启示。现代学者傅振伦在《中国方志学通论》中说："修志之道，先严体例，义不先立，例无由起，故志家必以凡例冠之"④，方苞说"体例不一，犹农之无畔也"⑤。可见，体例之于方志是何等的重要。关于体例的基本要求，在第一章第四节从合理运用体裁、科学设计结构、严格遵守章法三个方面作了讨论，在此不再赘述。

二、方志体例构成

方志的体例由体裁、结构、章法三要素构成，如图 3—1 所示。

（一）体　裁

方志体裁是按照方志记述对象的内容和性质而选用的记述方式。旧方志的体裁很多，如图、序、跋、纪、记、志、谱、表、考、书、簿、传等。恰当选择体裁，对记述特定地域情况十分重要，关系到方志的体例及质量优劣。因此，根据中国地方志指导小组 1985 年制定的《新编

① ［清］章学诚．报黄大俞先生·文史通义·外篇三．

② ［清］章学诚．与石首王明府论志例·文史通义·外篇四．

③ ［清］章学诚．答甄秀才论修志第二书·文史通义·外篇四［M］．北京：燕山出版社，1998．

④ 傅振伦．中国方志学通论［M］．北京：燕山出版社，1998．

⑤ ［清］方苞．与一统志馆诸翰林书//方苞集卷六．

地方地工作暂行规定》和实践要求，新方志一般采用述、记、志、传、图、表、录诸体。述，包括专门叙述修志的缘起、内容提要、质量评介及作者意图的序和总括全局、反映大势、提纲挈领、沟通门类之间联系的概述。记，是记录一地古今大事要事的记述。志，是按横分门类、纵写史实的要求记述特定地域事物发展变化状况的重要体裁。传，是记述对当地有重要影响的人物生平事迹的人物传记。图、表，是概括反映一地形貌的图片、表谱等，不单独成篇章，穿插方志中，补方志记述之不足，可以节省文字，并形象生动反映事物状况。录，即附录，是专门收录重要文献资料。关于述、记、志、传、图、表、录诸体裁的特征、要素及具体编纂要求，将在本书第六章加以讨论。

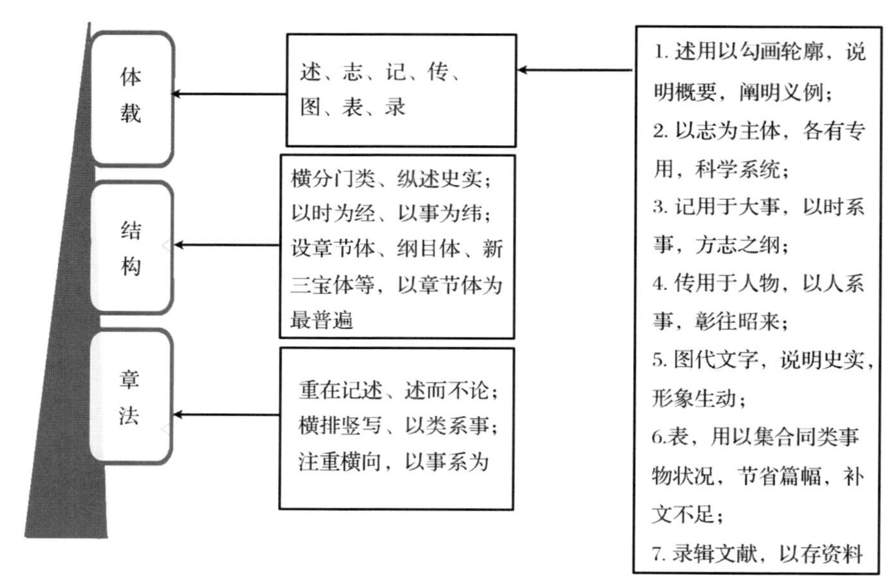

图 3—1　方志体例构成图

（二）结　构

方志结构是方志内容记述基本组织构造，包括方志的基本框架、结构方式及篇章节目层次安排。方志是一方自然与社会事物百科全书，其内容囊括天文、地理（生态环境）、经济、政治、社会、文化、人物、风俗等各方面情况庞杂，内容浩繁，无所不包。只有采取适合人们认知习惯的结构形式，把各项内容合理安排到一定的位置，方志才能发挥特定的功能。方志结构设计的好坏，是衡量方志体例乃至志书质量优劣的重要标准。方志的结构一般包括篇目设置、体例类型、结构原则三方面要素。有关这方面问题，将在本章第二节进行专门讨论。

（三）章　法

章法即方志记述的方式或形式。从文体上看，方志采取的是现代语体文记述体。从记述形式看，方志要按事物的性质横分门类，按事物发生、发展变化及结果依时间顺序纵写，不得采用倒述、插述、夹述夹议等记述方法。从内容看，方志记述内容要素要齐全，任何事物，其基本资料、典型资料、背景资料要完备。从特征看，方志要突出资料性、著述性特征，坚持述而不论，寓思想观点和政治主张于记述的资料和史事中。

三、体例在方志中的地位与作用

体例在方志中的地位与作用，可以从以下三方面理解：

（一）体例是编纂方志的纲要

体例是一部方志的总体设计方案，对于方志的作用十分重大，它决定方志的体裁、篇目结构和编纂方式。甘云鹏《方志商》载："纂修通志，以规定义例为要，义例不定，如裘无领，如网无纲。"[①] 李泰棻《方志学》载："体例之于方志，如栋梁之于房屋，栋梁倒置，房屋安得稳固？"[②] 他们把体例比作房屋之栋梁、裘衣之领、渔网之纲实不为过。篇目结构是构成体例的重要组成部分，以方志篇目结构而论，它就如同施工的蓝图，是搜集资料的指引和分工编纂的依据。因此，篇目结构设计是否合理，直接关系到方志编纂的成败。进而可知，体例对于方志的重要性更是不可忽视。体例是方志的纲领，方志的谋篇布局，是以体例为规制的。体例适宜，方志就会结构清晰，条理清楚，否则，就会杂乱无章，漏洞百出，方志的质量就难以保证。

（二）体例是决定方志特征的关键

本书在第二章第二节从 7 个方面讨论过新方志的特征，指出新方志具有政治性、时代性、地域性、资料性、科学性、综合性、著述性。这是方志区别其他论著的根本特征。方志的特征是由方志的体例决定的。

---

① 甘云鹏．湖北通志义例商榷书//方志商．

② 李泰棻．方志学［M］．河北人民出版社，1990：31．

只有灵活运用各种体裁、科学设计篇目结构、严格遵循记述章法，才能分门别类、全面系统地记述特定地域自然和社会各方面的状况，充分展示方志的特征。

（三）体例是统一方志内容的准绳

方志由官方组织编纂是一个传统。官方组织编纂，靠众手成志。由于众手成志，认识不一，水平参差不齐，如果没有一定的体例规范约束，各行其是，或博、或约，各致其美，那是很难编纂出高质量的方志的。一部方志，虽然众手编纂，但只要执笔者能够严格遵循体例规范，就一定能够保持篇目结构、记述方式、语言表述等方面的一致性，使方志的内容前后呼应、左右照顾，丰富而不杂乱、全面而不臃肿，结构严谨、层次分明，体裁完备、记述科学，章法规范、表述准确。马克思曾说，人们自己创造自己的历史，但是他们并不是随心所欲地创造，并不是在他们自己选定的条件下创造，而是在直接碰到的、既定的、从过去承继下来的条件下创造的。社会历史发展规律如此，方志学发展规律也是如此。我国的方志早在先秦时期就产生了雏形，几千年的发展历史，不仅留下了丰富的方志成果，而且形成了特殊的体例规范。方志在南宋基本定型后，这些体例规范成为推动方志不断发展的制度文化力量。历代编纂方志，都以前朝方志作为借鉴，这是我国方志经久不衰、长期发展的根本原因。

四、体例的继承、创新与实践

一切事物的成长、进步，都是在继承和创新中实现的，没有继承就缺少基因，没有创新就没有成长和进步，方志亦如此。

（一）方志体例的继承

古代地理书以地域为中心，分门别类记载山川物产等，如《禹贡》将天下分为九州，分别记述各州之山川、薮泽、土壤、物产、贡赋、交通等情况，对方志体例有较大影响；古代历史书体例多样，对方志影响较大的体例主要有编年体、纪传体、纪事本末体、政书体、文选体等。由于受到地理书和历史书的影响，秦汉至隋唐时期的方志体例出现过地记体、图经体；唐代以后方志受历史书影响较大，方志体例吸收借鉴历史书一些体例形式，到南宋时期方志体例基本定型，元明清三代不断发展和完善，形成了多种体例形式，如平列分目体（将全书内容分为若干门目，平行排列，无所统属）、纪传体（仿效历史书纪传体，全书用图表纪志传等体裁编写)、三书体(或称三宝体,设志、掌故、文征三部分,仿效纪传正史之体而作志,仿效律令典例之体而作掌故,仿效文选、文苑之体而作文征)等。《川沙县志》增设“概述”,解决了各分志“偏于横剖”,缺少总概的弊端。对于旧方志的各种体例,既不能照抄照搬,也不能一概否定。要认真研究,学习借鉴。清代沈秉成《顺天府志序》载:“大凡修志,萧规曹随,事半功倍”①。近代学者王葆心《方志学发微》载:“盖修志不徒在善革,亦有时贵乎善因,善因之前例”②。新方志继承旧方志体例之善者,是方志发展的一般规律。因此,对旧方志体例采取扬弃的态度,继承合理的优秀的内容,抛弃陈旧落后的东西,是新方志发展的客观需要。

(二)方志体例的创新

方志体例是用以表达内容的形式。时代发展了,社会进步了,方志记述的内容也会随之而变。为适应变化的内容,记述的形式也要随之变化。方志记述形式改变是为了适应新内容。创新是在继承的基础上的创新。方志采取的现代语体文、记述体,区别于科研记录与论文、区别于工作总结与报告、区别于文艺作品、区别于教科书,重在记述,述而不论,寓褒贬于资料和史事的记述之中,分门别类地记述特定地域的自然和社会的历史与现状,为他人总结经验、探索规律积累和提供资料。因此,方志体例形成经过了千百年的实践和锤炼,凡适合现代社会需要的都要继承和发展。方志体例需要创新,但创新不是新创。不能把经过长期发展证明是好的体例抛开了去搞创新,离开传统体例的继承来谈创新,就不是方志体例的创新。

(三)创新贵在实践,实践促使方志创新

创新需要理论指导、经验借鉴,需要有知识积累、能力提升。而方志理论、方志知识、编纂经验、编纂能力都是源自方志工作实践的。因此,新方志的体例只有在反复编纂工作实践中才能形成和发展。“求新、求变、求发展”,是人类社会实践活动的主观动因,“新事物、新成果、新局面”,是人类社会实践活动的物质体现。方志的创新就是运用新观点、新方法、新资料、新体例,来客观真实、全面系统地记述特定地域自然和社会的历史与现状。结构的改造、篇目的增减、方法的更新、旧

① [清]沈秉成.顺天府志·序(光绪朝).

② 王葆心.方志学发微.

资料新用等，都是方志体例创新。新方志体例的创新，在结构方面，如《北京志》专设《北京奥运会志》与体育志作升格处理；《市志》在综合卷，增设“县区概况”或“县区纪略”篇（章），将分立于各分志的内容适当集中，都是一种创新。

五、新方志体例要求

新方志体例是由方志的体裁、结构、章法组成的。

（一）体裁要求

方志体裁是方志因记述内容的需要而采用的记述形式。新方志体裁，在中国地方志指导小组制发的《关于地方志编纂工作规定》中有明确要求：“地方志的体裁，一般应包括述、记、志、传、图、表、录等，以志为主体。”方志一般以特定行政区划为限，采用记述体等，在记述中要综合运用述、记、志、传、图、表、录各种形式，这是新方志编纂体裁方面的总要求。具体要求如下：

1. 事以类聚、横排门类。方志是某一特定地域的“百科全书”，是了解一个地域自然与社会各方面情况的工具书，应坚持事以类聚、类为一目，横排门类、纵述史实，横纵结合、全面系统的原则，确保记述内容丰富、条理清晰，便于阅读。横排门类，就是按事物的性质横分门类，如按特定地域的自然（生态）、社会、政治、经济、文化、人物等进行分类，按事物性质横排门类，要细分到某一具体事物或一事物的某一具体方面，横排要排到边、全覆盖，事物的类和类之间是横向并列，没有统属关系。纵写史事，即某一类事物按特性来设计篇、章、节、目，按时间顺序，记述事物的起始、发展和变化状况，篇、章、节、目、子目之间，一般为统属关系，篇辖章、章辖节、节辖目。纵写要写到底，不断主线，确保全面记述事物兴衰沿革，突出求变、求新、求发展的过程，反映新事物、新成果、新局面。

2. 纵述历史、以事系人。新方志篇目多采取编、卷、篇、章、节目结构。篇目是方志设计蓝图，纵述历史、依时而述，要体现系统性、科学性。做到科学合理，层次分明，归类合理，统属得当，合乎逻辑，文题相符；篇章节目的标题要合乎方志体例要求，标题要用简明、朴实、概括的语言，准确、恰当地直接点明所记事物的主题，忌用公文总结式、通讯报道式、论文式标题。

3. 以类系事，述而不论。以记述体为主，寓观点、人物褒贬、发展规律于所记述的资料和史事之中，坚持用资料和史事说话，通过资料的科学编排和运用，客观反映事物的状况及变化规律，忌用说理代替资料和史事记述。

4. 符合体例规范。灵活运用述、记、志、传、图、表、录等各种体裁形式，全面系统记述特定地区的自然与社会、政治与经济、文化与科技等各方面的情况。坚持以本行政区域为记述范围，越境不书。严守地域范围和事物范围，突出方志特点和事物特色。

5. 图的制作要规范。做到要素齐全，包括必要的图题、图例和注记。照片主题明确，图像清晰，注明时间、地点、事物、需要说明的人物的位置及时任职务等。

6. 详近略远，详今略古，突出方志时代特色。

7. 大事记要坚持依时间顺序，纵向排列。条目采取编年体、编年体与纪事本末体结合两种体裁形式撰写。

8. 人物传记要坚持实事求是，生不立传。立传人物入志标准要高，突出记述对当地社会历史发展有较大影响的人物。立传人物以本地为主，对长期生活在本地、对本地社会历史发展有较大影响的外籍人士也可立传；既要记述人物全貌，又要突出人物个性特征。

9. 人与事共同记述，突出人文精神。记述社会主义时期的内容，特别是记述改革开放的内容，应体现社会主义时代的精神风貌和改革开放的时代特点，全面反映中国特色社会主义事业发展历程和所取得成绩，正确反映历史发展中的曲折和问题。

（二）结构要求

结构完整是方志的基本要求。方志的结构一般包括序、目录、凡例、图片、大事记、概述、正文、附录和跋等，正文主要依据横排门类，纵贯古今，全面系统记述特定地域的历史和现状。横排门类，即将一个地域古今人、事、物各方面资料按性质分成若干门类，以类系事，事以类聚，横向排列，门类齐全。纵贯古今是各门类所含内容表述方式，依时间顺序纵向记述事物发生发展过程，客观记述事物变化的起伏、盛衰、兴废、得失、功过。依时记述一要确定方志的时空界限，记述不越限、不越界；二要明确详略范围，坚持详今略古、详本略末、详特殊略一般的原则。

（三）章法要求

方志记述特定地域自然与社会的历史与现状，采用现代语体文式记述体。现代语体文式是与古汉语体文言文相对而言的。记述体，就是按人物的经历、事物的发生发展变化过程及特征，用语言文字如实记录下来，客观真实地表述出来，在这个过程中，记录和表述者，对内容不妄加任何评论。记述体有顺述、倒述、插述、补述等。章法的具体要求包括：

1. 方志要求依事物性质和事物的发生发展变化时间顺序而记述，禁用倒叙，插叙，补叙等记述方式。

2. 方志要与工作总结区别开来。方志要坚持述而不论，把编纂宗旨、政治主张、思想道德、价值观念等寓于所选取、记述的资料和史事之中，让读者自己从中自觉体会。不能像工作总结那样，对事物发生发展变化过程进行回顾总结，既介绍工作基本情况、简述工作过程，又摆出工作成绩或问题、概括出经验或教训，还要提出今后努力的方向、奋斗目标等。方志不记未发生的事情，亦不记推测未来的发展态势、愿景等。

3. 方志要与论说文区别开来。方志的重点是记述事物发生发展变化过程，记述历史和现状，只记述不议论，以资料和史事客观真实取胜，编纂者的政治主张、思想道德、价值观念等全部蕴含在所选取和记述的资料和史事之中。论说文是运用概念、判断、推理等逻辑形式直接阐明客观真理，揭示事物的本质和规律。运用论证的方式直接阐明作者的见解和主张。方志记述资料和史事，必须考订核实，无须作论述和评价，切忌像论说文引用名人、权威者的话作为论据，进行论证。

4. 方志要与新闻报道区别开来。方志记述的内容不仅有地域限制，还有时间限制。即不论是现实的还是历史的事物，只要在断限之内，就依时间顺序作详细记述。新闻报道包括消息、通讯、新闻特写等，都是近期发生的事情，为追求“新、奇、特”“抓人眼球”，追求轰动效果等，多数以倒叙的方法叙述事实，并加以多角度的时评、预测等，历史情况只作背景材料使用。方志切忌采取新闻报道式记述事物和对所记述的事物进行描写、议论和抒情。

5. 方志要与教科书区别开来。方志是记述特定地域自然与社会历史和现状的资料性文献，是为人们提供一个地域百科资料的工具。注重资料和史事的客观真实性，载入方志的资料是经过严格考订核实过的。对记述的资料和史事无须作论证说明。切忌像教科书讲解定义、定理、公式、公理那样，进行推理求证和解释说明。除专用词语和特定用语外，一般不加注释。

6. 方志要与历史著作区别开来。方志和历史书虽有共性，但也各具个性，无论是体裁还是内容均有区别。方志记述体现一地、一定断限内一般规律的资料和史事，通过资料和史事的记述来体现事物发展的规律，体现编纂者的政治主张和思想道德观念。历史书按朝代（时代）及不同时期分，先分期、再分若干类（先分期后分类），重在探索不同时期历史发展规律，历史书作者可以直接在书中阐述自己的政治观点，对事物展开评论或议论，是非功过，彰善瘅恶，观点鲜明。方志切忌直接臧否人物、评功责过。

7. 方志要与文艺作品区别开来。资料和史事客观真实是方志的生命所在。切忌像文学艺术作品一般进行故事情节虚构、对人物事件采取艺术手法进行描绘刻画，方志要求文风朴实、语言简洁，切忌运用烘托、夸张、渲染、想象等表现手法。

总之，方志的章法要求十分明确，唯有严守章法，才能编纂出高质量的方志。

第二节 新方志篇目结构

方志的篇目结构设计是方志编纂工作的首要问题。方志篇目体现了方志的编纂思想和编纂意图，是进行方志编纂的蓝图。方志篇目设计是否科学、合理，直接关系到方志的优劣。因此，方志篇目设计，历来为方志编纂者重视，故称其为方志编纂工作的首要问题。

中华人民共和国成立至今，先后进行了两轮修志。从一轮修志到二轮修志，方志的篇目结构设计坚持走继承与创新相结合的路子，方志篇目结构设计在继承旧方志优良传统的基础上不断创新，呈现出多元化的发展趋势。综观新方志篇目结构设计，主要有：章节体、纲目体、章节与条目结合体、新三宝体、新三书体、史志体等几种类型。

一、章节体

章节体也叫篇章节体，是20世纪80年代开始第一轮新方志编纂时普遍采用的一种体式。

（一）章节体篇目结构及特点

章节体是根据事物性质分门别类列出目，独立成篇，各篇以章节为层次编排内容的篇目结构形式。这实际是一种新的纪事本末体。它是19

世纪末西方教科书传入中国后，方志界学习借鉴西方教科书章节体，并结合传统的纪传和编年体等体裁优点而形成的结构形式。这种记述体裁比中国传统的纪事本末体具有更大的容量和更加系统的组织结构形式。

章节体的特点：大类为章，小类为节，具体事物为目，结构缜密、严谨规范，序列清楚、层次清晰，篇章节目层层相辖、环环相扣、紧密联系、统属得当，便于反映事物的系统结构状态。记述的内容纵横交错，相互联系，便于揭示事物的前因后果，能形成完整的地情资料，具有立体感。

章节体是近代才出现的记述体式，民国年间偶有采用，还未得到普及。但由于它具有明显的优点，在中华人民共和国成立后编纂方志中被广泛运用。

（二）章节体的基本形式

21 世纪初，全国开始第二轮编纂新方志，总结第一轮编纂经验，在继续发扬章节体结构严谨、层次清晰、逻辑性强等长处的基础上，又采取减少虚设层次，加强宏观记述，合理升格等办法，在继承的基础上又发展了章节体。章节体按其篇目设计特点，又可分为大篇体、中篇体、小篇体三种类型：

1. 大篇体型，这类方志按大类立篇，每大篇含数志或数卷。第一轮修志中，县（区）志大多采用这种大篇体型。1981 年，中国地方志协会提出《关于新县志编纂方案的建议》中，提出新编县志基本篇目设计采用大篇体型，将新编县志基本篇目分为概述、自然、经济、政治、军事、文化、社会、人物、图表、附录十大篇（见图 3－2），各篇设计顺序，体现了先综合、后局部，先自然、后社会，先经济基础、后上层建筑的原则，也反映了特定地域事物发展的客观规律。大篇体型的优点是：方志的整体性强，综合性强，能够执简驭繁，门类齐全，内容完整，分类科学，结构严谨，篇目系统性强，可以避免种概念与属概念并列的弊端，上下相辖，左右平行。其不足之处是：篇一级设计分得比较粗，只是将相同或相近的事物归并在一起，将复杂地情归属于简单分类，容易出现归类不当，造成各篇的内容体量差别较大，由于顾及层次平衡，地域特色强的内容在篇这一层表现不够突出，在实际编纂中会出现一部方志由多个部门承编，协调难度大，会造成编纂进度无法掌控，编纂任务难以落实。

卷一　历史大事记
卷二　建置沿革
卷三　区域　区划
卷四　县城　乡镇
卷五　人口　民族

一、概述编

卷一　地形　地貌
卷二　山脉　水系
卷三　气候　物候
卷四　自然资源
卷五　自然灾害

二、自然编

卷一　农业
卷二　林、牧、副、渔业
卷三　工业　手工业
卷四　商业
卷五　粮食
卷六　交通、邮电
卷七　财政、金融
卷八　物价

三、经济编

卷一　地方行政设置
卷二　司法
卷三　民政
卷四　党派、群团
卷五　统战、侨务
卷六　民主革命斗争纪略
卷七　社会主义革命纪略

四、政治编

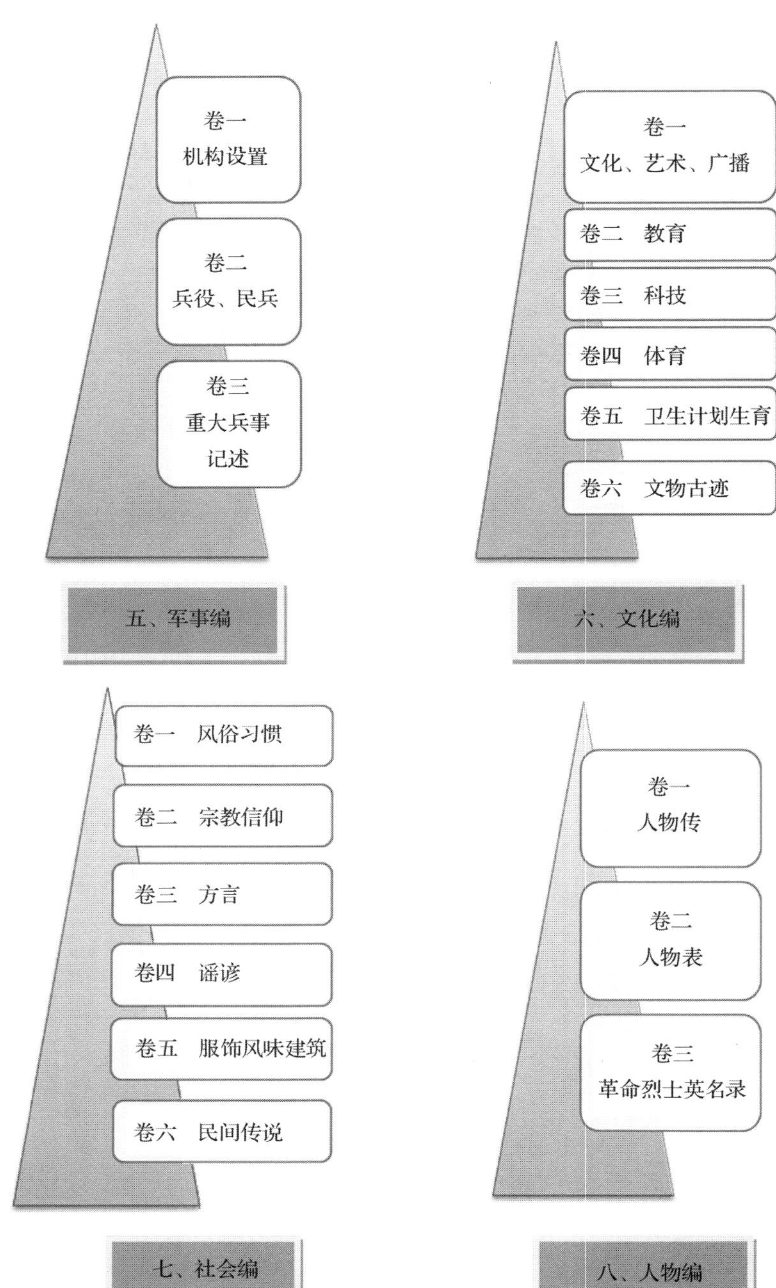
卷一
机构设置
卷二
兵役、民兵
卷三
重大兵事
记述
五、军事编
卷一
文化、艺术、广播
卷二 教育
卷三 科技
卷四 体育
卷五 卫生计划生育
卷六 文物古迹
六、文化编
卷一 风俗习惯
卷二 宗教信仰
卷三 方言
卷四 谣谚
卷五 服饰风味建筑
卷六 民间传说
七、社会编
卷一
人物传
卷二
人物表
卷三
革命烈士英名录
八、人物编

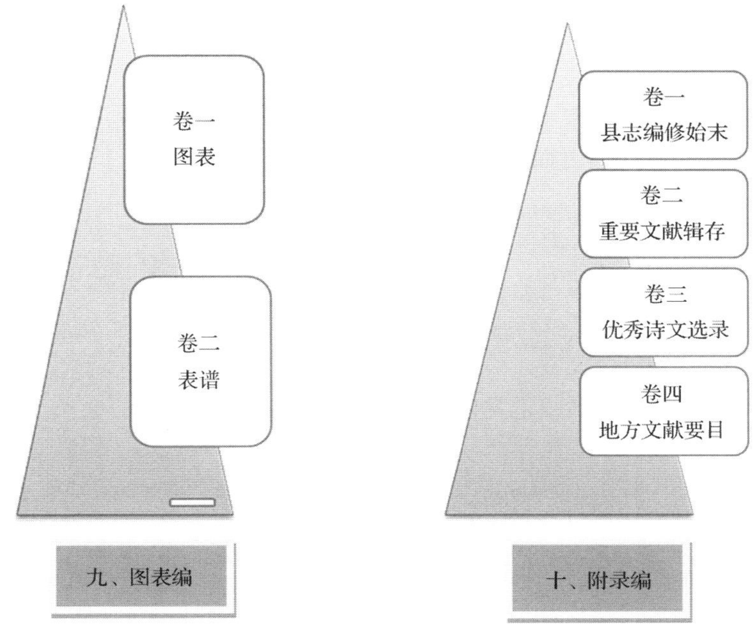

图 3—2　大篇体型基本篇目

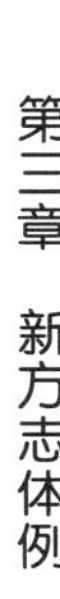

2. 小篇体型，即指平头分列型，这种类型是依据特定地域事物的性质和特点，兼顾现实社会分工和管理体制，将特定地域古今人、事、物分门别类地设计数量较多的分志的篇目结构。

小篇体型篇目设计：一般省级方志设计分志为 80～100 卷（编）；市级方志设计分志为 50～70 卷（编）；县（区）级方志设计分为 20～40 卷（编）。

小篇体型的优点：一是人、事、物严格按性质分类，分类科学，归属得当，统属关系明确，虚设层次减少；二是有利于突出地域特色，便于记述微观资料，尤其有利于落实编纂任务；三是分类较细，可以使各志篇幅体量大体平衡。

3. 中篇体型，这种类型介于大篇体型和小篇体型之间，实际是大篇体型和小篇体型的折中，是将某些性质相同或相近的事物作必要的归类后形成的方志的一种篇目结构设计。

中篇体型是应新方志编纂实践需要产生的。一是大篇体型使多数方志的体例、结构、篇目雷同或大同小异，方志出现了体例、结构、篇目固化，千志一面，一般通用的体例、篇目、结构，掩盖和抹去了特定地域的地方特色，许多地域独有的地方特色在篇目乃至方志中无法得到准确反映，使方志的地域特色大大降低。地域性是方志最突出的特征，是方志的生命力所在。没有了地方特色的方志，是难以有生命力的。二是中篇体型取大篇体型和小篇体型之优点，而避开大小篇体型之短，即避开大篇体型易于归类而失之于虚，篇幅比例失衡，小篇体型结构松懈，主次不分的短处，便于发挥大篇体型事以类从，小篇体型易于着笔的长处。

中篇体型篇目设计：一般省级方志设计分志 50～60 卷（编）；市级和县级方志设计分志 15～20 卷（编）。

二、纲目体

清康熙帝因修《大清一统志》准保和殿大学士卫周祚作诗。为规范志书体例，有利于清一统志按目取材，以贾汉复于顺治十七年（1660）编纂的《河南通志》体例为标准，“颁诸天下以为式”[①] 所采用的纲目体称为“钦定体式”，成为各地纂修地方志争相效法的榜样，成为志书的基本结构形式之一。

（一）纲目体的篇目结构及特点

纲目体的篇目结构是先设总纲，或称大类，各总纲之下再设细目。

1. 纲目体的特点：分类清晰，纲目明晰，以纲统目，纲举目张。具有工具书的特点，便于阅读和检索。分纲列目，一事一条，可以适当减少纲目层次，使资料排列具有更大灵活性。易于组织实施，适合新方志众手成志的特点。

2. 其不足在于：结构形式松散，缺乏内在联系，由于采取横分门类，分条记事，各类、条之间没有关联性，方志整体性差一些。

（二）纲目体的基本形式

纲目体的基本形式主要有以下几种：

1. 以政区为纲。纲下设目多为全国性总志或省志采用。旧志有《大元大一统志》《大明一统志》《大清一统志》，明代伍福编纂《陕西通志》、赵瓒等编纂《贵州图经新志》等。

---

① ［清］纪昀. 钦定四库全书总目卷六十八史部廿四、地理类一.

2. 以事为纲。是以某一事物为纲，下设若干细目。如以地理为纲，下设山川湖泊等细目。以事为纲这种体裁出现于宋代，明代、清代、民国的方志界多采用这种纲目体。

3. 政区与事物混合为纲。这种纲目体，有的大类以事为纲，有的大类以政区为纲，综合采用两类事物为纲。这种类型相对较少，仅在宋代、明代的方志中出现过。

4. 纪传体类型。是仿纪传体史书的体裁编纂方志。一般仿效史书的表、纪、志、传、书、考、录、略、谱等为大类，再分目进行编纂。这种体裁受史书影响较大，特别是受正统史学思想的影响较深。旧志以宋代周应合编纂的《景定建康志》为代表。

5. 政书体类型。这种体式是采取记述典章制度的史书体例编纂方志。政书体方志的篇目结构，借鉴史书体例，注重实用，多记述一个地域政事典章，分纲列目，分类记述。旧志有明代周瑛等编纂的《兴化府志》，该志以吏部、户部、礼部、兵部、刑部、工部为六纪，纪下设纲，纲下设目，共 65 纲，257 目，其中户部记述最为详尽。另外，还有《漳州府志》《嘉靖临武志》《庄浪汇纪》等，均采用这种结构形式。

三、章节体（类目体）与条目体结合体

（一）篇章节与条目结合体

方志设卷、篇、章、节、条目等层次，其中条目设置分综合性条目、主体性条目、典型性条目。

（二）以章节体为主，适当应用条目体

即以章节体为主，条目体为辅，二者结合为一体。在方志内容记述上仍以篇章节目为主，对于一些难以处理的内容，适当采用条目体或篇章节与条目体相结合的体式记述。

（三）篇章条目体

这种体式，在记述内容时，第一、二层次用篇章体，即第一层设篇，篇下设章，章下不再设节，直接用列条目的方式记述。这种体裁以篇的横排为框架结构，篇下设章以区分条目的属别，章下直接用条目记述事物内容，以条目为基本单元进行记述，舍去了节这一层，整体上给人以结构简便、清晰明快的感觉。

（四）章节条目体

是章、节、类目、条目的结合体。这种方志第一层为章，第二层为节，节下直接用条目记述内容。这类体裁一般适用于事物性质不复杂，记述内容相对简单的方志。

四、三宝体与新三宝体

（一）三宝体

三宝体是根据指导思想，编纂时因文而异的方志记述体例。三宝之说源于《孟子·尽心下》，孟子说："诸侯有三宝，土地、人民、政事。"① 因此，方志界依此说创建出一种具有普遍形式特征的记述体例即三宝体。三宝体在旧志中使用较多。诸如宋代曹叔远《永嘉谱》仿三宝体，设年、地、名、人 4 谱（类）。明代陈鉴《广平县志》亦如此，分土地、人民、政事、文献 4 门（类）；唐枢、张应雷《万历湖州府志》分土地、人民、政事 3 门（类），其中记述土地类有郡建、疆域、山川、乡镇、区亩、形胜、津渠、物产、古迹、陵庙 10 目，人民类有户口、功贵、风俗、辟召、甲科、贡荫、逸遗、列女、流寓、方艺 10 目，政事类有守令、赋役、学校、修筑、卹录、刑禁、兵屯、廨署、邮递、坛祠 10 目，这种记述体例为后代方志界所效仿。清代康熙《密云县志》分天文、地理、人事 3 门；乾隆《河间府志》分舆地、宦政、人物、典文 4 门；光绪《保安州志》分天、地、人、物 4 门。虽有增益，基本体例相近。

民国唐肯编纂《霸县志》，分土地、人民、政事 3 志，是近代较有代表性的三宝体方志。其具体篇目如下：

1. 土地志：位置、面积、气候、性质、源流、物产、河渠、建筑、城、镇、乡、古迹。

2. 人民志：户口、职业、财产、宗教、风俗、习惯、名人。

3. 政事志：官吏、学校、武备、警察、司法、监狱、自治、财赋、邮电、差徭。

总之，三宝体这种体例结构门类少，看似简单，但实际操作会有许多不便，由于门类少，事物归类比较困难，难以准确概括一方复杂的

① 孟子·尽心下.

事物。

（二）新三宝体

20 世纪 80 年代末 90 年代初，方志学界有人提出用环境学、人口学、民族学等知识对传统三宝体加以改造，于是才有新三宝体之说出现。席星加是最早提出方志各专志应“分为自然、人、社会三大类”。他在《关于编纂省志的几个问题》一文中说：“世界以自然、人、社会三大要素组成，三者相互作用，人是主体。”“各类专志分为自然、人、社会三大类，杂缀类为之补充。专志的这种分类及排列是我们现存世界结构的反映，并以此为依据。”① 所以他得出专志应分自然、人、社会三大类。正式提出“新三宝体”的是韩章训，他在《新三宝体方志构想》一文中使用新三宝体概念。所谓新三宝体，是在继承传统方志三宝体基础上创新发展的一种记述体例。强调加强社会内容的记述，形式结构上采用“自然、经济、政治、文化、人物”五大篇组合。这种重视国计民生、重视社会人文内容的记述，促使方志回归本源。

2017 年 10 月召开的党的十九大，标志中国进入新时代，新编方志必须积极适应新时代要求，方志体例要在继承传统三宝体体例基础上，不断创新。要运用新观点、新方法、新资料、新体例，客观真实、全面系统记述各地区社会发展的历史与现状。要准确反映地域特色、时代特色和方志文化特色。因此，新三宝体形式结构，采用综合、政治、经济、文化、社会、生态环境六部类较为合适。新方志六部类结构模型，如图 3—3 所示。

① 席星加．关于编纂省志的几个问题［J］．中国地方志通讯，1985（2）．

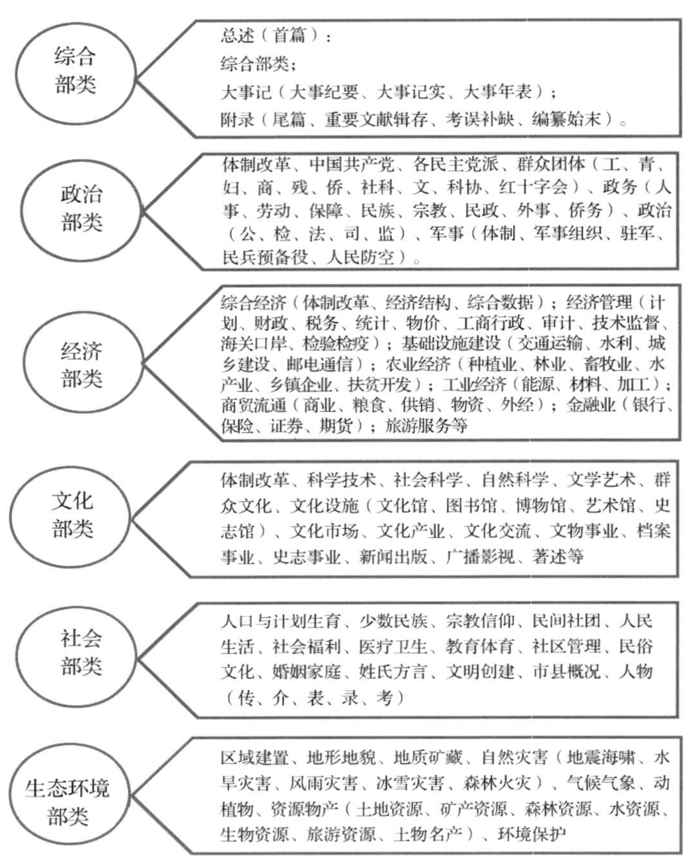

图 3—3　新方志六部类结构模型

从新方志编纂实践看，也可根据具体记述内容，增加军事、人物部类由六部类结构可以演变为八部类结构，如图 3—4 所示。

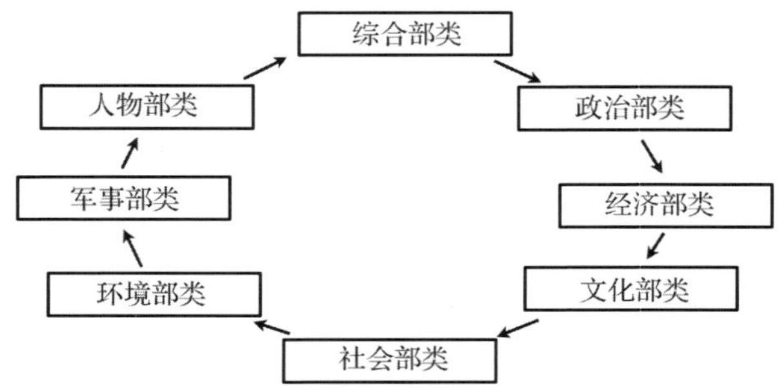

图 3—4　新方志八部类结构模型

根据编纂内容的实际需要，增加总述，附录等部类，进一步演进为十部类结构，如图 3—5 所示。

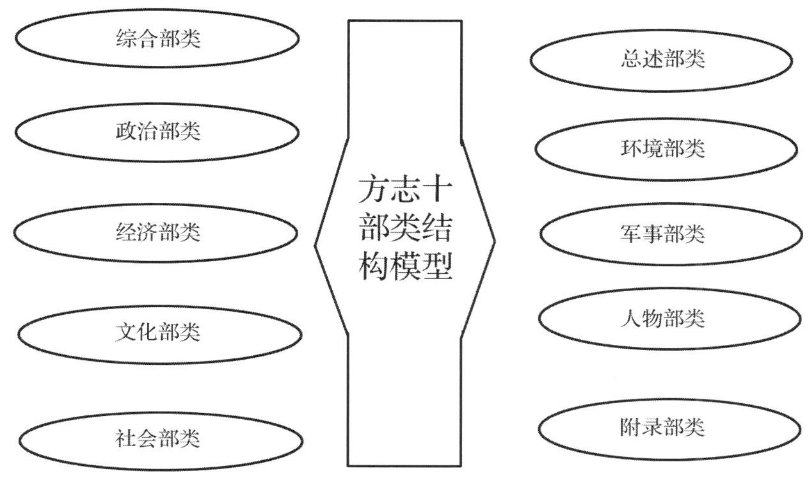

图 3—5　新方志十部类结构模型

五、三书体与新三书体

（一）三书体

这是清代方志学家章学诚首创的记述体式。章学诚说：“凡欲经纪一方之文献，必立三家之学，而始可以通古人之遗意也。仿纪传正史之体而作志，仿律令典例之体而作掌故，仿《文选》《文苑》之体而作文征。三书相辅而行，缺一不可。合而为一，尤不可也。”① 由此可见，章学诚提出方志应由志、掌故、文征三部分组成。其中，志为方志的主体，仿正史的体裁而作，有纪、谱、考、传诸体裁；掌故为保存一方典章制度档案资料，仿照律令典例之体而作；文征主要荟萃一方文化艺术之精品，辑存地方重要文献资料，仿《文选》《文苑》之体而作。志、掌故、文征三书相辅而行，互为表里，不可或缺。章学诚是清代方志学大家，他是在继承前人编纂方志经验基础上，创新的新体裁，经历了一个漫长的过程。如章学诚在乾隆二十九年（1765）纂《天门县志》，记述内容体式除采用志外，还有表、考、略，附余编等，体裁如旧；到乾

① ［清］章学诚．方志立三书议//方志略例一．文史通义：外篇四．

隆三十九年纂《和州志》，始创二书，方志有纪、表、图、书、略、列传，文征记述奏议、征述、论著、诗赋。直到乾隆四十四年（1779）纂《永清县志》三书体才初步形成。《永清县志》志部分纪有皇言纪、恩泽纪，表为官职表、选举表、士族表，图有舆地、建置、水道三图，书列吏户礼兵刑工6部，略有政略，传有列传、义门、列女、阙访，掌故分为6书并入方志，辑录奏议、征实、论说、诗赋、金石为文征。三书体最终定型是乾隆五十六年（1791）纂《麻城县志》时，志、掌故、文征三书俱全，还附有丛谈；此外从章学诚编纂《湖北通志》篇目看，堪称代表作，只可惜该志并未刊行。

（二）三书体简评

清代学者章学诚所创三书体在当时影响颇大，但用者不多。如周溥纂《利津县志》、熊兆麟纂《大荔县志》使用的是章学诚所创三书体。清代方志是旧方志发展的鼎盛时期，编纂方志的数量很大，但为何使用章学诚所创体裁者不多，个中原因有待探讨。黎锦熙在《方志今议》中说："章氏自撰方志中，惟最后之《湖北通志》确具三书，有《湖北掌故》六十六篇。"《湖北通志》目录如下：

1.《湖北通志》，纪：皇言记、皇朝编年纪；图：方舆、沿革、水道；考：府县、舆地、食货、水利、艺文、金石；略：经济、循绩、捍御、师儒。

2.《湖北掌故》，吏科：官司员额、官司职掌、员缺繁简、典吏事宜4目；户科：赋役、仓厫、漕运、杂税、牙行、州县落地税、钱法、盐法等19目；礼科：祀典、仪注、科场条例、学校事宜、书院等13目；兵科：将弁员额、各营兵丁技艺额数、武弁例马、驿站图等12目；刑科：里甲、编甲图、囚粮衣食、三流道里表等6目；工科：城工、塘汛、江防、铜铁矿厂、硝厂、工料价值表等21目。

3.《湖北文征》，甲集：正史列传；乙集：经济图策；丙集：辞章诗赋；丁集：近人诗词。

4.《湖北丛谈》分为考据、轶事、琐语、异闻，各1卷。

从这个目录看，章学诚所创三书体，确实体大思精。既注重著述，又注重保存资料，试图解决历代方志著述与资料之间的矛盾。但要真正把三书体运用好并非易事。从章学诚提出三书体的本意看，主要是想把著述和资料分开，使著述能够丰富，使资料能够保存。作为一种体例，如果运用得好，确实可以解决保持著述特色与保存资料的矛盾。但这种体例的最大弱点在于肢解了志体，把本来完整的方志分为各自为书的三个部分，破坏了方志的整体性，同时由于著述是靠资料来著述的，保存资料也必须对资料作汇编，势必造成不必要的重复。这可能就是章学诚所创三书体在当时影响颇大，但后来用者不多的原因。由于时代发展，章学诚所创三书体更不适用了。民国虽有人效仿，但为数不多，如张森楷纂《新修合川县志》、余绍宋纂《龙游县志》、李泰棻纂《阳原县志》、张新增纂《博山县志》、舒孝先纂《临淄县志》、李泰纂《大荔县新志存稿》、蒋藩纂《河阴县志》，虽宗章学诚所创体裁，但也稍作改异。中华人民共和国成立以来，新修方志，特别是第二轮修志，几乎无人采用章学诚所创三书体。

（三）新三书体

民国时期的学者蒋梦麟对章学诚所创的志、掌故、文征三书体认真研究后曾经提出了新三书体主张，即编纂省史、年鉴、专查三书，其中省史记述历史，年鉴侧重现实，专查侧重重点专题。显然，蒋梦麟所提出的这种体系，把史与志混淆了，故响应者不多。全国第二轮修志工作启动后，曾有人对章学诚所创三书体进行过研究，提出按“总述、专题、资料备查”新三书体体系编纂方志的主张，在方志界引发出许多议论。还有人依顺章学诚“方志立三书”观点，把资料和著述分开，设资料汇编、总志、分志、丛书等。新方志事业方兴未艾，探索编纂新方志的路径一定会继续深入下去。

六、史志结合体

史志结合体也称史志体。是按照正史和方志相结合的体例编纂方志的一种形式。中华人民共和国首轮修志工作启动以来，采取的基本上是史志结合体，即采取传统通史和断代史相结合的方法，横分门类，纵写史实，先按事物性质排列门类，按时期分编（卷），每编（卷）之下再分门别类立篇章节目。这样横向反映事物的各个方面，纵向记述事物不同时期的历史状况，纵横结构可以完整地反映一方事物历史发展的全貌。

第四章　新方志文体文风

方志的文体和文风，是关系到方志质量的重大问题。方志是记述特定地域自然与社会事物发展变化的历史与现状的“百科全书”式工具书，没有合适的文体和良好的文风，是很难做到的。

第一节　新方志文体

文体是文章或者书籍的体裁样式。掌握文体知识和写作技能，运用相应的体式表达写作思维活动叫文体意识。文体意识越明确，写作活动就越自觉，写作效果也更理想。方志的文体是指方志的体裁和行文的语言体式，是方志内容表达的形式。关于新方志的体裁问题在第三章第一节作了详细讨论，因此，本节着重讨论新方志文体问题。

一、新方志文体要求

新方志由于受资料、内容、性质、功能、体例、结构、特征等诸多因素影响，决定新方志记述方式要采用现代语体文、记述文体。

（一）新方志语体文

语体文是一种接近口语比较精炼的现代汉语白话文体。中国地方志指导小组制发的《关于地方志编纂工作的规定》指出：“地方志的文体采用规范的语体文。”规范语体文即运用现代汉语记述体式。秦汉以来，中国通用语言是汉语。因时代不同，汉语又分古代汉语和现代汉语，这是中国历代文学语言的源头。古代汉语包括：一是以先秦口语为基础而形成的上古汉语书面语言；二是秦汉以后历代作家仿古作品中的语言。中国文化发展历史悠久，历史上中华民族长期以文言文作为统一的书面语。时代越远，其语言与现代语言的距离越大。语境不同，对古代文言文学习传播非常困难。唐宋以后，出现了以北方话为基础形成的古白话。元、明、清三个朝代，以北京为国都，汉语北京话成为官方交际的主要语言。直到20世纪初，“白话文运动”“国语运动”，彻底动摇了文言文的统治地位。“白话”取得了文学语言地位，以汉语北京话为中心的北方话取得民族共同语的地位。从此，中华民族形成书面形式和口头形式相统一的规范的文学语言——现代汉语“普通话”。现代汉语“普通话”是现代中华民族共同语书面形式，它以北京语音为标准音、以北方话为基础方言、以典范的现代白话文著作为语法规范的“普通话”，是中华民族用来交流的主要语言。因此，新方志不能再用古代汉语即通常所说的文言文，或半文半白、文白夹杂的语言形式来作为记述内容的工具。这是时代对新方志提出的要求。

（二）新方志记述文体

新方志的主要任务是记述特定地域的事物发展变化及历史与现状，其著述性要求方志语言文体只能是记述文体，不能是其他文体。

（三）新方志记述体与一般记述文的区别

记述文是以叙述为主要表达方式，以写人物的经历和事物发展变化为主要内容的一种文体。记述文是指记人、叙事、写景、状物等类的文章。古代的记、传、序、表、志等，现代的消息、通讯、报告文学、特写、传记、回忆录、游记等，都属于记述文的范畴。记述文的特点：①以记述为主要表达方式，综合其他表达方式；②以记人、叙事、写景、状物为主要内容；③通过描述人物、时间及状物、写景来表达一定的中心思想。侧重记事的记述文，以叙述事情的发生、发展、经过和结果为重点。记述文记述方法包括顺述、倒述、插述、补述、分述等。

新方志记述体式属记述文体，但又不完全等同于记述文。属于侧重记事的记述文，以叙述事情的发生、发展、经过和结果为重点的记述文。根据方志的特点，可以看出它与一般记述文的区别：

1. 记述方式不同。一般记述文的记述方式可根据表达中心思想的需要，采取顺述、倒述、插述、补述、分述等不同方式，一篇记述文中可以选用一种方式，也可以多种方式同时采用。新方志记述体只能是顺述，必须按照事物发生发展变化的时间顺序来记述，不能作倒述、插述、补述、分述，否则方志记述的内容就会杂乱不清。

2. 表达方式不同。一般记述文为了表达中心思想，可以采用叙述、描写、议论、说明、抒情等多种方式，使记述的事物情节生动，充分表达作者的思想感情。新方志则不能用描写、议论、说明、抒情等表达方式，只能用叙述的方式，否则会因个人品评不当等因素影响方志功能发挥。

3. 记述要素不同。一般记述文的写法包括时间、地点、人物、事件与事件背景、说明的道理（主题）、个人在这个事件中的顿悟（体会、感想）等要素要齐备。如果缺少了其中任意一点，就不是记叙文了。新方志记述只能有时间、地点、人物、事件与事件背景四要素。至于反映的道理（主题）要通过记述的资料和史事来体现，记述中不得有编纂者在这个事件中的顿悟、体会、感想，要坚持述而不作。

4. 表现手法不同。一般记述文为突出中心思想，使文章具有感召力和感染力，可灵活采用比喻、夸张、拟人、排比、反复、对偶、设问、反问、引用、反语、借代、对比等表现手法，凸显记述内容，使其丰富、生动、感人。新方志记述则讲究朴实，只要求用文字把事件的前后经过记述完整即可，不得采用夸张、拟人、排比、反复、对偶、设问、反问、引用、反语、借代、对比手法记述资料和史实。新方志可用暗喻，即在选取资料和记述史实时，将编纂者的政治主张寓于资料之中。

（四）新方志是特殊语体文、记述文体

新方志是记述特定地域、特定时间内，自然与社会发展变化的历史与现状的资料性著述，是给人们了解一个地域百科状况提供帮助的工具书，是一个时代官方主持编纂的地情书，反映时代的伟大变革，是一个地区发展变化的记录和印证。注重客观真实、全面准确，不需要抽象的理论分析和评论，只需要包罗万象的“百科全书”。唯有如此，新方志才能担负起明道、资治、存史、辅教的历史责任和使命。

（五）新方志文体特征

1. 新方志记述事物的时空特征，特定地域和特定时期，如各地第二轮修志的时间断限是 1986—2005 年，新方志记述主体资料和史事，必须遵守时空界限是修志基本要求，超越时空界限就是违反规则操作。

2. 新方志记述对象特征，特定地域“求新、求变、求发展”的历史过程和展现出来的“新事物、新成果、新局面”的现状。

3. 新方志的结构特征，横排纵写，即横分门类，纵写史实，横分门类要到边、全覆盖，纵写史实要到底、不断线。

4. 新方志体裁运用特征，述、记、志、传、图、表、录综合运用，以志为主，述、记、传、图、表、录为辅。

5. 新方志的语体特征，述而不论，寓政治观点、价值观念、人物褒贬于所记述的内容之中。

6. 新方志的语言特征，遵循使用第三人称，以记述为主的原则。

二、新方志记述要求

新方志记述的总体要求是内容要丰富、翔实，记述要具体、细致，记述的资料和史事要突出典型、真实、准确、新颖。

（一）纵述史事

按时间顺序纵向记述特定地域事物发展变化的过程，反映事物的兴衰起伏，寓事物发展的因果规律于记述的资料中，为读者提供系统的科学的历史资料，从中探索事物发展的规律。纵述史实主线不断，以类系事，不交叉重复，是新方志的基本要求。纵向记述应该注意的问题：

1. 要防止资料简单罗列，写成流水账，着重记述事物发展演变的历史过程，特别是把事物由量变到质变的过程和盛衰起伏的历史记述清楚。

2. 要防止记述面面俱到，要突出主要事物和事物的主要方面，抓住主要矛盾和矛盾的主要方面，突出主线，突出重点。

3. 要防止纵向罗列文件，以文件内容代替记述事物状况，纵述史事过程，要充分反映事物的发展变化全过程，充分展示特定地域自然与社会的新特点、新面貌。

4. 要防止随意突破时间断限，如必须溯源，上溯不宜溯源过远，尽量控制在断限范围内。

（二）述而不论

述而不论也称述而不作，新方志在记述过程中，忠于事实，采用翔实的资料和史事说话，编纂者不直接对资料进行分析，不直接对史事展开评论。将编纂者的政治主张和思想观点寓于资料选择和利用上，将对人、事、物的褒贬寓于资料和史事的记述之中。述而不论是由新方志的性质、方志的功能、方志实际编纂局限性等因素决定的。新方志是全面系统、客观真实、科学规范地记述特定地域自然（生态环境）、政治、经济、文化、社会历史与现状的资料性工具书，不是可以随意评论的论文或著述。重点在记述资料和史事，不必议论。记而有论，述而有作，就违背了方志的特性。由于新方志编纂的历史局限性，任何评论不可避免地带有个体主观性和时代的历史局限性，都要受到不同历史时期的政治环境的影响和制约，评论往往会带有明显的偏见，因此，编纂者的议论或评论一旦有失公允，有所偏颇，势必影响新方志明道、资治、存史、辅教功能的发挥。述而不论应注意的问题：

1. 要防止记述中使用夸张、溢美之词。

2. 要防止程式化记述。

3. 要防止贴标语、喊口号等泛政治化倾向。

（三）客观真实

实事求是地实录事物，是新方志的重要特征。客观真实，是由新方志的性质和功能决定的，也是新方志所推崇的精神品质。汉代司马迁作《史记》，坚持实录精神，唐代刘知几说："盖君子以博闻多识为工，良史以实录直书为贵""善恶必书，斯为实录"①。新方志之所以是读者了解一个地域历史与现状的"百科全书"，在于它以事实为依据，以事态发展变化本末为准绳，客观真实地记述事物兴衰起伏、发展变化、因果关系，用资料和史事来揭示客观规律，反映经验教训。客观真实要求记述做到：不阿谀，不溢美，不避丑，不唯上，不唯心，要唯实，坚持用资料和史事说话，观点、褒贬等都寓于对事物的记述之中。新方志要成为一方之"信史"，就必须做到客观真实，实事求是地记述正面和反面的事物，如实记述成绩和失误，记述是与非。新方志最容易出现的问题在于失实，失真难订，传讹易承。因此，新方志的记述务求审慎不苟。

三、新方志文体与其他文体的区别

（一）与史体的区别

从现代学科分类看，新方志属于社会科学类史学范畴。若从历史学与方志产生发展的历史过程看，旧方志早在春秋战国时代就产生了，《周官》早有记载，而历史学是在以后才产生。本书第一章绪论中，已作讨论，在此不再赘述。历史学是研究人类社会发展过程及规律的科学。与方志学比，历史学是古老学科，然与方志比，历史又是年轻的学科。历史学可分为历史理论、史料学、历史编纂学、历史文学、史学方法论等。作为人文社会科学的基础性学科，历史学与民族学、人类学、考古学、社会学、地理学、哲学、宗教学、方志及方志学等学科存在密切联系。方志学与历史学同属人文社会科学，二者有很多相同之处，如它们都是人类认识社会历史发展过程及其客观规律的主要途径、都能给

① 刘知几. 史通·惑经.

人们提供治国理政的经验和借鉴，都是文化积累和记述历史的主要载体，是人类文明传承延续的纽带、是“明道、资治、存史、辅教”的重要工具。二者的区别是：

1. 方志产生早，历史书形成晚。综观方志发展历史，早在2000多年前，方志的概念就诞生了，地志与方志是地理与历史的渊薮之一，古方志是古代历史的起源之一。志为史宗，历史书形成和发展以方志为基础，这是毋庸置疑的历史事实，梁启超言：“最古之史实为方志。”方志的主要功能之一是存史，即记述历史，用“志”这种特殊记述体裁、以“述而不论”这种特殊的编纂原则、以“以类系事”这种特殊的方法，真实地记述特定地域事物发展变化的历史与现状，这就为历史学研究提供了大量真实可靠的资料和史事。历史书以方志为自己的资料和史事的来源，离开方志，历史书就变成无本之木、无源之水。

2. 记述体例不同。古人说“史志同源而不同体”。历史书是以断代记事，如《史记》《汉书》《三国志》《宋书》《宋史》《元史》《明史》等，无一不是以断代记事的。方志以地域、专业（门）记事。从古迄今，中国编纂的大部分方志都是以“某省志”“某府志”“某州志”“某市志”“某县志”“某乡志”“某省志·财政志”“某省志·外事志”等命名的。

3. 编纂方法不同。历史书一般按照社会发展的时间顺序排大篇，每篇横写社会、政治、经济发展的各个方面，采用竖排横写。新方志则采取横排竖写的结构方式，横分事物门类，竖写事物发展历史过程。

4. 记述要求不同。历史书记评结合，重在阐述作者的政治观点和主张。历史书的编纂者，在记述历史资料时可以做出自己的判断，写出自己的评论，还可以根据需要，可以割舍、剪裁一些资料和史事，也可以穿插一些民间传说、神话故事、名人轶事、民谣谚语，还可以对一些人、事、物进行刻画，可以抒情，也可以议论。要写得具有较强的知识性、文学性、趣味性和可读性。新方志则特别强调述而不论，述而不议，述而不评。编纂者的一切政治主张和思想观念，只能通过所记述的资料和史事含蓄地表达出来。一个地域事物发展过程中出现的是非、得失、成败、盛衰、褒贬、经验、教训等等，都寓于记述之中。坚持用资料和史事说话。

5. 内容详略不同。历史书坚持“详古略今”，新方志坚持“详今略古”，历史书重过去，新方志重现状。历史书一般是当代人写前代历史，褒贬分明。新方志是当代人记述当代事，本地人记述本地事。

6. 博约不同。新方志是依据一定体例规范，全面系统地记述特定地域事物发展历史和现状的资料性文献，是一个地域之“百科全书”，内容博大，无所不包。历史书记述的范围较专、较简约。

（二）与艺术文体的区别

文艺作品是形象思维，文贵曲折，记述的人物和事件只有一波三折，才会抓住读者的眼球。因此，文艺作品创作时，可以采取倒叙、插叙、分叙、补叙，甚至意识流形式。唯有悬念丛生，故事曲折，才能感人，才会有吸引力。新方志则要求文贵平直。新方志是述而不论的记述文体。只能采用顺叙，记述中不得描写，真实是方志的生命，方志坚持用事实说话，用事物的历史发展成败过程来启发人、教育人。文艺作品要求形象生动、感人。新方志则要求严谨、朴实、简洁、流畅，坚持实事求是，做到其文直，其事核，不虚美，不隐恶，事实实录，所记述的内容要经得起时代和历史的检验。

（三）与议论文体的区别

议论文简单地说就是摆事实、讲道理，发表意见，阐明是非。以议论为主要表现方法，对社会生活中的人或事进行分析评论的文章称为议论文。议论文由论点、论据、论证三个要素构成，三者缺一不可。其中论点是作者对所议论的问题（事件、现象、人物、观念等）所持的见解和主张；论据是用以支撑论点的材料，是证明论点的理由和依据；论证是运用论据来证明论点的过程和方法。论证方法分为举例论证、道理论证、对比论证、比喻论证、引用论证。论证方式有立论和驳论两种。议论文的显著特点是论。作者对某一问题提出自己的主张，用理论、名言、公式、原理等作为论据，运用归纳、演绎和类比等方法进行论证，具有鲜明的鼓动性，以说理取胜，以理服人。

新方志则不然，它要求“述而不论”，坚持用事实讲话，运用朴实的语言、真实的材料，客观反映事实，褒贬寓于资料和史事之中，让读者去体会认知。

（四）与总结等公文体的区别

《国家行政机关公文处理办法》规定，公文的主要文种包括：命令（令）、议案、决定、指示、公告、通告、通知、通报、报告、请示、批复、函、会议纪要共 13 种。公文具有很强的政治性和政策性，特别是在写作上，各类公文有规范的格式和时限要求。新方志最容易混淆的是使用公文式、工作总结式的写法。

如总结，它是对某一个时间段内的工作情况进行一次全面系统的总检查、总评价、总分析、总研究，分析成绩、不足、经验等。总结与计划是相辅相成的，要以工作计划为依据，制定计划总是在总结经验的基础上进行的。

新方志不同于工作总结，新方志的概述是对方志内容作提纲挈领的概括，只记述需要记述的资料和史实，不对资料和史实作任何评价，对于成绩和缺点、经验和教训，用所记述的资料和史实来说明，不做总结和评论，更不作肯定性评述。方志只记述一方的历史与状况，不记述以后的设想和打算，只记过去时，不记未来时。

（五）与新闻文体的区别

新闻文体是一种报道性报刊文体，一般由标题、导语、正文、背景、结尾五部分组成。新闻体裁可分为新闻报道、新闻评论、副刊三类。新闻文体的特点：时效性、及时性、新闻性。新闻事实内容要新，观点要有新意、生动感人。新方志与新闻文体的区别：

1. 新闻报道的表达方式：叙述和描写，兼用议论、抒情及修辞。新闻既记述事实，又评述事实，对事件直接进行评论，发表看法和意见。方志只记述资料和史实，不作评论。新闻报道须交代清楚人物、时间、地点、原因、过程等，是为评述作准备，方志只记述人物、时间、地点、原因、过程、结果，不作评述。

2. 新闻报道的描写手法：刻画集中突出的问题，将富有特征的新闻事件和新闻人物“放大”“再现”，进行形象化报道。不但要生动地描写情节和细节，而且要善于用巧妙的方法叙述新闻事实，如可用再现某些场景的方法渲染气氛、加深印象、烘托人物、突出主题；也可用对比衬托的方法，使新闻事实更加鲜明、丰满。而方志记述的内容必须忠实地按人、事、物原貌来记述，不能夸张放大和作形象化记述。

第二节　新方志文风

文风就是文章所体现的思想作风，或文章写作中带有某种倾向性的社会风气及作者语言运用的综合反映。好文风表现出来的特征具有时代性、民族性、倾向性，是社会上带有普遍性和倾向性的写作现象。新方志文风体现新方志的政治特性，关系新方志的质量与生命，影响新方志功能的发挥。新方志必须高度重视文风问题。

一、何谓文风

所谓文风，就是著文立说的风气，既包括写作者的态度和方式方法，也包括文章、著作的风格特征，无论文章是真实还是虚假、是繁冗还是简约、是晦涩还是通俗、是陈旧还是新鲜、是华而不实还是朴实无华，等等，都是文风的具体体现。

不同时期和不同人物对文风的理解略有差异。有说文风是文章风格的。如南朝梁刘勰说："结言端直，则文骨成焉；意气骏爽，则文风清焉。"① 宋代韩琦在《欧阳修墓志铭》中说："景祐初，公与尹师鲁，专以古文相尚……于是文风一变，时人竞为模范。"② 清代冯桂芬在《重儒官议》中说："行文数年，文风不日上，士习不丕变者，未之闻也。"③ 其中文风讲的都是文章的风格。有的说文风是使用语言文字的作风。如毛泽东在《整顿党的作风》中说："学风和文风也都是党的作风，都是党风。"④ 有的说文风是学文的风气。如鲁迅在《且介亭杂文·病后杂谈之余》中说："清人纂修《四库全书》而古书亡，因为他们变乱旧式，删改原文。不但藏之内廷，还颁之文风颇盛之处，使天下士子阅读。永不会觉得我们中国的作者里面也曾经有过很有些骨气的人。"⑤ 有的说文风是文德教化之风。如唐代王勃在《上武侍极启》中说："攀翰苑而思齐，傃文风而立志。"⑥ 唐末韦庄在《和郑拾遗秋日感事一百韵》中说："文风销剑楯，礼物换旂裳。"⑦

文风其实是某一历史时期的时代面貌、社会风尚、价值理念在文章中的反映，是某一阶级、党派集团、个人的世界观、人生观、价值观在文章中的体现，是一种带有不同时代、不同阶级、不同社会风气特点的普遍性、倾向性的社会文化和政治文化现象。总之，文风一旦形成，就成为时代、阶级、政党思想倾向的重要标志，很大程度影响和决定文章写作的成败，对于方志也同样如此。

---

① ［梁］刘勰．文心雕龙·风骨．

② ［宋］朱熹．三朝名臣言行录：卷二．

③ ［清］冯桂芬．重儒官仪．

④ 毛泽东选集（第三卷）［M］．北京：人民出版社出版，1991：812．

⑤ 病后杂谈之余·鲁迅全集（第6卷）［M］北京：人民出版社出版，1981：180－185．

⑥ ［唐］王勃．上武侍极启//全唐文新编卷180．

⑦ ［唐］韦庄．和郑拾遗秋日感事一百韵//全唐诗卷697．

二、新方志文风构成要素

新方志文风是一定历史时期时代面貌、社会风尚、价值理念在方志记述内容中具有普遍性、倾向性的反映。因此，构成新方志文风的要素有以下三个方面内容：

（一）新方志文风的时代特性

方志文风是一定时代条件下的产物，一定社会的政治环境和社会风气会影响方志内容。如旧方志中关于贞妇烈女的记述，就是受传统封建思想的影响。新方志文风的时代特性表现在，它是马克思主义的、进步的、健康的文风，明确强调要突出方志的政治性、时代性、地域性、资料性、科学性、综合性、著述性，以实事求是的编纂态度、严谨明晰的逻辑结构、通俗新颖的表现手法，全面、系统、准确、真实、科学、规范地记述特定地域的自然与社会的历史与现状，以充分发挥新方志明道、资治、存史、辅教的功能。

（二）新方志文风的个性特点

新方志文风的形成，离不开具体的新方志内容。新方志不同于其他论述性著作，在本章第一节就方志与其他文体的区别作了讨论。不难看出，新方志以其独特的记述体例和内容凸显出新方志文风鲜明的个性特点。

（三）新方志文风的地域和民族特色

新方志记述特定地域在特定时期的自然与社会的历史与现状，着重反映的是这个地域的民族背景下的生活状况，涵盖自然、社会、政治、经济、文化、生态环境以及民族心理、语言、生活习俗、审美情趣等人文内容，因此，新方志文风具有鲜明的地域和民族特色。

三、新方志文风要求

方志是我国用于记述特定地域事物发展变化历史的文体，既古老又特殊。方志文风的形成，是时代、阶级、政党、民族，政治思想及修志者个人风格共同作用的结果。

（一）新方志文风的继承性

新方志文风在继承历代旧方志一些优良文风基础上形成。旧方志在近 2000 多年的发展历程中，形成了诸如严谨朴实、简洁流畅，文从字顺、崇实尚直等优良文风，新方志都得以继承，这是新方志文风的基础。

（二）新方志文风的现代性

20世纪初，中国出现新文化运动，形成了新的汉语白话文，形成了充满革命激情的新文风，特别是马克思主义传入中国后，以毛泽东为代表的中国共产党人，带领人民进行革命过程中，坚决摒弃党八股、空洞抽象、形式主义、教条主义等旧文风，开创了新鲜活泼、为中国百姓喜闻乐见、通俗易懂、具有中国风格和中国气派的马克思主义新文风。新方志文风的现代性，应当是马克思主义的文风与新方志特征相结合形成的具有现代性的文风，主要体现在坚持以马克思列宁主义、毛泽东思想、邓小平理论、“三个代表”重要思想、科学发展观和习近平新时代中国特色社会主义思想为指导，编纂出经得起时代、历史和人民检验的高质量精品方志。

（三）新方志文风的独特性

文风总是与不同的文体风格相一致。如诗歌贵抒情，小说重叙事，论说文善议理。文体不同，文风也不同。新方志是为后世提供关于特定地域资料性著述性百科全书，为人们检索阅读提供方便。因此，新方志是语体文记述体，其文风具有独特性，即坚持述而不论、秉笔直书，求真求实、准确可信的文风格调。

四、新方志文风特征

新方志文风具有以下特征：

（一）准　确

准确地、实事求是地反映客观事物的本质，真实地揭示事物发展形态及其规律，是马克思主义文风最本质的特征，也是新方志文风的核心特征。准确即用客观的眼光审视事物，用科学的态度对待和分析事物，务求考订辩证、谨严简肃，确保内容上观点正确，资料精确，观点和资料相统一，符合科学性；表达上概念明确，判断恰当，分析推理合乎逻辑。志书要使用准确的语言，第一要合乎事实、合乎情理；第二要合乎语法，合乎逻辑；第三要能恰如其分地准确表达出思想内容。语言是反映客观事物、表达思想感情的，新方志语言必须合乎事实，合乎情理。编纂者对于事物的认识要合乎实际。否则，无法准确表达思想感情。新方志记述特定地域事物，内容必须真实，成为一方之“信史”。这是准确的根本要求。

（二）严　谨

新方志记述事物，要遵循事物内部的客观联系，顺理成章地记述，即采取顺叙方式，少用补叙、分叙，禁用倒叙、插叙。新方志记述事物要前有因后有果，清楚记述事物的本来面目。门类设置要合理，逻辑关系要严密。只有把顺序、因果、照应等处理得当，语言表达条理分明，文从意达，才能出高质量的新方志。新方志的严谨文风还体现在资料的选择上。南宋杨潜提出，资料要详加讨论，以诏来者。他说："邑之博雅君子，相与讲贯，畴诸井里，考诸传记，质诸故老，有据则书，有疑则阙，有讹则辩，凡百里之风土，粲然靡所不载。"① 清代焦循说，对于资料"事远年湮，咨询莫及，既不可见，复不可闻，无可奈何，乃检之故籍，以求十一于千百②"。古人严谨治志的态度值得我们学习和借鉴。

（三）朴　实

朴实文风是古人特别重视的艺术风格特色。朴实文风就是用自然纯朴的语言来表达作者的思想意图。讲究"清水出芙蓉，天然去雕饰"，强调"天机自露，水到渠成"。朴实的语言既吸收化用俚言俗语，又不粗俗，精心挑选和运用普通人民群众听得懂、看得明白的语言文字来记述。新方志特别要求葆有朴实文风，内容重典雅、平实，做到有真意、去粉饰、少做作、不卖弄。新方志文风朴实，要求做到雅俗共赏，特别注意约定俗成的语言，符合人们的社会习惯和语言习惯；新方志文风朴实，要求只能客观地记述事情的始末缘由，对事件、人物的感情、评价只能通过记述体现出来。

（四）简　洁

简洁就是精炼，新方志文风不仅体现科学性，还要具有艺术性，给人以美感。清代顾广圻说，方志"进节义，退草窃，贵贤能，贱奢逾，刊弃神怪，摈落嘲咏，唯录有用之事，弗为无益之谈，字求其实，言归于正，故谓之典"③。因此，新方志文风要求做到简洁精炼，文成规矩，义昭笔削，简明扼要，言无虚发，力戒假话、空话、套话、大话，务去陈词滥调、冗语赘言，以做到言简意赅。

---

① ［宋］杨潜．云间志·序．

② ［清］焦循．上郡首尹公书//雕菰集：卷十三．

③ ［清］汪中．广陵通典．

（五）流　畅

新方志文风流畅性是由新方志性质和功能决定的。新方志文风流畅，要求做到：一是字通意顺，通俗易懂，坚决摒弃远奥（致理渊深，辞采典丽）、繁缛（多方设喻，满蓄辞采）、含蓄（不著一字，尽得风流）、委曲（委婉曲折，纡徐往复）、斑斓（语言华美，色调绚丽）、朦胧（模糊意象，扑朔迷离）的表现手法。坚持修志为用，多用贴近普通老百姓的、人民群众熟悉的语言记述事物发展变化的历史和现状，让人民群众读得懂，方便实用；二是运用语言要符合现代汉语标准化要求，不得文白混用，防止滥用口语、俗语，自造字词，切忌使用生僻、晦涩、艰深的词语；三是注意文采，记述力求文字典雅生动，清新流畅，具有可读性。唯有如此，才能发挥新方志的功能和作用。

（六）规　范

新方志文风在规范性上的体现是：使用规范的现代语体文记述，不用总结报告、新闻报道、文学作品、教科书、论文等写法。除引文和特殊情况外，以第三人称记述，不用第一人称。使用规范汉字，用词概念准确，符合现代汉语语法规范。使用口语、方言、土语、俗语适当；不滥用时态助词；慎用评价词语；不用模糊、空泛词句，不用网络语言。时间、空间概念表述准确具体，指代明确。无知识性和常识性错误。不乱改科学定律、理论概念、政治术语、历史典籍、名家名言的提法和内涵等。各种组织、机构、法律法规、文件、会议等专有名称须使用全称。使用简称的，要在适当地方括注于全称之后。简称概念准确规范，不产生歧义。不同时期的国家、团体、机构、职务等名称，均用当时名称。历史朝代名称使用规范的通称，以新版《现代汉语词典》附录的中国历代纪元表为准。今地名使用各级政府审定的标准地名。历史地名使用当时名称，括注志书下限时名称。涉及其他行政区域地名的，其行政隶属关系明确。跨区域的山脉、河流、湖泊、水库、公路、铁路、航线、文物、名胜古迹、重大事件等，其名称和数据以国家有关部门公布的为准。入志人物应直书姓名，不冠褒贬词语，不在姓名后加身份词；必须说明身份的，首次出现时在姓名前冠以职务（职称）。译名准确。外国国名和常见的地名、人名、党派、政府机构、报刊等译名，以新华通讯社译名为准。新华通讯社没有译名的，首次使用译名时括注外文全称。生物、矿物名称，使用学名。记述自然资源涉及本地生物名称的，首次出现时采用二名法，括注本地俗名。表格包括表序、表题、表体和必要的表注等。表题的时间、范围、主体内容和表格性质等要素齐全。全书表格样式、编号统一。文中图统一编号。统计数据的使用，必须符合国家统计法律、法规的有关规定，数据的定义、含义、统计口径和计算方法等清楚、准确，不错用、滥用。统计数据以国家统计部门公布的法定数据为准。统计部门没有统计的，采用业务主管部门的统计数据。注释符合学术规范，便于查找原文。注释形式全书统一。引文和重要资料注明出处。数字、数量和单位以及标点符号的使用要规范、统一，符合国家有关标准的规定。《地方志书质量规定》对新方志文风的规范性提出明确要求，必须严格遵守。

（七）厚　重

新方志厚重文风在记述内容上体现为：一是资料翔实、丰厚；二是思想深刻、庄重；三是语言凝练、有力；四是信息密集、厚实有分量。

五、新方志如何端正文风

不良的文风不仅影响新方志的功能发挥，而且会严重影响新方志的质量和生命。文风问题说到底是思想意识问题。改进文风不仅是方法论问题，也是世界观、人生观、价值观问题。“知之非难，行之不易”。现实生活中，不良文风的形成，有如“冰冻三尺，绝非一日之寒”。我们说有些讲话、文章不太好，不是因为辞藻不够丰富、句子不够优美，主要是内容上、方法上有毛病，归根到底是思想保守、能力有限造成的。我们党对改进文风问题历来高度重视，强调好的文风来源于实践。毛泽东曾经说过：“没有满腔的热忱，没有眼睛向下的决心，没有求知的渴望，没有放下臭架子、甘当小学生的精神，是一定不能做，也一定做不好的。”① 因此，改进文风必须转作风，只有树立群众观点，增强对人民群众的感情，深入基层一线，认真调查研究，才能掌握全面系统、真实可靠的第一手资料，记述事物时才能做到言之有物、言之有理、言之有情。新方志改进文风，要从以下几个方面着手。

（一）克服“泛政治化”倾向

泛指泛滥，滥用。所谓“泛政治化（pan-politicalization）”问题，就是不适当地表现出一种政治色彩。“泛政治化”，简单地说指过分政治

① 毛泽东.〈农村调查〉的序言和跋［M］. 北京：人民出版社，1991.

化，不是政治的问题也提到政治层次，上纲上线，比如去美国买台计算机，美国人说涉及国家安全不能卖，可以说这是泛政治化。在新方志编纂过程中，不适当地用政治口号、政治标语式的语言，或者给事物贴政治标签、作政治评论，这都是“泛政治化”的表现。新方志的性质和功能决定新方志必须客观真实，客观历史是客观存在，无须编纂者作画蛇添足式评论，新方志不同于历史学著作，不能作史论。多余的议论或评论，不但不能为新方志增光，反而会严重影响新方志的质量，进而影响新方志功能作用的发挥。

（二）克服空话套话倾向

新方志中确实存在用空话、套话代替资料和史实的现象。产生这种倾向的原因，主要是新方志的编纂人员没有严格选择裁取资料，将工作总结、报告之类的材料简单转录为新方志内容造成的。克服空话套话倾向，首先要对搜集到的工作总结、报告之类的材料进行加工整理，选取有关事物因果及发展规律的资料进行记述，严格剔除套话、空话之类的东西。确保资料的价值性和史料性。

（三）克服程式化概念化倾向

所谓程式化，就是脱离实际，用僵化的模式去构筑新方志的篇目结构或段落层次；所谓概念化，就是忽视事物的共性与个性、一般性与特殊性的关系，用抽象概念代替具体事实。程式化、概念化倾向，其实是教条主义、形式主义作风在新方志中的体现。其表现为：一是在分门别类时不是依据事物的性质及特征分类，而是根据政治需要进行分类；二是在纵述史实时，受“泛政治化”影响，不适当地套用固定程式记述。如记述旧中国，一片漆黑，一概贬斥；记述新中国一片光明，全是成绩；三是不适当地与政治挂钩，记述内容“穿靴戴帽”的东西多。

（四）克服“文牍主义”倾向

“文牍主义”是官僚主义在新方志中的表现。新方志中充斥着大量文件的直接转录，会议资料的直接使用，缺乏具体行动资料，看不到特定地域事物发展变化的具体过程，原因、结果、规律交代不清，记述不实。特别是一些经济类新方志中，总是堆砌文件、会议提出的工作目标、指导思想、战略部署之类的东西，看不到人们“求新、求变、求发展”的具体行动，也没有看到记述“新事物、新成果、新局面”的内容。这种“文牍主义”文风必须坚决克服，才会使新方志功能得以正常发挥。

第三节　新方志语言

语言文字是人类创造的最重要的交际工具，是人们进行沟通交流的有效表达方式。人们借助语言保存和传递人类文明的成果。语言是人们交流思想的媒介，它必然会对政治、经济和社会、科技乃至文化本身产生影响。方志是一个地区重要的地情资料，是靠语言及文字记述的，其篇目结构设计，是靠语言及文字构筑的，记述人、事、物，表达思想、主张，是靠语言及文字完成的。因此，研究方志语言对于方志编纂具有重要意义。

一、语言的一般特点和功能

（一）语言的定义

从语言的性质和功能上看，语言是由语音、词汇和语法构成一定的系统，是人类思维和表达思想的手段，也是人类社会最基本的信息载体。语言是人类思维的工具，也是用以描述思维的工具，是思想的直接表现。换言之，语言是人类所特有的用来表达意思、交流思想的最重要的交际工具和手段，人们利用它来相互交际，交流思想，达到相互了解的目的。语言是一种特殊的社会现象。

（二）语言的功能

语言是人类须臾不能离开的工具，语言及文字在表达和交流、记忆历史、承载文化方面的作用无可比拟。可以说，没有语言及文字就没有一个民族、一个国家乃至整个人类的记忆。语言在人类的社会实践中发挥重要的作用。语言的功能可以分为两个大的方面：社会方面的功能和心理方面的功能，如图 4—1 所示。

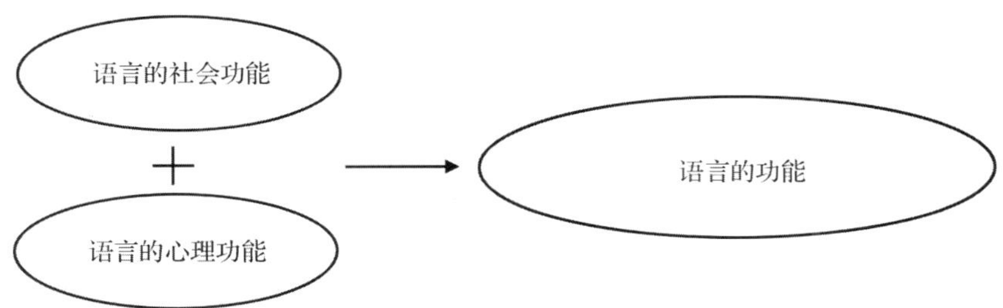

图 4—1　语言的功能构成

1. 社会方面的功能。语言在社会文化方面的功能很多，主要是交际功能、标志功能、文化传录功能和审美功能等，如图 4—2 所示。

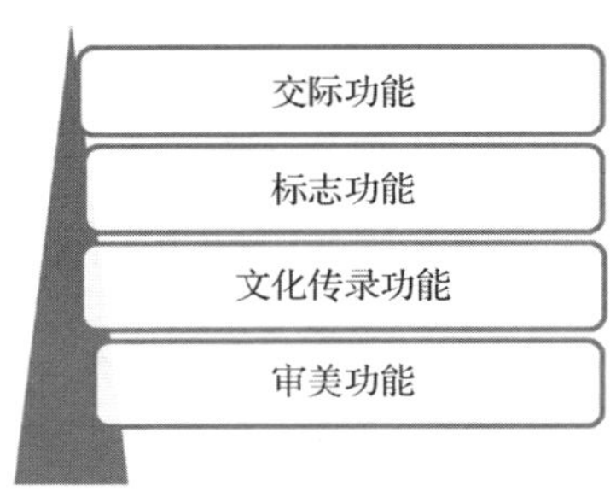

图 4—2　语言的社会功能

（1）交际功能。交际功能是语言最重要的社会功能。社会能够成立和维持的基本条件之一，就是需要有各种交际工具来使社会成员相互沟通、彼此协调。人类社会相互沟通的手段有多种，有听觉的，如语言、音乐等；有视觉的，如图画、手势、标识等；有触觉的，如握手、拥抱等。在众多的交际手段中，语言是人类最为重要的交际工具，其他的交际手段只是辅助性的。

（2）标志功能。语言是一个民族、一个地区、一个社会团体的标志。每个民族都有自己的语言，甚至一个民族的不同地域有不同的地域方言。人的社会属性，决定了每个人在长期的社会实践中，形成了自己不同于他人的独特语言习惯。个人的语言习惯是一个人的各种社会阅历的综合反映，也是有意或无意地对某种语言风格模仿和追求的结果。一般情况下，语言可以标明一个人属于某个民族、属于民族的某个地区或社会阶层。因此，一个人的话语也会透露出有关他个人情况的一些消息。这就是语言的标志功能。语言是民族、地区和社团认同的标志和情感维系的纽带，同一民族、同一地区、同一社团的人在交往时，要求使用本族语、同乡话或同社团的话，可以获得认同感和归属感，促使交际的顺利进行。

（3）文化传录功能。文化是指人类所创造的物质产品和精神产品的总和。语言是一种特殊的文化，它本身就是人类所拥有的最重要的一种文化，同时还担负文化的记录者和传播者角色。人类要利用语言进行交际，就必须把自己所发现和创造的一切物质产品和精神产品融汇在语言之中。语言也只有记述人类所发现和创造的一切成果，才能更好地发挥交际工具的作用。语言在充当同一时代人们的横向交流手段和工具的同时，还负责承担向后代的纵向传承的功能，保证文化能够达远传后。所以，语言不仅是文化的记录工具，也是文化的传播工具。因此，不同地域的文化可以相互交流，前代的文化可以继承，并使文化在横向交流和纵向继承中得到不断发展和进步。语言对文化的记录和传播，不仅是通过言语及文字形成的作品，而且也促进语言自身的发展。

(4) 审美功能。语言非常优美，文字尤其是汉字更优美，既有形义美，又有结构美。文学是由语言及文字共同构建的，世界一切生动的、感人的、幽深的、美丽的东西，都可以通过语言及文字得到记载和传承，让世界的美丽和美丽的世界永葆华彩。语言的审美功能满足人们在各种环境下（虚拟现实、增强现实、混合现实）对各个事物进行审美体验、感受和享受美丽的事物。

2. 心理功能。语言有心理疏解功能，包括心理释放和抚慰作用，语言有激励人发展的功能，如图 4—3 所示。

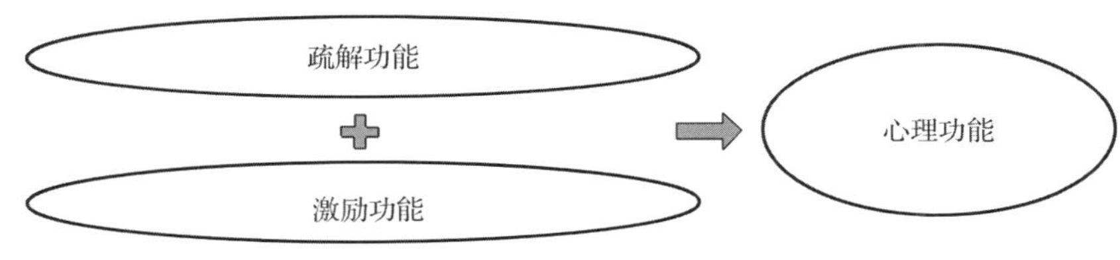

图 4—3　语言的心理功能

(1) 疏解功能。语言和人的心理有密切关系。人的语言是其心理活动的一面镜子。语言可以使人心中的情绪得到有效释放。人是有情绪的动物，不论是积极的情绪，还是消极的情绪，都需要适当的释放和宣泄，以保持心情平和，投入正常生活和工作。这些情绪是通过一定的语言及文字的形式表达的。如和别人分享时，就会滔滔不绝地述说。自己思想时，就会连篇累牍地写日记。这些只是为了抒发一些内心的情绪，找到一个倾诉的对象，把郁结于心的情绪释放出来。语言及文字是最好的释放手段和表达工具。

(2) 激励功能。《荀子·劝学》中说："登高而招，臂非加长也，而见者远；顺风而呼，声非加疾也，而闻者彰。假舆马者，非利足也，而致千里；假舟楫者，非能水也，而绝江河。君子生非异也，善假于物也。"① 阐述"智者借力而行"的道理。人的发展是要借助工具来实现

① ［战国］荀子·劝学篇.

的。语言是人类创造的工具，反过来又能为人的发展提供帮助。语言本身具有一种发展能力、组合能力、衍生能力。在人类把语言及文字创造出来以后，语言及文字就变成了一个特别的工具，它本身也在不断地繁衍、组合与发展，同时语言及文字又规范人类在利用语言表达和思考的时候，要严格遵守语言及文字使用的基本要求，避免出现令人失望的思维逻辑混乱。随着时代的发展进步，新词汇不断涌现，新概念的出现，必然要求人类与时俱进，利用有限的经验创造无限的思索空间。语言及文字自身具有衍生能力代偿能力和自我完善能力。语言及文字的发展变化，客观上既满足特定的历史需要，也激励人类不断学习、丰富思想理论。

二、语言的方志定位

语言是人类创造所必需的最重要工具，文字是语言的特殊表现形式，是书面化的语言。方志以语言及文字为表述手段，方志以主题、资料、结构、语言为自己的构成要素。在这些要素中，全部以语言及文字为基础。没有语言及文字，方志主题、结构、内容都无法表现。深刻的主题、翔实的资料、完整的结构、精湛的技巧，都必须借助语言及文字，才能得以充分表达。

著作的体裁不同，语言及文字的风格也不同。方志是一个地域的地情书，其语言不像其他文学作品的语言充满抒情、含蓄；也不似新闻报道绘声绘色；更不同于政论文章尖锐泼辣。方志语言有自己的基本定位。

（一）新方志的语言记述技巧

语言是思想的直接现实。编纂新方志的目的就是为社会主义精神文明和政治文明建设服务，就是为“明道、资治、存史、辅教”提供百科式工具书。要完成这个使命，新方志要有特色语言表达，通过良好的语言技巧来表达新方志的主题思想和内容，增强新方志的可读性、可信性、可用性。精品新方志首先体现在主旨突出、资料翔实、事实准确、结构完整、设计科学、记述全面系统、借鉴作用大。

（二）新方志语言要系统、准确、规范

新方志是明道之书、资治之书、存史之书、辅教之书，其政治性、时代性、地域性、资料性、科学性、综合性、著述性都要求新方志全面系统、真实准确、科学规范地记述特定地域事物发展变化的真实可靠的内容。任何歪曲历史事实、隐瞒历史真相、伪造历史事件的写法，都会给新方志留下致命伤，不仅影响新方志功能发挥，还会直接影响新方志

的生命力。因此，编纂新方志要坚决防止语言失真、失实、失常，如图4—4所示。

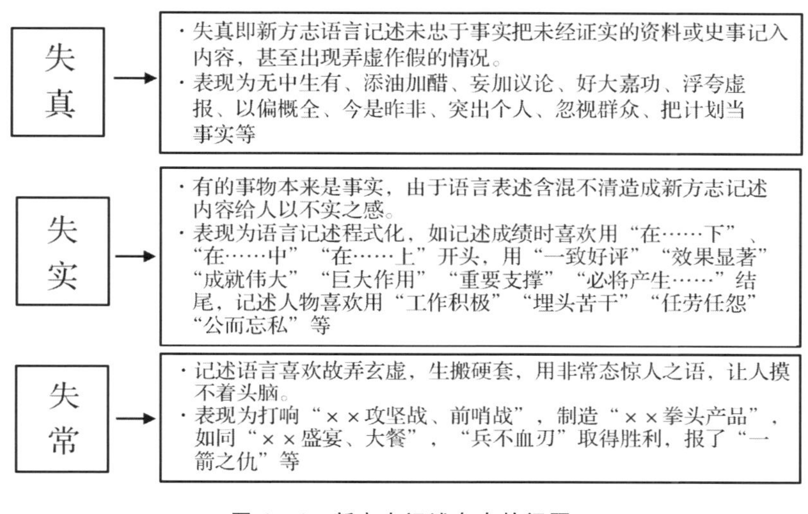

图4—4　新方志记述存在的问题

（三）新方志语言的作用

人类文明进步依靠语言及文字来总结实践经验，思维成果和思想理论要靠语言及文字来记述储存。方志是中华文化的重要组成部分，也是中华文明的重要载体。方志在记述中华民族发展历史中，充分发挥语言及文字的作用，把特定时期特定地域人民的社会实践包括阶级斗争、生产斗争的经验、认识成果完整记述下来，成为鉴往昭来的历史教科书，帮助人们从事新的社会实践，创造更多的物质和精神财富。

三、方志语言基本要求

我国对方志语言做出规范的历史源远流长，早在明清时期，就对方志语言提出了明确要求。如明代永乐十六年（1418年）颁布的《纂修志书凡例》提出：“宦迹……止书事迹，不可谀颂；……浮文不醇正者勿录。”[①] 清代雍正六年（1728年）一统志总裁大学士蒋廷锡等奏言说：“本朝名宦人物，各省志书既多缺略，即有采录，又不无冒滥，必得详查确核，采其行义事迹卓然可传者，方足以励俗维风，信今传后。请谕

① 纂修志书凡例．［正德］莘县志：卷首［M］//中国古书编例史，2015.

各该督抚、将本省名宦、乡贤、孝子、节妇一应事实，详细查核，无阙无滥。”[①] 民国十八年十二月（1929 年 12 月），国民政府内政部咨发《修志事例概要》对志书语言文字运用作出规定：“志书文字，但求畅达……”各省对采访修志资料，也有相应要求。浙江省通志馆于中华民国三十三年（1944）一月馆务会议议定，同年十二月第二次馆务会议修正《采访须知》规定“采访应力求真实准确，不得任意抑扬，其有记述两歧者，应加按语或考证。”[②] 方志的文字力求典雅明白。中华人民共和国成立后，党和政府高度重视修志工作，在中国地方志指导小组办公室制发的《地方志书质量规定》中提出，新方志使用规范的现代语体文记述，不用总结报告、新闻报道、文学作品、教科书、论文等写法。要求行文严谨、朴实、简洁、流畅。方志语言基本要求是由方志的性质和功能决定的。具体来说包括以下内容。

（一）方志语言的性质

从方志的性质方面讲，方志语言要求遣词造句符合规范、语体功能协调、语言环境吻合。

1. 造句符合规范。遣词造句既是技巧问题，更是原则规范问题。因此，新方志语言及文字要做到用词准确。唯有用词准确，才能真实地记述事物的性状、功能，否则，就会造成记述失真、失实、失常，无法真实反映事物的本质及其客观规律。新方志语言规范性要求语句要通顺，遣词造句要遵循语法修辞规则和逻辑规律，做到句子结构完整，主语、谓语、宾语和附加成分齐备，词语搭配得当，词序排布合理，忌用简略语、行业（部门）术语。

2. 语体功能协调。语体是指人们在不同的社会活动领域进行交流时，根据不同的语言环境形成的一系列使用全民语言特点的综合。语体一般分为口头语体和书面语体。在书面语体中，又可分为公文语体、政论语体、科技语体、文艺语体、记述语体。而记述语体中进一步分为新闻语体、报告文学语体、调查报告语体、史传语体、方志语体等。人类社会交流多方面需求是语体存在的社会基础，语言材料在功能上的分工是语体存在的物质基础。语体一旦形成，便具有相对稳定性。每一种语体在特定时期内具有典型的、公认的表达手段和方式。尽管不同语体的

① 清雍正十六年十一月二十八日上谕．世宗宪皇帝实录：卷七五．

② 浙江省通志馆刊创刊号。

个别要素在一定条件下可以相互融合和渗透，但总体上看，语体具有相互排斥性，一种语体对于其他的表达方式和手段往往是不协调的。研究语体的目的就是为在使用语言时，适合文体的需要，避免出现使用不当的现象发生。新方志有新方志的语体，不能用公文语体、政论语体、科技语体、文艺语体来记述内容。即使是记述语体，也要防止用新闻语体、报告文学语体、调查报告语体、史传语体来作为新方志的记述形式。新方志采用语体文、记述体，其语言贵在存真求实，用朴实简洁的语言记述事物，不能用评述、夸张、假设、推论性语言，避免用模糊语言。

3. 语言环境吻合。人类语言的产生和环境有密切关系。语言是由人类约定俗成的。语言环境吻合是指在遣词造句时，使语言表达主观因素符合客观环境，语言主观因素是指表达语体的语言风格和运用的文体。语言客观环境是指表达语体面临的时间、地点、场合（受众范围）等。不同的人群组织有不同的语言习惯，不同的地域有不同的语言风格。东北话和北京话同属于普通话范畴，但两地亦有各自不同的俗语。同为汉语，又分为北方话、吴语、粤语、闽南语等不同方言。这些是因为各地和各个群体组织都有各自的语言环境所致。因此，新方志要突出自己的特色，必须使用方志语言来记述新事物、新成果、新局面，让人们能够看得懂新方志，方便用新方志。新方志语言环境吻合的具体要求：新方志记述过程中，遣词造句要做到与场合相适应、与时代相适应、与语体相适应、上下相照应。

（二）新方志语言的功能

从方志社会功能看，方志语言要求实事求是、准确严密，简明扼要、文约事丰，自然朴实、庄重典雅。

1. 实事求是、准确严密。新方志依靠翔实的资料，帮助人们全面了解一个地域情况的作用，这就要求新方志记述的内容准确、真实。这是新方志的生命所系。从语言角度来说，准确就是记述事物实事求是，直书其事，记述时间地点、人物事迹、事物发展过程情景、数字引文务求准确，对人、事、物不文过饰非、不夸大其词，述而不作，不妄加评论。

2. 简明扼要、文约事丰。文章尚简，是古今文章家的一贯主张。新方志更须如此。因其记述的事物门类众多，时间跨度较长。少则二三十年，多则上百年或百年以上，如果事无巨细、面面俱到，很难想象一部新方志会有多少文字量。新方志要尚简，做到文约事丰、言简意赅。编纂时要善于抓住事物的本质，抓住主要矛盾和矛盾的主要方面，举其要而弃其蔓枝。切实做到精选资料、删削浮词、化繁为简、简繁得当、明快干练。

3. 自然朴实、庄重典雅。文章质朴是方志的优良传统。班固评价司马迁《史记》“辨而不华，质而不俚”①，堪称史体典范。自然朴实就是用朴实的语言真实、明晰地表达思想内容。脉络清晰、文通字顺，不刻意在形式上追求辞藻华丽，浓妆艳抹。新方志语言坚持用陈述句，即用朴素的语言，按照事物的本来面貌，准确地对人、事、物进行客观记述，不用疑问句、祈使句、感叹句、排比句、对偶句、倒装句等。如前所述，新方志是资料性著作，是总览百科的工具书，通过实事求是地记述各类事物的真实情况来反映事物发展变化的历史和规律，它想反映的思想观点和政治主张，所要揭示的事物成败兴衰规律，都要通过大量真实资料寓于记述之中，不妄加议论和评价。用丰富的资料和科学记述，帮助读者了解一个地域自然和社会发展变化的真实历史和现状。进而认识政治、经济、社会、文化、生态环境发展变化的基本规律，更好地为推动社会进步做出贡献。

四、把好方志文字关

文章是依靠文采吸引读者的。文采是靠语言及文字体现的。新方志能否引人入胜，语言文字是否有文采是关键。

（一）新方志语言审美

方志是记述一个地域情况资料的工具书，既没有华丽的辞藻，也没有曲折的故事情节和生动形象的描写，美在何处？

要回答这个问题，首先得搞清楚什么是美、怎样审美等问题。美，是具体事物的组成部分，是具体的环境、现象、事情、行为、物体对人类生存发展具有的功利性能、正面意义和有用价值，是个人在接触具体事物的过程中，受其作用、影响和刺激时产生愉悦、满足等美好感觉的原因，是人们通过反思和寻找美感产生的原因，从具体事物中发现、彰显、界定和抽取出来的有别于“丑”的相对抽象事物或元实体。由此可知：

① ［汉］班固. 汉书·司马迁传赞.

1. 美是指能引起人们美感的客观事物的一种共同的本质属性。

2. 美是事物所具有的对称的、协调的、给人期望追求留下想象余地或回味空间的特征。

3. 美是事物具有的促进社会和人类生存发展的功利性能、正面意义和正价值。

4. 美包括生活美和艺术美两个最主要形态。生活美又分为自然美和社会美。它可以是现实需要被直接满足时的感受，也可以是以往需求被满足的经验和记忆。

5. 美感是人的需要被满足时人对自身状况产生的愉悦反映。美感是人脑产生的一种特殊感觉，是人们从个别具体事物中发现美，把美从个别具体事物中分解和抽象出来的前提条件。

6. 审美观是从审美的角度看世界的方法，是世界观的组成部分。

7. 审美观是在人类的社会实践中形成的，和政治、道德等其他意识形态有密切的关系。

8. 不同的时代、不同的文化和不同社会集团的人具有不同的审美观。自然物的色彩和形象特征如清澈、秀丽、壮观、优雅、净洁等，使人在作用过程中得到美的感受。并且，人也按照加强这种感受的方向来改造和保护环境。由此形成和发展了人的审美观。

9. 审美观与社会实践发展的水平有关，并受社会制约，但同时具有人的个性特征。

新方志的美是生活美、现实美（自然和社会史实、资料）和艺术美（语言、剪裁、创作）相结合、相统一的美。一方面，新方志以新观点、新方法、新资料、新体例，客观真实地记述特定地域和特定时期整个自然界、社会界全部内容，体例独特、体裁多样，图文并茂、内容丰富。是一个地域自然美和社会美的缩影。另一方面，新方志中所记述的人、事、物，篇、章、节、目所用的每一字、词、句，都是经过推敲、提炼，按照新方志编纂规律和要求记述的。新方志不允许用形容词、倒装句，不得滥用描写、比喻、铺张等手法，正如清代方志学者章学诚所说，方志语言“要简、要严、要核、要雅”。[①] 简洁是新方志最突出的文采。新方志文约事丰，言简意赅，记述以类系事，以事系人，言之有物，言之有意，新方志语言及文字美，体现在准确中求生动，朴实中求

① ［清］章学诚．修志十议·文史通义．

感人，这就是文采，这就是美。是凝重、典雅之美，是平和、顺畅之美，是质朴、纯真之美，是朴实、素静之美，是简洁、明快之美，是丰富、博大之美。

（二）新方志文字修改

精心做好新方志语言及文字修改工作，既是保证新方志质量的需要，也是实现精品方志目标的需要。

1. 表述性修改。《地方志书质量规定》提出，新方志使用规范的现代语体文记述体，行文要严谨、朴实、简洁、流畅。这是新方志表述性修改的依据。凡是不符合文体、用词不当、褒贬失宜、概念不清、记述不准等，均应作认真修改。新方志表述性不当的现象有：①违反语体文记述体原则，文白混用；②违反据事直书原则，记事含混不清，言不及事；③违反述而不作的原则，滥用夸张、拟人、抒情、评论手法；④违反文章尚简的要求，滥用修饰，定语、状语、补语同时并用；⑤“泛政治化”倾向严重，偏尚言辞，假话、空话、套话，言不符实；⑥逻辑关系不清，语言重复、概念重叠。

表述性修改要严格执行《地方志书质量规定》，既要有大刀阔斧的气魄，又要有精雕细琢的耐心，发扬工匠精神，认真严谨，精益求精，在精雕和细琢上下功夫，切实把每一部新方志都打磨成精品佳作。

2. 规范性修改。遵守规范性是新方志的基本要求。新方志规范性主要表现在人名、地名、书名、年号、年代、称谓、计量单位、注释、援引、标点符号等方面要求统一规范。具体要求是：①名称，包括人名、地名、书名、称谓，要直书其名，不得随意用简称。人物直书姓名，不冠褒贬词语，不在姓名后加身份词；必须说明身份的，首次出现时在姓名前冠以职务（职称）。今地名使用各级政府审定的标准地名；历史地名使用当时名称，括注志书下限时名称；②计量单位在新方志记述中要前后统一；③时间记述如古代的公元纪年和年号，年号纪年秩序要统一规范，现代纪年年代要记述清楚；④不得滥用简称。各种组织、机构、法律法规、文件、会议等专有名称使用全称；使用简称的，在适当地方括注于全称之后；带有政治性的概念，使用简称时要注明。简称概念要准确规范，不产生歧义；⑤表格包括表序、表题、表体和必要的表注等，表题的时间、范围、主体内容和表格性质等要素齐全；全书表格样式、编号统一；⑥文中图统一编号。

3. 数据核校。数据是新方志的重要内容，数据的准确性关系到新方志的质量和生命。新方志是众手成志，引用数据来源不一，记述难免出现混乱甚至错误。新方志中常见的数字、计量单位使用不规范、不统一的问题有：①同一数据，前后记述不一致；②文中数据与图表中数据记述不一致；③分项数据与总项数据记述不一致；④数据计量单位前后记述不一致；⑤记述中滥用概数。

新方志数据记述，一是坚持以权威部门公开发布的数据为准。统计数据以国家各统计部门公布的法定数据为准。新方志中统计数据的使用，要符合国家统计法律、法规的有关规定，数据的定义、含义、统计口径和计算方法等清楚、准确，不错用、滥用；二是统计部门没有统计的，采用业务主管部门的统计数据。对业务部门提供的数据，要认真分析数据的来源，核实各种数据；三是开展调查研究，仔细考订核实相关数据资料；四是严格查核文表数据和图表数据；五是明确计量数据单位标准，确定概数使用范围。

第五章 新方志内容特色及编纂方法

第一节 新方志内容特色

新方志是指中华人民共和国成立后编纂的方志。中华人民共和国成立后第一次大规模编纂新方志始于20世纪五六十年代。1954年9月，第一届全国人民代表大会第一次会议期间，郭沫若、马寅初等著名学者和教育界代表王祝晨提出“早早编修地方志”的建议，表达了社会各界对启动新方志编修事业的心愿。1956年初，我国组织成立修志机构，进行新方志的编修。此次修志规模是全国性的，涉及的地区范围很广。全国计有20多个省、市、自治区的530多个县进行地方史志的编修工作，其中约有250个县编出了初稿。但由于经济等各方面原因，全国第一次编纂新方志最后没有取得太多成果。第二次大规模编纂新方志始于20世纪80年代（1980—2005年为第一轮，2006年至今为第二轮），第二轮编纂新方志至今，成果丰硕。各地对新方志的内容特色进行深入的理论和实践探讨，基本形成了新方志内容特色的概念及篇目结构的表现形式，使新方志的内容特色得到充分反映，体现了新方志的个性和特色。

一、时代特色

新方志的基本特征首先在于它的时代性。中国近现代的历史，是中国共产党领导中国人民推翻三座大山，取得新民主主义革命的胜利，并进而取得社会主义事业的伟大胜利的历史。当代，是正在进行中国特色社会主义现代化建设的新时代。在这一历史发展进程中，中国共产党是领导核心，中国人民是推动历史前进的根本力量。站在时代的高度上编修社会主义新方志，必须充分反映时代的精神和时代的内容。具体地说，新方志要反映本县本地域各族人民在中国共产党领导下所从事的伟大斗争及其成就；突出中国共产党的领导核心作用，突出人民的历史地位。为各级领导机关提供本地的各种自然、社会、经济和人文历史资料，总结经验教训，以便运用科学的思维方法，做出正确得当的结论；为爱国主义教育、革命传统教育提供乡土历史和人文教材。总而言之，要为建设社会主义的物质文明和精神文明做出贡献。只有坚持马克思主义的立场、观点、方法，坚持宣传社会主义，使无产阶级社会主义的道德观、人生观，社会主义核心价值观等构成的思想体系在新方志中占据绝对优势，新方志才会具有社会主义的时代性。旧方志中关于山川、名胜、物产、习俗等的记载，很容易激发人们的桑梓之情，而地方志“人物志”中所记载的为国捐躯的英雄人物，为建设家乡无私奉献的模范人物，更能使人们产生爱国主义的激情，激发人们建设家乡的豪情壮志。县级新方志要学习借鉴旧方志重视发掘人文精神的传统，全面准确记述一县民族民俗、地域文化艺术成果、重要人物和英雄模范人物，为爱国主义教育提供历史素材。如果只见经济，不见人文，将严重影响新方志功能作用的发挥。

改革开放是推动中国迈向现代化文明富强国家的关键。新方志要从现代性着眼，记述各地域向现代化发展迈进的过程。改革开放带来的现代化发展又是什么呢？换而言之，新方志记述我国社会在向现代化发展的过程中应突出什么内容呢？

（一）新方志的现代性

要通过记述客观事物的现代性来体现时代特色。具体要求是：

1. 要突出物质与技术的现代性。现代性意味着物质与科技的发展与进步。以现代工业取代传统工业，实现工业现代化；以现代农业取代传统农业，实现农业现代化；以现代教育、现代科学技术取代传统教育、传统技术，实现教育科技现代化；以现代军事技术和国防取代传统军事技术和国防，实现国防现代化；以现代服务贸易取代传统商业，实现商贸服务现代化；以现代社会治理取代传统社会管理，实现社会治理现代化。总之，通过改革开放，将社会置于一个全新的物质技术基础之上，使我们的国家成为社会主义现代化强国。

2. 要突出精神和物质成果的现代性。现代性意味着精神和文化的丰富与繁荣。具体体现在全体公民素质的显著提高。诸如：民族认同，国家意识，人的尊严，社会公平与正义，理性思维，创新与创造精神，全新的时空观念和对未来的期待，对人类终极目标的关怀，超越传统的地域性、血缘性、宗族观念以及权势性认同，超越传统的价值追求与思维。总之，改革开放为现代文明富强的国家塑造具有现代素质的人，使改革开放永葆青春活力，源源不绝。

3. 要突出社会制度与文化的现代性。现代性意味着制度的完善和生活的和谐幸福。以产权明晰为核心，保障社会化生产不断发展的经济制度，可以更大范围释放社会生产力；以公共权力边界明晰为目标，保障人民有效参与和有效监督的政治制度，可以保障人民充分行使民主权利；以自由与公共责任关系明晰为核心，保障社会协调有序而又充满活力的社会制度，可以保障人民正常生活，享受安全健康生活的权力；以公平均等为理念，保障人民共享教育、医疗、文化制度，可以促进人的全面发展。总之，改革开放通过制度构建，建成一种新型的社会结构、社会关系和社会运行模式，充分满足人民群众日益增长的物质和文化需求。新方志要将着眼点放在改革开放所带来的一切社会变化。少了这些内容，新方志的价值必将受到影响。

（二）新方志的时代特色

彰显时代特色是新方志的基本要求。新方志要体现时代特点，首先要明确在断限范围内新方志记述内容所反映的时代特点是什么。如20世纪80年代开始编纂的新方志，第一轮断限为1840—1985年，第二轮的断限为1986—2005年。1840—2005年，近170年的历史，其时代特点是什么？鸦片战争改变了中国社会的性质和面貌，中国社会进入半殖民地半封建社会，人民深受帝国主义、封建主义和官僚资本主义“三座大山”压迫，中华民族为争取民族独立和解放，开展反帝反封建斗争。无数仁人志士在探索反帝反封建的斗争中付出了沉痛代价，中国人民和中华民族在经历了血的教训后，选择并跟随中国共产党，开展艰苦卓绝的民主革命斗争、波澜壮阔的社会主义革命和建设、实行改革开放，终于实现了从被压迫到站起来、富起来、强起来的伟大的历史性的转变。特别是自20世纪20年代初中国共产党成立以来近百年，是中华民族摆脱历史羁绊，推翻三座大山压迫，从封建制度下解放出来，实现中华民族彻底解放和独立，走向现代化，实现民族伟大复兴的百年。中国共产党带领中华民族近百年的奋斗，使中国的面貌和中国人民的面貌发生了深刻变化。这不仅是中国历史上，也是人类历史上最伟大的史诗篇章，震古烁今，灿烂辉煌。近百年来，中国共产党带领中国人民独立自主地选择中国民主革命道路，找到了中国人民解放的道路，也找到了中国革命和建设的道路，特别是找到了中华民族改革开放、全面复兴的强国之路，高举中国特色社会主义伟大旗帜，以经济建设为中心，坚持四项基本原则，坚持改革开放。坚定不移地走中国特色社会主义道路、建立和完善中国特色社会主义制度、丰富和发展中国特色社会主义理论、建设和繁荣中国特色社会主义文化，在为中国人民谋福祉，实现中华民族伟大复兴的伟大斗争中，取得了举世瞩目的成就和历史性巨变。这成为近百年中国社会历史发展的主旋律。这个时代最突出的社会特点是中国人民实现了从被压迫到站起来、富起来、强起来的伟大的历史性的转变；最鲜明的政治经济特点是改革开放；最突出的社会生态特点是和谐包容；最突出的文化特点是与时俱进、创新发展。新方志要彰显时代特色，就必须用新观点、新方法、新资料、新体例，全面系统、真实准确、科学规范地记述这个时代所经历的伟大变革和发展。凸显鲜明时代特色是新方志的灵魂所在，是编纂新方志使命所在，是检验新方志质量的标准所在。

（三）新方志的使命

记述和反映新时代特色内容是新方志的使命，具体要求有：

1. 新方志要反映不同的时代特色。方志是时代的产物，不同的时代有不同的方志，不同的方志反映不同的时代特色。社会主义新方志是社会主义新时代的产物，记述社会主义新时代特色内容是新方志的历史使命。1978 年，党的十一届三中全会决定实行改革开放，至今已有 40 年历史，中国的改革经历了从农村改革到城市改革、从经济体制改革到各个方面的改革，从对内搞活到对外开放的波澜壮阔的历史进程，涉及各个领域、各项事业。40 年来，改革开放取得了显著成效，有力推动了全国各项事业发展。新时代坚持和发展中国特色社会主义，根本动力仍然是全面深化改革。新时代中国特色社会主义事业发展没有止境，统筹推进各领域各方面改革，不断推进理论创新、制度创新、科技创新、文化创新以及其他各方面创新就没有完成时，只有进行时。新方志把握时代特点、突出时代特色，把改革开放这条时代主线贯穿于新方志并反映改革开放的基本面貌，成为新方志重要的质量标准。

2. 新方志要用系统思维来指导记述改革开放的历史过程。记述改革开放，不能单就某项改革开放而谈改革开放。改革开放在时间顺序上是逐步的阶段性向前推进的，在内容上是从局部到全方位的。就改革而言，先试点后推广，从单项到总体，最终包括生产要素（资源、资本、劳动力）的配置、流通体制、社会管理体制、文化体育等各个方面。涉及生产力发展，经济体制变化、政治体制变化、思想意识及价值观念的变化，生活习惯、文化习俗等各方面变化。改革开放其实是一个系统工程，虽然在现实中表现为个别的事实和总体过程，但这些个别的事实和总体过程之间有着普遍的不可分割的联系。记述这些事实和总体过程必须始终坚持系统性思考，不能忽视改革开放的系统性和内在联系。缺乏系统性思考，必然造成系统性不足，只见树木、不见森林。改革开放不仅事实繁多，过程复杂，而且矛盾冲突也多，观念上、意识形态上固有的东西也多，只有运用系统思维，才能把纷繁复杂的材料有规律地编纂成志书。只有从整体上把握，从系统方面思考，才能揭示改革开放的时代特点和历史发展规律。

3. 新方志以改革开放为记述内容主要体现在以下几个方面：①体制改革。1978 年开始，中国实行改革开放，经济体制成功实现了由高度集中的计划经济体制到充满活力的社会主义市场经济体制的转变。新方志对这一历史性的伟大转变的记述，要正确把握改革开放的重要决策、根本任务、重大历史事件和基本进程，客观、真实、准确地反映改革开放的全貌。从改革的启动、试点的探索期到社会主义市场经济体制框架初步建立，再到完善社会主义市场经济体制的新时期，全国各地积极“求变、求新、求发展”，进行了艰苦探索，其过程是曲折的，措施和成果是相辅相成的，在新方志的记述中要做到互相融合；②对外开放。对外开放与体制改革是相伴而行的。从 1978 年起，中国向世界敞开大门，而且不断扩大对外开放的广度及纵深领域，从最初的沿海部分地区建设经济特区到沿海、沿江、沿边、内陆地区全方位多领域纵深型发展对外开放再到加入世贸组织（WTO），从大规模引进来到大踏步走出去，从劳动力输出到劳动密集型产品输出再到技术及成套设备输出，经济成功实现大转型。新方志要围绕中国实行对外开放的发展变化过程规律、特点及重要成就，展开记述；③经济发展成就。包括改革开放方方面面取得的成就，人民生活基本达到小康水平。今天的中国与 40 年前的中国比，经济建设取得的成就是巨大的，经济总量已经跃升到世界第二位，人民生活由温饱型到基本实现小康水平，支撑经济、社会发展的根本动力就是改革开放。新方志要全面、系统、准确、科学地记述这一时期的经济发展成就，来反映经济发展的客观规律；④社会主义精神文明建设。包括组织机构、精神文明创建活动、思想道德和文化建设、文明新风和精神文明建设的典型事物，必须放在新方志重要位置加以记述。避免新方志记述内容出现只见经济不见人的倾向；⑤新生事物。改革开放 40 年，任何地域都层出不穷地涌现各类新生事物，诸如经济领域中的“生态环境”“绿色产业”“现代服务业”“证券及保险业”“信息产业”

“房地产业”“股份制企业”等；政治领域中的“流动党员”“司法审判改革”等；社会领域中的“社区文化”“社区管理”“医疗保险”“社会保障”等。这些具有鲜明时代特色的事物，应该成为新方志记述的重点内容，唯有如此，新方志才能成为适应时代发展需要反映时代特色的方志；⑥客观记述改革开放的经验与不足。这是新方志本质要求：一是新方志要有问题意识。新方志的问题意识是指既要反映时代和历史发展过程中的问题，又要对历史和现实进行深入的思考。改革开放是近代以来中国发生的一件大事，是建设中国特色社会主义的伟大实践，是一个伟大而艰难的探索过程，新事物层出不穷，其过程需要方志作如实记述。同时，也需作认真总结，但避免评价。诸如社会转型、经济转型、利益格局的调整，文化价值观念的矛盾冲突等，都需要认真探讨和正确认识。回避问题就不是历史，真的历史应包括社会发展进程中矛盾斗争的变化史。没有矛盾就没有斗争甚至对抗，没有斗争和对抗，文化就不会进步，社会就没有发展。二是新方志的批判思维。批判思维是一种扬弃。所谓新方志的批判思维，是说方志记述改革开放离不开批判思维，即对改革开放的一种总结与思考。对妨碍改革开放的旧思想、旧观念必须进行分析总结，要放到改革开放的历史过程中加以思考。改革开放需要创新，需要突破，没有批判思维，就无法创新，没有批判精神就无法突破。新方志不但要记事，也要发挥价值引导作用。因此，在材料的搜集、编撰中，要保持批判思维，不能只选成功的资料，放弃失误的事。新方志对社会活动提供正能量是责任。思想的解放和发展对社会发展是一种重要的精神推动力。每一次改革都是对原有价值体系的突破，每一次改革都是对原有利益格局的突破，这其中的矛盾斗争很多，曲折复杂的矛盾斗争伴随改革开放的全过程。因此，新方志对改革开放的记述，要坚持批判思维，既要反映改革开放过程中建立的新价值体系，又要客观反映阻碍改革开放的旧思想旧观念、旧价值观和旧作法。如辽宁是最早实行计划经济而最晚退出计划经济的，改革开放的进程中有许多不同于其他省份的特点，只有全面客观的记述，才能体现新方志特征。新方志的价值不仅在其史料性，还在于对历史问题与现实问题的总结和思考。新方志除记述改革开放的成就外，还要坚持实事求是的原则，不溢美、不掩恶，对改革开放过程中出现的问题甚至是失误，要客观加以记述，彰显新方志信史特征，为后世留下有价值的借鉴资料。

（四）新方志的篇目设计

设计好篇目是新方志突出时代特色的关键。新方志的篇目设计是彰显新时代特色的重要前提。新方志篇目设计，突出时代特色可以采取统分结合的方式。所谓“统”，就是集中设计编来记述，所谓分，就是按编分散设计篇目来记述。改革开放四十年来，社会每时每刻都在变，时代在变、环境在变、生活在变。“求新、求变、求发展”是这个时代的鲜明特征。改革开放的成就是巨大的，但过程是曲折的复杂的艰难的。这一过程反映在经济体制上，是由计划经济体制向市场经济体制的变革过程；反映在政治体制上，是传统政治体制向现代社会主义民主政治的变革过程；反映在文化方面，是思想意识形态和文化时尚的巨大变化过程；反映在社会形态上，是社会管理理念和民风民俗的变化过程。在由计划经济体制向市场经济体制转化、建立农村联产承包制度、现代企业制度，政治体制的变革、思维方式和价值观念的变革过程中，都经历过激烈的思想斗争和艰辛复杂的探索。方志记述改革开放，必须真实地、客观地反映这些复杂曲折的艰难探索过程。把经济的起伏、社会的变迁、风俗的进化和经验教训载入方志，方能为社会提供借鉴。新方志记述改革开放，在篇目设计上，可以设计经济体制改革篇、政治体制改革篇、社会管理体制改革篇、文化体制改革篇、生态文明建设与保护篇，各篇在记述方法上，只是集中记述改革开放的历史进程、主要措施、重要成果，纲领式地反映改革开放的原因、各项政策的制定、各项事物的联系、改革开放的曲折性、必然性、复杂性、规律性及其经验教训等。至于涉及具体事物的改革开放历史和现状，则将每篇再分散成若干章节来加以记述，这便构成新方志的分支。统分结合，使新方志反映改革开放形成一个有机整体。

二、地域特色

地方性特点是方志与生俱来的。方志的地域特色是指反映特定地域在历史、地理、政治、经济、文化、社会、生态环境等各方面表现出来的独特个性。改革开放是新时期社会主义建设的根本国策，但在全国30多个省份实行过程和实践方式是有所不同的。因地施策、因地制宜是我国基本治理理念。新方志要反映这一特性，只有真实反映各地改革开放的实情，才能体现改革开放的多样性。譬如辽宁，其改革开放地域特点特别突出。在工业方面，辽宁是我国老工业基地；在经济管理方面，最早实行计划经济体制。因此，改革开放过程辽宁是很有特点的。农业方面，1978年改革开放初期，辽宁的粮油供应不足，每年人均只有几两食用油，粮食主要以玉米、高粱为主，如高校大学生每月仅供应细粮（大米、白面）六斤，其余是粗粮。到 2005 年，辽宁不仅粮食全部自给，而且每年外销 40 万吨大米，老百姓吃粗粮成为改善膳食结构了，食用油自然不必提了，这就是改革开放带来的变化。辽宁继续保持工业基地，而且农业也发展强大了。就全省而言，改革开放也存在发展不平衡的问题。东、南快而西、北慢。如大连、营口、盘锦就快于朝阳、铁岭、阜新等。总之，方志在记述辽宁改革开放时，应全面记述这些发展变化情况，突出地方性。

（一）地域性是新方志的重要特征

新方志姓“方”，地域性是新方志的重要特征，也是新方志的重要标志之一。地域特征是指特定地域内事物所表现的独特风采和风格。因此，新方志记述人、事、物，都要立足本地域，这是表现地域特色的基本要求。“纪地理则有沿革、疆域、面积、分野，纪政治则有建置、职官、兵备、大事记，纪经济则有户口、田赋、物产、关税，纪社会则有风俗、方言、寺观、祥异，纪文献则有人物、文艺”（顾颉刚《中国地方志总录》序言）。社会主义新方志在继承这个传统的基础上，围绕地域特色做文章，不断创新，按照“横分纵写，横分门类，门类齐全，横不缺要项，纵写历史，前后贯通，首尾照应，不断主线，纵写到底”原则，在篇目设计上突出地域特色。打破传统的大、中、小篇目界限，制定出灵活多样、科学严谨的新篇目。使新方志能够直接反映特定地域自然资源和人文文化等方面情况，更加突出新方志的可读性和实用性。

（二）反映地方特色是新方志的职责

记述反映地域特色内容是新方志的职责，具体要求是：

1. 在区位优势上突出地域特色，抓住道路交通、通信、能源、资源等重点环节作记述。

2. 在民族风俗上突出地域特色，抓住民族风俗、民间传说等重点内容作记述。

3. 在自然风光上突出地域特色，抓住旅游资源、旅游产品等重点内容作记述。

4. 在民族文化上突出地域特色，抓住文化资源、民间艺术、手工工艺等重点内容作记述。

5. 在土特产品上突出地域特色，抓住特色产品等重点内容作记述；

6. 在特色经济上突出地域特色，抓住特色经济、特色产业等内容作记述。

7. 在重要人物上突出地域特色，抓住有重要影响的英雄模范人物作记述。

8. 在重大事件上突出地域特色，抓住对地域产生重大影响的事件作记述。

9. 在重大工程上突出地域特色，抓住地域地标性重大建筑工程作记述。

10. 在重大活动上突出地域特色，抓住对地域产生重要影响的大型活动作记述。

（三）新方志突出地域特色的基本方式

新方志突出地域特色的基本方式有多种。

1. 适当升格。把一个地域具有鲜明地域特点的事物和在当地占有重要地位的事物提出来作升格处理，即目升格为节，节升格为章，从而凸显地域特色，如《安徽省志》（1986—2005）设环境志、水利志，同时将《巢湖志》单立一卷；首版《鞍山市志》已设工业卷，但另设一卷《鞍钢志》，均是升格。但升格要合乎客观规律，不能随意升格，破坏志书的整体性。

2. 位置前移。即把本地域内内容丰富、知名度高、影响大、特点突出的事物，从并列的诸项中提出，单独立篇，位置前移，与属类并列，从而突出地域特色。

3. 集中体现。即把典型事物单独设立门类进行集中记述。

4. 特点概括。一是运用概述来提炼归纳，突出地域特色；二是利用章节立目，画龙点睛，表述鲜明，突出地域特色。

5. 设立专志、附录。对于一些影响巨大、特点突出的事物，设立专志记述，如专题调查、专记等；对于某些内容因受新方志体例限制不能在篇目结构中得到反映的资料，为保存史实，应把这些有特点、有价值的资料作附录，亦可突出地域特色。如《辽宁省志·畜牧业志》设“2005 年辽宁抗击禽流感”专记。

6. 大事记。大事记是新方志的精髓，本地域最有特色、最具代表性、最为影响的事件、成果与创新纳入大事记，可以让读者一览无余地全面了解本地域特色事物。

7. 图表辅助。图表可以直观形象反映地域事物的性质及发展变化，通过图表、图文结合，图文并茂地反映一方新事物、新成果、新局面，更加突出地域特色。

三、行业（专业）特色

（一）新方志的行业特色

何谓新方志的行业特色。要搞清这个概念，首先要明确什么是行业特色。行业特色是指一个行业区别于其他行业的特别显著的征象、标志。具体说来，行业有广义和狭义之分。

1. 广义的行业一般是指职业的类别。不同的职业之间相互区别的特别显著的征象、标志，就是一类行业特征。比如，手工作坊的铁匠，就要有好的体力。俗话说“打铁先要腰板硬”。就说出了这个行业的一个重要特征。细腻、文雅就是刺绣行业的特征。

2. 狭义的行业是指实业、商业、金融业、服务业等经济实体。这里既有实业、商业、金融业、服务业等经济实体之间的行业区别即不同的行业特征，又有各个不同经济实体内部不同子行业的行业区别即不同的行业特征。比如军事工业、钢铁工业、汽车制造、农村经济联合体等，它们之间具有明显不同的行业特征。工业、农业与商业、金融业、服务业等行业之间也具有明显不同的行业特征。这些实业、商业、金融业、服务业等经济实体及其内部不同子行业都有其自身的运作模式、运行规律。有着不同的发生、发展、兴旺、衰亡的过程。参照 2008 年联合国《国际标准行业分类》标准，2011 年，中国修订了《国民经济行业分类》，如表 5—1 所示。

表 5—1　　中国国民经济行业分类表

A	B	C	D	E	F	G	H	I	J	K	L	M	N	O	P	Q	R	S	T
农、林、牧、渔业	采矿业	制造业	电力、燃气及水的生产和供应	建筑业	批发和零售业	交通运输、仓储和邮电业	住宿和餐饮业	信息传输、软件和信息技术服务业	金融业	房地产业	租赁和商务服务业	科学研究与技术服务业	水利、环境和公共设施管理业	居民服务、修理和其他服务业	教育	卫生和社会工作	文化、体育和娱乐业	公共管理、社会保障和社会组织	国际组织

新方志的行业特色是靠特定地域行业特点来体现的。换言之，新方

志的行业特色主要体现在记述行业内容上，即一地所独有的行业，或是与外地比较占有一定优势的行业，或是一地内部各行业之间相比较本身具有鲜明特点的行业，这些行业内容应全面、客观、真实地反映在新方志内容上。

（二）新方志的专业特点

新方志记述内容要突出专业特点。新方志是一个地域自然与社会面貌的综合反映。不同地域的自然资源禀赋不同，经济发展的形式与内容也会不同。尤其是产业结构和布局，总是根据当地的自然资源条件综合考虑安排的。因此，对那些依靠本地域特色资源建立的重点产业、优势行业、名优产品的发展过程、发展规模、发展态势等内容，要作详细记述，唯有选取行业发展史上特别有研究意义和存史价值的事物加以记述，才能充分体现地域特色。经济部类既要记述经济效益及变化，还要记述行业技术状况，诸如传统的手工技艺、科技创新过程和自主创新成果，都要全面准确记述，彰显地域特色，以此吸引读者。

（三）新方志的专业特色

新方志篇目设计要反映专业特色。从中国国民经济行业分类表可以看出，不同地域的行业基础和行业重点布局是不同的。一些行业在特定地域社会、经济生活中具有特殊地位。为突出该行业的特色，正确记述地域特色行业，新方志首先在篇目设计上要突出行业特点。要根据地域重点行业和行业特点设计篇目，甚至可以单独为某个行业设篇或者立志，以突出特色中的特色。

第二节　新方志编纂基本方法

一、依时纵述，突出主线

依时纵述，就是按照时间顺序来记述事物的发生、发展、变化的历史和现状，反映事物盛衰起伏过程，揭示事物因果关系，为读者提供关于事物的发展变化始末和历史进程，用资料和史实反映特定地域自然（生态环境）、社会、政治、经济、文化等发展的基本规律，鉴往知来，为后世提供经验和借鉴。因此，新方志依时纵述的要求如下：

（一）溯源不宜过远，应突出现状

方志是时代的产物，每个时代都有适应时代需要的方志。方志的时代性和地域性特征要求所记述的内容既要有时间断限，又要有特定地域范围。有时为了清晰记述特定地域、特定时期事物的历史和现状，要对一些事物发展变化过程作适当的溯源，这是编纂方志过程中允许的。如第一轮编纂社会主义新方志的时间断限是1840—1985年，第二轮编纂社会主义新方志的时间断限是1986—2005年。这两轮方志编纂过程中都有溯源的问题，如在记述民族工业时，第一轮编纂的新方志有溯源现象，记述了1840年以前的工业状况；在记述机构改革时，第二轮编纂的新方志有突破时间断限上限1986年，记述部分机构设置沿革。因事而异上溯至建置之始、事物发展开端，目的在于全面准确记述事物的全貌，恰当地追溯历史，有利于全面系统、真实准确、科学规范地揭示事物演变规律，客观反映历史的经验和教训，进而发挥新方志明道、资治、存史、辅教的功能。按照这一要求，新方志纵述溯源时不宜过远，应该是有目的、有区别、有重点地追溯历史，坚持侧重近代、详述当代、突出现代的原则。其具体要求：

1. 属于行政管辖范畴的事物，如机构沿革、管理体制、典章制度等，上溯至本部门、本单位建置设立之始。

2. 属于企业、事业单位范畴的事物，以现代概念为准，上溯至初始状况，如记述医疗卫生设施，一般只上溯医院、疗养院、妇幼保健院、卫生防疫站、中西药店等的发端。

3. 属于古今概念相同、一直延续的事物，如民族、宗教、人口、货币、赋税等，一般上溯至事物开始或有历史记载之时。

4. 溯源只能是特定地域内的事物，上溯其发端，一般不得越域限，个别要越域限溯源的事物，必须坚持事物与本地域具有明确的相关性。如地震、河流等事物。

突出现状，就是要求新方志重点记述特定地域的新事物、新成果、新局面。譬如，记述改革开放时，要从1978年党的十一届三中全会决定实行改革开放起记述。全面记述改革开放的新思想、新观念、新方针、新政策、新举措、新战略、新体制、新机制、新成果、新变化、新局面；同时，还要如实地记述改革开放的新探索、新实践、新矛盾、新问题、新需求、新困难、新企盼、新难题。唯有如此，才能使所记事物展现完整面貌，才能让读者从中了解事物不同历史阶段发展变化的规律和未来发展新趋势。既能为当代建设中国特色社会主义提供新信息、新经验，又能为后代保存最全备、最真实、最有价值的著述资料。

（二）纵述事物变化史实，不可平铺直叙

唐代颜师古说："志，记也，积记其事也。"① 明确回答了什么是方志、方志记述什么的问题。新方志是记述特定地域事物求新、求变、求发展的全过程，记述特定地域事物发展呈现的新事物、新成果、新局面的全图景，即记述特定地域的过去和现在事物变化的全貌。目的在于使读者从变中看到事物发展变化的因果关系、逻辑关系和变化规律。如果新方志记述内容不能突出变，就会失去活力和生命力。

马克思主义唯物辩证法认为，世界上的一切事物都处在不断发展、永恒运动变化之中，运动是物质存在的方式、是物质的固有属性，它包括宇宙中发生的一切变化和过程。变化有空间的变化，也有时间的变化。空间的变化就表现为空间位置的移动性；时间的变化表现为过程性，即一切事物都有一个产生、发展和灭亡的过程。发展是运动变化的高级形式，它包含两层意思：一是世界上一切事物都处在永不停息地变化发展之中，都有其产生、发展和灭亡的历史，发展的实质是事物的前进和上升，是新事物的产生和旧事物的灭亡；二是事物发展的方向是前进的、上升的，事物前进的道路是曲折的、迂回的、螺旋式的，这是一切事物发展的总趋势。从本质上看，发展是由简单到复杂、由低级到高级的前进的、上升的运动；从内容上看，发展是新陈代谢、推陈出新，是新事物代替旧事物。因此，社会主义新方志必须始终坚持马克思主义唯物辩证法，始终把记述一方事物求变、求新、求发展的过程及其展现出来的新事物、新成果、新局面作为追求完美的目标。其具体要求：

1. 坚持循序渐进，记述事物量变过程。事物的量变具有渐进性和阶段性特征。因此，新方志在纵述时，要抓住事物量变渐进性和阶段性特征，重点记述事物具有反映阶段性特征的内容，不能事无巨细地全盘记述。如改革，是由农村试点到全面展开再向城市发展，城市经济体制改革是由管理体制改革试点向分配制度改革再向产权制度改革、体制机制改革等全面展开；再如开放，先是沿海几个城市部分区域搞特区试点到沿海、沿江、沿边全面展开，由经济领域向文化领域、社会领域等各方面全面展开。

2. 依据因果关系，记述事物质变过程。马克思主义哲学认为，质变是事物质的规定性的变化，是事物由一种质态向另一质态的飞跃。质变

① 颜师古注．汉书·律历志上．

是一种明显的、突发性的变化，是非连续性的，是飞跃，是革命。如经济体制改革，由社会主义计划经济向社会主义市场经济演变，是质的转变，即一种质态向另一质态的飞跃。社会主义新方志必须清晰记述这一质变过程。

3. 坚持客观真实，突出重点，记述事物盛衰发展起伏变化的真实面貌。马克思主义认为，矛盾是客观存在的，是事物内部或事物之间所固有的既互相对立又互相统一的因素和倾向，任何事物都是矛盾的对立统一体。矛盾双方既相互渗透、向自己的对立面转化，又相互排斥、相互对立的性质。由此，决定事物变化规律和发展前进的方向。事物的发展是由低级到高级螺旋式上升的发展。新方志在依时记述事物发展时，不能平铺直叙记述，而应该突出记述事物的盛衰起伏、兴废得失。特定地域内事物的发展变化是连续的，旧事物完结了，新事物会接续上来，新事物包含旧事物；旧过程结束后，新过程又开始，新过程出现新矛盾。新方志记述事物盛衰起伏时，应以新事物、新过程包含的新矛盾为记述内容，客观记述新事物新矛盾产生的新问题、新困难及造成的新局面。进而记述各地在解决新矛盾时采取的方针、政策、举措等。最后记述新矛盾和困难解决和克服后出现的"新事物、新成果、新局面"等。

4. 纵述事物发展演变过程，切忌记成流水账。一是注意克服将依时记述变成依时罗列文件，依时摘录文件的现象；新方志记述资料和史实，可以适当地引用一些规范性文件内容作为背景资料，以彰明事物发展的由来和变化的原因，要把引文的背景、文件的要点、实施的结果贯穿起来，使之顺理成章，融为一体；二是切忌将依时记述变成逐年记述，事无巨细，每事必记，年年如此，使整部志书像一本流水账。这就削弱了新方志的功能。

（三）突出记述主线，不可面面俱到

新方志纵述历史，坚持以时为经、以事为纬，逐年横列特定地域事物的特性、变化规律、发展成果，譬如，新方志突出记述主线，就是要突出改革开放的特点、中国特色社会主义建设的规律、中国特色社会主义发展成果等，以体现新方志的地域性、时代性特征基本要求。马克思主义唯物辩证法认为，矛盾是事物发展变化的基础，矛盾存在于一切事物的发展过程中，每一事物的发展过程中存在着自始至终的矛盾运动，矛盾发展的不平衡决定事物发展不平衡。毛泽东在《矛盾论》中全面论述了矛盾普遍性和矛盾特殊性的原理，明确指出矛盾的普遍性和矛盾的

特殊性的关系，就是矛盾的共性和个性的关系，二者相互区别、相互联结又相互转化。提出了“共性个性、绝对相对的道理，是关于事物矛盾的问题的精髓，不懂得它，就等于抛弃了辩证法”[①] 的论断。还阐明了一切事物都是互相联系、互相制约，不断运动和变化发展的。事物发展的根本原因在于事物内部的矛盾性。外因是变化的条件，内因是变化的根据，外因通过内因而起作用。从而揭示了矛盾是事物发展的根本动力，事物的矛盾法则，即对立统一法则，是唯物辩证法的最根本的法则。论证了主要矛盾和主要矛盾方面的原理，认为矛盾发展的不平衡性是主次矛盾和矛盾主次方面的客观依据，规定了主要矛盾和主要矛盾方面的定义，阐明了找出主要矛盾和主要矛盾方面的方法论意义。

编纂社会主义新方志，要认真学习毛泽东《矛盾论》思想，并用以指导编纂工作实践。新方志突出记述主线，就是要抓住特定地域事物的主要矛盾和矛盾的主要方面。坚持从特定地域事物的内部、从一事物与其他事物的关系去分析和研究事物的发展。任何事物发展的根本原因，都在于事物内部的矛盾性。新方志要从矛盾的普遍性和特殊性及其相互关系原则出发，具体地分析具体的事物，记述特定地域在求变、求新、求发展的过程中，用不同的方法去解决不同的矛盾的资料和史实，包括形势分析和制定路线、方针、政策等。坚决摒弃形而上学的世界观，克服用孤立、静止、片面的观点看待事物的形态和种类。任何地域任何事物的发展过程中存在着自始至终的矛盾运动。一个事物在其发展过程中，包含着许多矛盾，新方志要善于从事物发展过程中的各个发展阶段找出具有特殊性的矛盾加以记述。把特定地域用不同的方法解决不同的矛盾具体方法和措施记述清楚。同时注意从总体、从事物发展各个联结点及各个阶段，研究事物的矛盾特殊性，关注其特点，搜集整理相关资料和史实，一一载入新方志。毛泽东在《矛盾论》中说：“研究任何事物的过程，如果是存在着两个以上矛盾的复杂过程的话，就要用全力找出它的主要矛盾，抓住了这个主要矛盾，一切问题就迎刃而解了。”[②] 这为新方志编纂工作指出了分析问题、解决问题的方法，突出主线就是抓住地域事物的主要矛盾和矛盾的主要方面。毛泽东指出，“矛盾的两方面中，必有一方面是主要的，他方面是次要的。其主要的方面，即所谓

① 毛泽东．矛盾论·毛泽东选集［M］．北京：人民出版社，1991：320.

② 毛泽东．矛盾论·毛泽东选集［M］．北京：人民出版社，1991：320.

矛盾起主导作用方面。事物的性质主要是由取得支配地位的矛盾的主要方面所规定。矛盾的主要方面和非主要方面在一定条件下可以相互转化；矛盾的主要方面起了变化，事物的性质也就随着变化。”对不同性质的矛盾要采取不同的解决方式，这就是实事求是、因地制宜。新方志抓住这方面的重点内容进行记述，就能主线清晰。如果抓不住主要矛盾，区分不清主次矛盾、矛盾主次方面，就无法衡量资料的轻重，对资料和史实就无法做出正确抉择，每一份资料都不舍得剪裁，每一件史实都辑用，下笔千言，事无巨细，面面俱到，这样做很难编纂出高质量的新方志。

二、述而不作，寓论于志

（一）何谓述而不作

最早提出述而不作的人是孔子。孔子说："述而不作，信而好古，窃比于我老彭。"[①] 什么叫述？述就是传述，即承先启后，继往开来，保留传统的文化，就所知道的，把它们记载下来，传承下去，好比现在说的，散播种子；作就是创作、创造。述而不作，就是唯有传述、继承、发扬或引用别人的作品、言辞、见解等，没有编纂者的创作或试图自己创造经典。如何理解孔子的"述而不作"，主要基于"信而好古"，对于经典不光要"信"，而且要"好"。一是学习经典时，首先不要自以为是，感觉自己水平很高，境界很高，对经典反复挑剔，自己没有理解对，就乱发议论，妄加评论。读经典首先要对经典有一种敬畏和崇拜，让自己真正走进经典的门，用心感悟经典的博大精深。二是学习经典，贵在依循着去做，身体力行。孔子"表章六籍，存周公之旧典""非夫子推尊先王，意存谦牧而不自作也"[②]，他删诗书、定礼乐、著春秋等只是承续前人，自己并没有加以创作。孔子一生"尽周公之道而明其教于万世""未尝自为说也"。[③] 孔子有这种治学态度，他"信而好古"，但不迷信古人，他尊重古人的劳动成果，对经典加以考证，不仅相信经典，而依照经典的要求去践行。

---

① 论语·述而.

② 章学诚. 原道中·文史通义.

③ 章学诚. 原道中·文史通义.

（二）新方志编纂为何要坚持“述而不作”的原则

新方志记述要忠于事实，不加主观分析、评论，不直接作褒贬之说。孔子祖述六经以训后世，后人不见先王，可据六经而思王道。其“述而不作”是担心“自著为说”“以致离器言道也”，用孔子自己的话说，就是“我欲托之空言，不如载文行事之深切著明也”。故坚持“政教典章人伦日用之外，更无别出著述之道”。新方志编纂者要学习孔子的治学态度和治学精神。搜集、筛选、整理资料，按照新方志的编纂原则，把真实准确并且有重要价值的资料和史实编纂成特定内容的著述性工具书。它不像历史学著述那样，承担探索历史发展规律的任务，也有别于教科书，承担传授和普及知识的任务。编纂资料、探索规律、传授知识，三者性质不同，其编纂要求也不同。新方志编纂者如果对资料进行主观的、随意的评议，不仅改变了志书资料性文献的性质，抹杀了其与历史书、教科书等的区别，而且因为编纂者对客观的资料进行评述，极易反客为主，由于编纂者个人的局限性，褒贬臧否或有主观性甚至是个人偏见，容易把人们的注意力引向是非的争议，也先入为主地给资料蒙上主观色彩，影响了资料的客观性、真实性和可信性。

（三）“述而不作”既是传统原则，更是现实原则

我国方志历史源远流长，发端于春秋战国，发展于秦汉、隋唐，成熟于宋代，兴盛于明清，代代相承，编纂不辍，留下了许多旧方志，不仅内容丰富，而且体例完备，是中华地方志文化的宝贵遗存。中华人民共和国成立后，我国继承地方志文化这一优秀传统，采用新观点、新方法、新资料、新体例编纂新方志。尽管新方志和旧方志记述的社会形态不同，内容也不同。新方志记述内容与旧方志相比，内容丰富得多，范围大得多，涵盖面宽得多，新方志的指导思想、篇目设置、体例规范和编纂方法等方面也有创新，但贯彻“述而不作”原则，始终没有变化。新方志之记述，事溯既往，理阐未来，述事明理，以启后世。述事昭理，须取征于事物，记述必须信而有征，绝不可徒托空言。这是新方志的性质特征和基本功能决定的。

（四）述而不作不等于述而无论

新方志必须有鲜明的思想观点和政治主张，这是由新方志的政治性、时代性、科学性等特征决定的，更是新方志编纂宗旨决定的。提倡什么、反对什么，褒扬什么、贬斥什么，新方志的态度是十分明确和坚定的。否则新方志就无以明道、无以资治、无以存史、无以辅教，也无

法发挥其功能和作用，进而失去了存在的价值。新方志述而不作的编纂方法，是要求编纂者不直接评论事物或发表观点，而是寓思想观点和政治主张于所记述的资料和史实之中，让资料和史实讲话。正如清代章学诚所说："《易》曰：'神以知来，智以藏往'……夫名物制度，繁文缛节，考订精详，记诵博洽，此藏往之学也；好学敏求，心知其意，神明变化，开发前蕴，此知来之学也"新方志述而不作，也不是要求编纂者以纯客观的自然主义态度罗列资料和史实，不是不加分析、没有观点，不分是非地对待资料和史实。新方志是在特定环境、遵循特定指导思想编纂的著述性资料文献。新方志全部内容，贯穿编纂者对客观事物的认识和评价，体现了编纂者的立场、观点、方法。述而不作，是在志书中对所编资料不作随意评论，直接阐明编纂者的立场和观点，而把编纂者思想观点和政治主张寓于资料编纂之中。在搜集和筛选资料时，三百六十行，体大物博，哪些资料入志，哪些资料不用，编纂者务必依据新方志编纂的宗旨，悉究求备，切不可刚愎自用；在谋划结构篇章时，对于各地制度、典籍，编纂者搜集后，要根据新方志编纂的指导思想，进行别其渊源，考其正谬，区分资料孰重孰轻，孰先孰后，放在何处，如何叙述等，设计好篇目结构。一方事物，数量繁多，一部方志实难尽书，编纂者要按照新方志编纂的基本方法和规范体例要求，钩玄提要，择其主要、重要的资料和史实进行记述。总之，新方志编纂坚持以马克思列宁主义、毛泽东思想、邓小平理论、"三个代表"重要思想、科学发展观和习近平新时代中国特色社会主义思想为指导，要把这个指导思想贯穿于修志编纂的全过程，落实在新方志中。对资料的选择裁用，本身就是"作"的表现。没有对资料和史实的考订辩证，资料和史实就缺乏可信性和科学性，也难以修出高质量的新方志。

（五）新方志编纂如何坚持"述而不作"原则

新方志是全面系统地记述特定行政区域自然、政治、经济、文化、社会和生态环境的历史与现状的资料性文献。是具有历史价值或用作参考依据的文献资料或工具书。中国地方志指导小组制发的《地方志书质量规定》第八条规定"坚持志体。横排门类，纵述史实，述而不论。"第十七条规定"记述事物、事件和人物，寓观点于记述之中。"表明新方志是资料性文献，其本质特征是资料性，其价值是资料性。其具体要求：

1. 编纂资料要全面、系统、真实、准确、科学、规范，具有典型性、权威性、可靠性。新方志有别于史书。史书主要记述过去，往往以时间、事件为中心线索，侧重事物的纵向发展。新方志根据需要有所溯源，但主要记述现状，将事物做横向地分门别类纵向依时记述。史书是通过对历史现象的分析研究，探索历史发展的客观规律，作者可以将自己的研究成果做详尽、深入的阐发。论述是史书的突出特征，资料在史书中所占比重相对不大。新方志是资料性工具书，它将广泛搜集、调查得来的资料，经过整理、鉴别，分门别类地记述，全面记述特定地域自然与社会的基本面貌。新方志所记载的资料，客观真实，是科学征引的依据。

2. 从体例上要求，新方志“述而不作”，是寓观点于记述之中，目的是为了保持新方志资料性、可靠性。譬如为说明特定地域城市建设成就，可以通过城市道路建设及道路两边行业经济，包括宾馆酒楼等餐饮服务设施，银行等金融服务机构，影院等文化娱乐场所等大量资料和史实的记述，让读者从中感受到城市建设的巨大成就。编纂者在记述中虽没有作任何议论，但把观点寓于翔实的资料记述当中，人们读后自然领会出编纂者寓于资料中的观点。

3. 新方志虽“述而不作”，但不绝对排斥议论，述体中可以有必要的、适度的议论。如述前述后的议论能起到反映史实的因果关系。特定地域任何事物都不是孤立的，存在普遍联系，因果联系为客观事物所固有，任何事物都受因果关系的支配，因果制约存在于一切现象的发展过程中。新方志唯有记述史实的因果关系，才能展现事物的全貌，体现史实的完整性，有利于读者阅读志书。因此，编纂者在记述特定地域事物发展变化史实时，先提出论点，然后用大量资料说明，这样的记述在新方志编纂中是允许的。这与新方志从体例上要坚持述而不作，寓观点于资料记述之中并不矛盾。像这样的述前议论有利于加深读者对新方志所记述的资料和史实的感知，加深对新方志内容的理解和认识，增强新方志的学术性、思想性和教育功能。

4. 新方志要把握记述中必要议论。一是述前述后可以议论，但不宜夹叙夹议。编纂者在记述史实时，先提出论点，然后记述大量资料，这样的记述其实也是述而不作。因为编纂者记述的大量全面、系统、真实、准确的资料，是具有代表性、权威性的资料，证明述前提出的论点，并不是自己创作的长篇论述，更不是空泛议论。编纂者的这种议论具有代表性、权威性，始终经得起历史的检验；二是不要空泛议论，要始终用资料说明论点。空泛议论，言之无物，对于一切文体来说都是读者所厌恶的。新方志是资料性文献，是工具书，作必要的议论时，必须用资料说明，或从资料中引发出来论点，是有利于加深读者对新方志认识的议论，有利于引出资料的议论，有利于统领资料的议论，有利于深化资料内涵的议论。这种能增强志书的著述性的议论，对新方志内容可以起到画龙点睛的作用，有利于突出特定地域事物的本质，增强新方志的个性特征。

三、因事系人，以人为本

（一）新方志要重点突出人文特征

新方志因事系人，必须以人为本。所记述的内容是特定地域内自然地理和人、事、物各方面的情况，要坚持以人民为中心，围绕人民群众的社会实践来记述。马克思主义历史唯物主义认为，人民群众是历史的创造者。恩格斯曾经说过："历史活动是群众的事业，随着历史活动的深入，必将是群众队伍的扩大。"① 党的十八大报告提出："人民是历史的创造者，是决定党和国家前途命运的根本力量。必须坚持人民主体地位。依靠人民创造历史伟业。"新方志必须牢牢把握这一基本要求，在记述内容上要充分发挥人民群众建设中国特色社会主义的积极性、主动性、创造性。新方志人文特征的根本体现就是突出人民的主体地位。历史唯物主义认为，人民群众是历史的创造者，人民群众最稳定的主体部分始终是从事物质资料生产的劳动群众及其知识分子。在历史的发展过程中，人民群众起着决定性的作用。因此，新方志的人文特征在记述内容上主要体现在三个方面：一是人民群众是社会物质财富的创造者。人民群众供给全世界以衣食等社会物质生活资料，创造了人类的物质文明；二是人民群众是社会精神财富的创造者。人民群众不仅以其实践活动为创造精神财富提供取之不尽的源泉，而且以其千百万创造者的伟大的力量和智慧，为人类社会提供不可胜计的精神财富的成品；三是人民群众是社会变革的决定力量。人类社会经历由奴隶社会向封建社会、资本主义社会和社会主义社会的演变，都必须通过人民群众自觉的斗争。总之，历史活动是人民群众创造事业的实践活动，人民群众是历史的主体，所以人民群众才是历史的创造者。正因为人民群众是社会物质财富和精神财富的创造者，推动了社会的发展与进步；同时人民群众在社会

① 马克思恩格斯全集（第2卷）[M]. 北京：人民出版社，2009：287.

变革中起到了主体性和决定性作用，所以，新方志坚持用历史唯物主义观点作指导，用丰富翔实的资料和史实，全面系统、准确真实、科学规范地记述人民群众的历史地位和作用。

（二）新方志本质要求因事系人、以人为本

新方志为什么特别强调因事系人、以人为本？概括地讲，这是新方志的本质要求，是新方志性质和功能决定的，是关系到新方志的质量和生命的重要问题。新方志是特定地域资料性著述，人类及其社会实践活动是新方志所记述内容的核心，离开了人类及其社会实践活动，新方志的内容就会变成无本之木、无源之水，新方志也会失去存在的社会基础。因事系人、以人为本，对于提高新方志的质量具有重要作用。

1. 可以增强新方志的时代性。新方志的时代性主要在物质文明和精神文明两方面，这是新方志区别于旧方志的根本所在。20 世纪 80 年代以来编纂出版的新方志是记述现代情况的社会主义新方志。主要记述我国人民为推翻帝国主义、封建主义、官僚资本主义三座大山的压迫，实现民族独立与解放而进行的新民主主义革命斗争，为建成富强、民主、文明的中国特色社会主义现代化强国而进行的中国特色社会主义建设和改革开放的伟大实践，既要记述我国人民在革命斗争、生产实践和科学实验中创造的物质财富，更要记述所创造的精神财富。因事系人、以人为本，就是要记述人民群众创造的具有时代特征的精神财富。新方志要克服记述内容重物质轻精神、重经济轻人文的倾向，做到物质与精神并重，经济与人文并重，如此才能有血有肉有灵魂，方能彰显时代特色。

2. 可以增强新方志的思想性。什么是新方志的思想性？新方志的思想性就是新方志记述内容的主题思想。新方志的思想性是编纂者世界观人生观价值观在新方志记述内容中的反映，也是新方志记述人、事、物的个性特征、思想观念在内容中的反映。新方志要有思想性，仅仅依靠一些资料和史实堆砌是不行的。不能简单地接受别人综合整理的一些资料作为自己的思想依凭，必须到实践中去感受和印证，将充满生机活力和个性的典型人、事、物搜集整理、记述，这样新方志的内容不仅更丰富，而且思想更深刻。新方志的思想性不是硬借来的，不是可以套用的。编纂者要有广博的知识，有正确的思想方法，有人民群众的立场，有丰富的生活经验，做到理论与实践相结合，培养和树立正确的世界观、人生观、价值观，对人民群众抱有深厚的感情，与人民群众同呼吸，共命运，只有与人民群众一道进行阶级斗争、生产斗争和科学实践，才能发展人民群众身上具有的优秀品质和先进思想，这样编纂出来的新方志具有较强的思想性，一定比其他著述更受社会的欢迎。人们在阅读新方志时，不但可以系统地学习和了解特定地域的社会、经济、政治、文化和人文历史知识，还可以引导读者树立科学的世界观、人生观和价值观，也就是使读者实现知识、情感、态度和价值观方面的和谐发展。

3. 可以增强新方志的资料性。新方志的价值在于为读者提供全面系统、真实准确的文献资料。人是生产力的主要因素，人民群众是推动社会进步的主要力量。任何地域自然地理、政治、经济、文化、社会、生态环境及人文历史的发展演变，都离不开广大人民群众的参与。因此，新方志关于人民群众社会生产实践活动的记述，是最有价值的内容，是新方志资料性特征的重要体现。因事系人，事因人殊，新方志要从各个角度记述各个领域、各个方面的人物，在各个时期的活动。使内容资料翔实，内容丰富，提高新方志存史价值和辅教功能，广大读者可以从中获得见事见人、见物见人的阅读体验，进而受到教育和启发。

4. 可以增强新方志的完整性。新方志的完整性，从内容方面看，新方志备载一方全貌，可谓一方博物之书，而人在其中。宋代司马光在《河南志序》中说："凡其兴废、迁徙，及宫室、城郭、坊市、第舍、县镇、乡里、山川、津梁、亭驿、庙寺、陵墓之名数，与古先之遗迹，人物之俊秀，守令之良能，花卉之殊尤，无不备载。考诸韦记，其详不啻十余倍，开编粲然，如指诸掌，真博物之书也"。从突出人文特征、突出记述生产力来说，唯有突出记述生产力诸要素，尤其是生产力的核心要素——人，特别是一个地区涌现的英雄人物、劳动模范、科学家，才能全面反映生产力发展水平。从一项事业、一种事物的形成和发展来说，只有把人物、时间、地点、经过、结果记述清楚，才能保证新方志内容的完整性。

5. 可以增强新方志的可读性。元代杨敬德在《赤城元统志·序》中说：方志"其著星土，辩躔次，而休咎可征矣；揆山川，察形势，而扼塞可知矣；明版籍，任土贯（贡），而取民有制矣；诠人物，崇节义，以彰劝惩，而教化可明矣，此乃大凡也。"① 新方志要发挥明道、资治、存史、辅教的功能，关键在于新方志能够吸引读者，只有读者愿意读、

① 杨敬德．赤城元统志序．

愿意用，新方志的使用价值才能得以实现。清代章学诚在《湖北通志·凡例》中说："志者，识也，典雅有则，欲其可诵而识也。""典雅有则、欲其可诵"，这八个字既可作为新方志记述技巧的学习借鉴，更是新方志记述内容的基本要求。新方志的内容若能做到典雅可诵，就一定会深受读者喜爱。新方志的可读性不是靠堆砌华丽词汇得来的，而是靠生动的事实来展现的。新方志记述时代人物，主要记述其创造物质财富和精神财富过程中所彰显出来的意志品质和精神力量，提供给读者有血有肉的鲜活人物和生动资料，特别是多渠道挖掘"口述"资料（如亲历者回忆录等）可诵可读，新方志才能充满吸引力。

（三）新方志因事系人的具体要求

新方志因事系人，但不能事事系人，也不能人人必系。

1. 新方志以何事系人。新方志以事系人，是系一个地域有重大影响的事及其有影响和具有感召力的人物。一般来说，一方最早的事物，诸如第一家工厂、第一所学校、第一座桥梁、第一家商铺等；具有重大影响的事物，诸如规模最大的建筑（影剧院、博物馆、路桥、水库）等；最典型的事、物，诸如科技发明与创造、新产品新工艺等；最成功的事，即经济效益、社会效益最好的事和物等。上述对一方社会历史发展进步起到推动作用的人、事、物，均属该系之范畴。

2. 新方志应该系何人。新方志只能系对一方历史发展有重大影响的历史人物。诸如科技创造发明者、著名科学家、艺术家、文学家；最早事物的创始人；重大活动的主要领导人及起重要推动作用的关键人物；行业知名人士、能工巧匠；重大奖项获得者、劳动模范、英雄人物、道德楷模等；已经盖棺定论的反面人物等。

总之，正确选择能"系人"的事和物，找准可"系人"的人，是因事系人的关键。事物显要，人、事、物相符，是新方志因事系人的质量要求。

（四）新方志因事系人的基本方法

1. 学习借鉴《史记》系人文风。有句诗说"文章司马千古鉴"，讲的是司马迁《史记》千百年来一直为人们学习借鉴。就拿《史记》的人物传记来说，司马迁在《史记》中记述人物多，范围广，其塑造人物形象，善于准确捕捉历史人物的主要特征，精心选材，善于通过矛盾冲突描写人物，形神兼备，具有典型性。《史记》人物传记的结构，一般开头先介绍人物姓氏、籍贯，中间是记叙主体，选择与人物性格、事功最相关的几个事件进行叙述，结尾以太史公曰表达作者自己的意见。具体每篇传记的写作，有时又比较灵活。其人物传记，又有分传、合传、寄传、杂传，这也是作者根据人物的性格及事功进行的结构安排。其结构对后世史书及传记文学的创作有深远影响。语言上也取得了很高成就。首先是人物语言富于个性化特征。如正直口吃的周昌廷争之言、毛遂自荐之语，最突出的是陈涉、项羽、刘邦表述早年的抱负之语的不同表现。其次是作者的叙述语言通俗、简洁、精炼，富于感情，有很强的表现力。有些语言接近当时口语，有的直接用民谣、谚语，这使其语言内涵丰富，富于表现力。新方志因事系人，应该学习借鉴司马迁《史记》的文风。

2. 学习《春秋》记事笔法。《春秋》是中国现存的第一部编年体史书，按年记载了春秋时鲁国从隐公元年到哀公十四年（公元前722）的历史大事。记述范围却遍及当时整个中国，内容包括政治、军事、经济、文化、天文气象、物质生产、社会生活等诸方面，是当时有准确时间、地点、人物的原始记录。相传《春秋》为孔子所作。春秋笔法是孔子首创的一种文章写法，即在文章的记叙之中表现出作者的思想倾向，而不是通过议论性文辞表达出来。是为我国历史学界历代推崇的一种历史叙述方法和技巧。《史记·孔子世家》记载："孔子在位听讼，文辞有可与人共者，弗独有也。至于为《春秋》，笔则笔，削则削，子夏之徒不能赞一词。弟子受春秋，孔子曰：'后世知丘者以《春秋》，而罪丘者亦以《春秋》'。"大意：孔子在司寇职位上审理诉讼案件时，判词若有可以和别人共同商量的地方，就不独自决定判词。至于撰作《春秋》，他认为该写的就写，该删的就删，即使是子夏之流的高足弟子也不能建议一字一句。弟子们听孔子授讲《春秋》时，孔子说："后代了解我凭的是这部《春秋》，而怪罪我也凭的是这部《春秋》。"由于孔子编写《春秋》，在记述历史时，暗含褒贬，行文中虽然不直接阐述对人物和事件的看法，但是却通过细节描写，用最简洁的文笔、最平淡的语言，用寥寥几个字把历史的结论表达出来。修辞手法（例如词汇的选取）和材料的筛选，委婉而微妙地表达作者主观看法。如"弑"一字用于犯上作乱者的评语，而有道伐无道叫"讨"，偃旗息鼓地偷袭叫作"侵"。当时的国君、大夫得《春秋》一字之褒者，其荣甚过天子之命服；得春秋一字之贬者，其辱过于天子之刑戮，唐代刘知几说："昔夫子修《春秋》，别是非，申黜陟，而贼臣逆子惧”①。后世史学界家视春秋笔法为中国历史叙述的一个传统。新方志要学习孔子的春秋笔法，学会用最简洁的文笔、最平淡的语言，用寥寥几个字把历史的结论表达出来，使新方志语言更具魅力，更加传神。

3. 因事系人，人、事、物融合。世间一切事物都是因人而具有社会价值的。因此，不能离开人类来讨论事物的社会价值。新方志系人要在事和物的发展变化中记述人的活动。人随事出，事因人兴。如记述一方事物开端，首先要记述首倡者、领导者；记述事物的发展过程，要记述决策者、组织者、推动者；记述事物出现的历史新局面，要新事物、新成果的创造者、设计人等。总之，新方志记述内容要把人、事、物三者有机结合起来，充分记述人民群众在改造自然、改造社会及改造自我过程中的思想观念、道德情感、专业能力、主要业绩等，使人民群众的历史作用充分展现出来。从而达到明道、资治、存史、辅教的目的。为此，基本技巧上要做到：一是人以绩证。充分记述人物的德才与作用。记述人物要突出其工作实绩。做人做事都要以做实为标准，做出实绩，做出实效，才是硬道理。二是述人精神。新方志是明道之书，记述人物要突出人物的精神，阐明什么是成功之道。记述人物事迹、创造业绩，更要记述人物思想观念、价值观念、勤奋精神、意志品格等，这样，可以使各个历史时期的先进思想和来自实践的理论，通过新方志的记述得以保存下来，对推动物质文明和精神文明建设具有重要作用。三是得失两全。任何事物的发展道路都是曲折的。波澜起伏，有兴有衰，有得有失。对于一个人来说，不能只记述其过五关斩六将的光辉业绩，败走麦城的反面失败和事例也要记述；对于地域和行业来说，不能只记述工作的成绩，对于工作中的矛盾和问题，挫折和过失，亦应记述。把获得成功或失败的主观原因、经验教训全面记述清楚，是新方志资料性特征的要求，也是新方志所具备功能的必然要求。

四、反映矛盾，揭示规律

（一）新方志为何要反映矛盾揭示规律

新方志反映事物矛盾，揭示变化规律，是由新方志的性质和功能决定的。任何事物的发展变化都是由其内部的矛盾决定的。何谓矛盾？矛

① ［唐］刘知几. 史通·内篇·载文.

盾是反映事物之间相互作用、相互影响的一种特殊的状态，在本质上属于事物的属性关系。矛盾具有对立统一的性质，即矛盾双方处在一个统一体中，一方面相互联系、彼此依赖、互为存在的前提；另一方面相互影响、相互作用、相互交织与相互渗透，并在一定的条件下相互转化。矛盾具有普遍性和特殊性，事物发展的不同时期，不同阶段，存在主要矛盾和次要矛盾，存在着矛盾的主要方面和次要方面。矛盾的特殊性决定事物的本质，主要矛盾和矛盾的主要方面，决定事物的发展方向。何谓规律？规律是事物运动过程中固有的本质的、必然的、稳定的联系。规律是客观的，不以人的意志为转移的，它既不可能被创造，也不可能被消灭。规律是普遍的，自然界、人类社会和人的思维，在其运动变化和发展的过程中，都遵循其固有的规律。没有规律的物质运动是不存在的，没有规律的世界是不可思议的。规律具有客观性、重复性、稳定性的特点。规律是客观存在的，是不以人们的意志为转移的，但人们能够通过实践认识它、利用它；人们正是对社会、自然现象的多次重复进行探索，抓住其内在联系，证明它的规律性。新方志是特定地域资料性文献，是综览百科的地方工具书，担负“明道、资政、存史、辅教”的重要使命。因此，编纂新方志必须以反映矛盾，揭示规律为己任。即在记述特定地域自然、政治、经济、社会、文化、生态环境及人文的发展变化时，通过反映矛盾来认识事物的本质及相互关系、事物相互转化关系，特别是通过反映事物主要矛盾和矛盾的主要方面，来揭示推动事物变化的原因、事物发展趋势、事物变化规律。具体包括：

1. 反映矛盾、揭示规律是明道的需要。明道是新方志的主要功能，读者学以致其道。什么是道？道是东方古代哲学的重要范畴，表示终极真理、本原、本体、规律、原理、境界等等，“道者，自然而已”“万事万物之所以然，而非万事万物之当然也”。换言之，道是一切的自然法则、规矩，是不以人的意志为转移的客观存在的规律，以《易》为例，则如阴阳、刚柔、贵贱、时位、得失、贞吝之类，总是相辅相成。新方志是明道之书，探索并揭示事物发展变化的规律，包括自然、政治、经济、文化、社会、生态环境及人文发展变化的规律，人类自身学习成长的规律，处世交往、做人做事、谋事兴业的规律等，新方志通过记述特定地域事物矛盾及其转化规律，通过大量资料和史实来证明事物发展变化的因果关系，告诉读者客观事物现象与本质的差异性，透过现象认识事物的本质，通过因果关系，认识事物发展变化的规律，进而认识做人之道、做官之道、做事之道、兴业之道。明代田艺蘅《留青日札·大明大统历解》说："盖天道无端，惟数可以推其机；天道至妙，因数可以明其理。"新方志通过明道，帮助读者悟道，使读者在悟道中得到超越，不断地升华，寻找生命的本源，成就美好人生。

2. 反映矛盾、揭示规律是资治的需要。古往今来，编纂方志的主要目的就是"供后世之从政者借鉴""考得失之本""知因革之典""以裨长治久安之道""以资兴利除弊之鉴"。那么，什么是最根本的"本""典"？何谓最实用的"道""鉴"呢？那就是事物的矛盾性，事物发展变化的规律性。矛盾决定事物的属性，矛盾运动，尤其是主要矛盾或矛盾的主要方面的运动，决定事物发展变化方向，事物发展变化的客观规律存在事物之中，虽事物的发展规律不以人们的意志为转移，但规律是可以被认识和利用的。资治是新方志的政治责任。新方志反映矛盾、揭示规律，"自当以一代人官为纲领矣，"[①] 可以帮助读者，特别是从政者从新方志记述的各项事物的兴衰起伏演变过程中，认识事物的矛盾，认识事物发展规律，自觉地学习抓住主要矛盾，突出工作重点，按照客观规律办事，自觉地根据客观事物的发展规律去预见、解决前进中的困难和问题，更好地做出让人民群众满意的业绩和成就。

3. 反映矛盾、揭示规律是方志存史的需要。存史是新方志的历史功能。新方志存史功能是建立在记述内容的全部资料和史实绝对真实、准确的基础上的。如何分辨新方志资料和史实的真实性、准确性呢？那就要看所记述的资料和史实是否反映了事物的本来面目，事物的本来面目就是事物的矛盾性特征。如果新方志的记述只停留在表面地、片面地、不完全地、甚至是歪曲地表现事物的现象上，根本无法反映事物的本质。而且，新方志要反映事物的本质联系和本质间的因果关系，即客观规律，就必须把事物的现象作为向导，对各色各样的资料和史实，作去粗取精、去伪存真、由此及彼、由表及里的分析研究，找出反映事物内在联系的本质资料和史实，完整地记述，这样的新方志才会具有存史价值。

4. 反映矛盾、揭示规律是辅教的需要。辅教是新方志的社会责任。新方志反映矛盾、揭示规律，为社会主义精神文明建设提供丰富、真实、准确的辅教资料。各地开展爱国主义、社会主义理想、革命传统、家德家风教育，新方志是最能发挥作用的乡土教材。新方志通过记述大

① ［清］章学诚. 文史通义.

量反映矛盾、揭示规律的资料和史实，记述人们正视矛盾、按客观规律办事获得成功的典型案例，记述忽视矛盾、违背客观规律任性胡为遭受失败的教训，可以帮助读者树立正确的世界观、人生观、价值观，无论是做什么，都能够自觉尊重矛盾、遵循客观规律，实事求是，从实际出发，最终达到主观与客观、理论与实践相统一，从而避免人生出现成长烦恼，促进工作取得理想成效。

唐代韩愈说："记事者必提其要，纂言者必钩其玄。"① 新方志编纂者只有坚持反映主要矛盾、揭示客观规律，才能在保证资料和史实真实准确的基础上，展示事物各方面联系，客观揭示事物兴衰起伏规律，辨别功过是非，彰明因果关系，总结经验教训，从而编纂出具有"明道、资治、存史、辅教"作用的高质量新方志。

（二）新方志反映哪些规律

运动是物质的存在形式。任何事物的发展变化都是有规律的。事物千差万别，规律也各不相同。从新方志的性质和特征看，新方志应该重点反映特定地域的自然规律和社会规律、共同规律和特殊规律、认知规律和思想规律。

1. 反映特定地域的自然规律和社会规律。自然规律中纯属自然科学方面的规律，如物理学规律、化学规律、数学规律、生物学规律，有专门的学科著述进行反映，新方志只记述其研究成果。新方志着重反映的自然规律，是特定地域人民群众在生产实践中所涉及的自然环境方面的规律，诸如地形改变、土壤变化与耕种、施肥的关系，矿山开采与生态环境的关系，山坡放牧与植被、水土流失的关系，地下采水与土地沙化的关系，河流侵蚀、河道变迁、湖面萎缩、气温、降水等自然环境演变规律。新方志反映特定地域自然环境方面的变化规律，可以给人们提供历史借鉴，在社会生产实践中，自觉尊重自然规律，更好地利用自然资源。社会规律是人类自身社会关系的规律，主要体现在人类改造自然、改造社会的活动中。社会规律是社会发展的必然方向和推动社会向前发展进步的动力。对社会规律的认识决定人类社会发展的方向。1978 年实行改革开放以来，中国取得了举世瞩目的伟大成就，其中一个重要原因，就是中国共产党对人类社会发展规律、社会主义建设规律、中国共产党执政规律的准确把握和运用。党的十九大，在理论上进一步开拓了

① ［唐］韩愈．进学解//韩昌黎文集．

"三大规律"认识的新境界，宣告中国特色社会主义进入新时代，我国社会主要矛盾已经转化为人民日益增长的美好生活需要和不平衡不充分的发展之间的矛盾。并确立习近平新时代中国特色社会主义思想为全党的指导思想。因此，在实践上将使中国特色社会主义道路越走越宽广。新方志要与时俱进，充分体现时代特色，完整记述自 1978 年实行改革开放以来，全国各地区、各族人民在中国共产党领导下，高举中国特色社会主义旗帜，坚持中国特色社会主义道路、完善中国特色社会主义制度、创新中国特色社会主义理论、繁荣中国特色社会主义文化所进行的伟大斗争、伟大成就及其经验教训。通过全面系统、客观真实地记述资料和史实，进一步加深对社会主义建设规律、中国共产党执政规律、人类社会发展规律的认识和运用。

2. 反映特定地域的一般规律和特殊规律。一个地域经济的取得重大发展，在历史兴衰和发展方面具有典型的意义。阐述其发展历史，探寻其发展轨迹，总结其经验教训，可供其他地域借鉴参考。新方志一方面要记述特定地域不同事物发展的共同规律。一个地区的崛起是内外多种因素综合起作用的结果，是有规律可循的。诸如工业发展规律、农业发展规律、对外贸易发展规律、运输服务业发展规律等等，新方志要用丰富的资料和史实来揭示各行各业在同一时期发展的共同规律。地缘环境等基础要素、先天的自然优势；国家政策环境和提供特殊扶持措施，是影响和制约特定地域各行各业发展的共同因素。新方志必须加以全面准确记述；另一方面，新方志也要反映特定地域事物发展的特殊规律，主要是记述特定地域自身解决与避免矛盾、化解风险的做法，推动事物发展所制定政策措施，所运用的方式方法，从精神层面反映整个地域人民所表现的行为方式、生活方式与思维方式等适应以及改变、参与和担当。这是决定一个地区经济社会发展的内因，是新方志记述的重点。总之，新方志反映特定地域事物发展的一般规律和特殊规律，有利于帮助读者认识一个地域特色经济和人文。

3. 反映特定地域人的认知规律和思维规律。认知是个体或群体在认识事物过程中所表现出的感知、记忆、思维等活动。认知规律是指人们的认知活动从简单、具体不断向复杂、概括发展（感觉过程→知觉和表象→思维活动），从无意识向有意识发展，从笼统向分化发展的规律。思维规律是思维正确反映客观现实所遵循的规律。思维规律不是在人脑中孤立地自生的，是由外部世界的规律性所决定，是外部世界规律在人的思维过程中的反映。思维规律虽然以外部世界的规律为基础，但它又具有相对的独立性和特殊性，成为逻辑科学研究的对象。新方志反映特定地域认知规律和思维规律，主要是记述特定时期人们在认识地域特点，利用自身资源优势，发展经济的规律。从宏观上看，如中国共产党对社会主义建设规律的认识，提出“建设有中国特色的社会主义”的命题，探索和回答“什么是社会主义”的问题，对社会主义建设规律进行理论总结，提出“社会主义的本质，是解放生产力，发展生产力，消灭剥削，消除两极分化，最终达到共同富裕”重要论断。探索和回答“怎样建设社会主义”的问题，提出改革开放、社会主义市场经济等一系列重要思想。从发展先进生产力和先进文化前进方向的新视角，提出建立社会主义市场经济体制，走新型工业化道路，实施科教兴国、人才强国的战略方针。中国共产党对党执政规律的认识，强调推进中国特色社会主义伟大事业“关键在党”，提出“什么是执政党，怎样的执政党党员算合格”的问题，提出中国共产党始终代表着中国先进生产力的发展要求，代表着中国先进文化的前进方向，代表着中国最广大人民的根本利益。强调加强和改善党的领导，要加强社会主义民主法制建设，始终坚持和发展党的先进性的规律。随着中国共产党对社会主义建设规律和执政规律的认识不断深入，对人类社会发展规律的认识也越来越深刻。坚持把经济发展与社会公正相统一的“共同富裕”作为社会主义的目的和本质，把坚持党的先进性和发挥社会主义制度优越性，落实到发展生产力，发展先进文化，实现最广大人民的根本利益上来，推动社会全面进步，促进人的全面发展。中国共产党对“三大规律”的认识和运用，决定和改变了中国的命运，决定和改变了中国人民的命运。新方志对此要重点记述，大书特书。从具体事物来看，如我国人民对农村经济经营方式转变的认识，从家庭承包责任制到联产承包再到土地出让转让；对城市企业经营方式转变的认识，从承包租赁到所有权与经营权分离再到国有资产资本化、证券化、市场化；对企业管理制度转变的认识，企业产权制度改革、用工制度改革、收入分配制度改革等。人们从被动认知到主动接受并参与，再到思考和完善，上升为理论和制度，在这些活动中有许多规律性的东西值得总结和思考。不同的地域，不同的群体，对经济发展过程中出现的新事物的认知和思维是不同的，认知规律和思维规律也是不同的。新方志只有充分记述这些内容，才能体现时代特色和地域特色。

（三）新方志如何反映矛盾揭示规律

1. 纵述演变过程反映事物发展规律。事物的客观规律是在事物发展变化过程中反映出来的事物之间的内在的必然联系，是决定着事物发展的必然趋向。规律是客观的，不以人的意志为转移。人们可以认识并利用客观规律为社会生产实践活动服务。新方志为全面系统记述事物发展变化的规律性，要依据事物的特殊矛盾将事物进行横向分类，并根据决定事物发展方向主要矛盾和矛盾的主要方面的性质及变化特征，将纷繁复杂的事物层层划分为篇、章、节、目，围绕新方志的宗旨，依时记述特定地域某一事物产生、发展、变化起伏的全过程。通过对丰富的资料和史实的记述来反映事物发展的客观规律。譬如，要反映中国特色社会主义建设的基本规律，首先要梳理好中国特色社会主义经济建设的基本轨迹。在深入研究改革开放中华人民共和国成立近70年经济建设史料的基础上，全面客观地认识历史，从中提炼出最核心、最本质的内容，把中国特色社会主义经济建设的基本轨迹及来龙去脉记述清楚。又如，要概括好中国经济建设的基本经验，必须以改革开放以来中国经济建设实践的基本轨迹为主线，记述各个阶段的资料和史实，以便读者能够从历史分析出发得出有事实依据的判断，加深对中国经济建设的基本经验认识与理解。总之，基本轨迹、基本经验、基本规律构成改革开放以来中国特色社会主义经济建设实践三部曲，新方志记述的系统性、翔实性，为反映这三部曲所体现的中国特色社会主义建设规律提供了有利条件。新方志纵述历史，其所依时记述的资料和史实都要为反映事物发展的客观规律服务，事以类从，不能做简单的资料拼凑，纵述历史，不能像记流水账那样记述事物的演变过程。

新方志纵述历史不断主线，关键是要掌握事物矛盾同一性斗争性统一于事物的发展过程，不同时期事物发展的不同阶段，其主要矛盾与次要矛盾、矛盾的主要方面和矛盾的次要方面是可以相互转化的。依据事物矛盾特性来记述事物发展变化的历史，才会纵述不断线，真正做到“通古今之变”。新方志记述推动事物发展的矛盾运动要脉络清晰，资料和史实要翔实，这样读者才能从连贯的记述中，准确认识和把握事物决定发展的主要矛盾及其运动规律。

2. 彰明因果关系反映事物本质联系。规律是事物本质的联系。认识事物的本质，就可认识事物的规律。事物的本质是事物的特殊矛盾决定的。任何事物的产生、发展、变化，都是有原因的，是事物内部矛盾运动的结果。新方志要详细记述特定地域的特殊矛盾和特殊矛盾变化的特点。事物特殊变化规律性是由于因果关系体现的，用真实资料和史实来记述事物发展变化的结果与原因的关系，进而揭示事物的现象与本质的关系，是新方志本质要求。如果新方志不记述事物的特殊矛盾，就无法反映事物的本质，不记述事物的本质，就无法反映事物的规律。任何事物的发展都是有秩序的，都是原因在前、结果在后。只有全面准确记述事物兴衰成败、曲折起伏的原因，才能回答读者“为什么”，只有深刻揭示事物的本质，才能反映事物的规律。新方志必须依据事物发展顺序，先记述诸如一方经济发展的客观条件、指导思想和发展愿景、方针政策和发展措施等原因，后记述诸如经济效益和社会效益等结果。这样使读者既“知其然，又知其所以然”，自觉从前人的经验中吸取教训，从事物的因果联系中学会系统思考问题和全面分析问题的方法，学会利用联系的观点分析和解决问题。

3. 记述主要矛盾反映事物发展趋势。特殊矛盾决定事物存在形式，主要矛盾或矛盾的主要方面决定事物发展趋势。因此，新方志要抓住事物的主要矛盾或矛盾的主要方面加以重点记述。一个地域的矛盾是多方面的，怎样才能认识和发现事物的主要矛盾或矛盾的主要方面呢？不能凭主观想象，不能凭一时热情，不能凭书本上的资料，要向实践学习，特别是到人民群众社会实践（生产和生活活动、科学实验）中去学习，深入调查研究，掌握第一手资料。并运用马克思主义的科学方法对资料进行加工整理，抓住能够体现事物发展特性、影响事物发展方向、决定事物发展命运的资料和史实进行记述，突出新方志记述的各项事物的客观规律和遵循客观规律取得成功的典型案例，同时也记述那些违反事物客观规律而造成的失误和损失，给读者提供经验和借鉴，引导人们自觉遵守客观规律，按照客观规律办事。

五、突出重点，体现特色

新方志突出重点，体现特色，主要体现在突出地域特色、时代特色、事物本身特色三个方面。

突出特色是新方志特征所决定的。本书在第二章第二节中，将新方志的特征归纳为政治性、时代性、地域性、资料性、科学性、综合性、著述性七个方面。新方志的地域性特征决定了它应有的地方性特色；时代性特征决定了它应具有的时代特色；资料性特征决定了它具有事物本身的特色。

（一）突出重点，体现地域特色

鲜明的地方特色和浓郁的乡土气息是新方志生命所系。“居山饶材木，滨海饶鱼盐。”新方志要突出重点，认真记述一个地域事物的个性、特殊性，寓全国经济社会发展的共性于各区域经济社会发展个性之中，突出记述特定地域的地情、因地制宜的方针、政策、措施，记述有别于其他地区的、优于其他地区的事物并把特有事物和新成果以及人们在求新、求变、求发展过程所表现出来的工作态度和精神面貌。新方志要突出记述以下重点内容：

1. 突出基本地情。众所周知，环境要素是构成人类环境整体的各个独立的、性质不同的而又服从整体演化规律的基本因素。特别是自然环境要素，它是一切非人类创造的直接或间接影响到人类生活和生产环境的自然界中各个独立的、性质不同而又有总体演化规律的基本物质组成部分，特定地域的自然环境各要素之间不仅相互影响、相互制约，而且是当地社会存在和发展的、经常的、必要的客观条件，对社会发展具有影响作用，尤其是当人类社会活动与地理环境发生联系并能加以利用与改造时，自然环境便显示其特性并对社会发展产生促进或延缓的影响。新方志的宗旨是为地方经济社会发展提供具有科学依据的地情参考资料，以利于地方政府从实际出发，进行科学决策。因此，新方志必须充分记述反映区域内自然环境和社会环境的资料，诸如地貌、地质、土壤、水文、气候等自然地理概况；动物、植物、矿物、煤炭、石油、水能、光能、电能、风能等自然资源；地力、人口、人力、物力、财力、交通（公路、水运、铁路、航空）运输、风土人情及历史传统等基本地情资料。凡是能够帮助读者增长知识的地情资料，都具有地方特色、资政的重要资料，均应详细记述。新方志记述事物，一方面，要挖掘解决事物特殊矛盾的过程，反映事物变化的典型特征；另一方面，要抓住解决地域主要矛盾的过程入手，反映地域事物发展变化的普遍规律。总之，要找出一个地域典型事物、具有重大影响的最本质的事物加以重点记述，以突出新方志的地方特色。

2. 突出重要事情。新方志重点记述特定地域在贯彻执行上级制定的方针政策中，根据本地的特点制定的那些先于外地、优于外地的典章制度和经济社会发展过程中异于外地的重大举措及活动；从地情出发制发的具有地方特点的工作方案和政策措施等。既要记述反映当地人民群众需要的、适合当地发展的政策、法规、方案等制定过程，又要记述事物的结果，即政策施行后产生的新事物、新成果、新局面。要记述事物发展兴衰起伏的过程，成败得失的经验教训。

（二）突出重点，体现时代特色

历史唯物主义告诉我们，一个地域各个时期生产力和生产关系、经济基础和上层建筑之间的矛盾，是该地域社会的基本矛盾，是该地域其他一切社会矛盾的根源，贯穿于该地域经济、政治、文化社会发展过程始终，规定和制约该地域其他各种社会矛盾的存在和发展。因此，新方志要体现时代特色，就必须突出记述特定地域各个时期生产方式主要矛盾运动特点。

1. 突出记述各个时期生产力发展水平。生产力是生产关系形成的前提和基础，是矛盾的主要方面，对生产关系起着决定作用，生产力的发展决定生产关系的发展和变革。生产力是生产方式中最活跃、最革命的因素，经常处于变化和发展之中。因此，新方志要突出记述地域生产力发展水平，包括劳动者的素质、受教育水平、技术水平，生产工具及设备、工艺、劳动强度、工效，原材料、产品及质量等。生产力的发展是科学技术发展进步的结果。科学技术能够应用于生产过程、渗透在生产力诸基本要素之中而转化为实际生产能力。科学技术上的发明创造，会引起劳动资料、劳动对象和劳动者素质的深刻变革和巨大进步；科学应用于生产的组织管理，能够大幅度提高管理效率；科学技术为劳动者所掌握，可以极大地提高劳动生产率。新方志记述生产力要突出记述现代科学技术发展的新领域、新课题、新发明、新创造、新成果。总之，对生产力诸要素的记述，要突出一个“新”，详细记述各个时期出现的新企业、新工具、新设备、新工艺、新材料、新产品，以反映特定地区时代先进水平。

2. 突出记述各个时期的生产关系。劳动资料、劳动对象和劳动者这三要素是生产关系赖以存在或产生的物质基础。在生产三要素基础上建立起一定的生产关系，是生产得以实现的重要或唯一条件。如我国有些国有（集体）企业之所以生产经营不能顺利进行，难以实现经济效益，根本原因不在于生产三要素欠缺或过剩，而在于没有建立起适应社会主义市场经济的生产关系。产权关系不明，交换关系不畅，是制约国有企业经济发展的根本问题。社会生产关系，是人们为了生产借助于生产三要素建立起的一种社会生产关系，包括生产资料所有制关系、交换（分配）关系和家庭关系。社会生产关系是社会生产历史活动得以实现的内在因素。比如一个企业，为了实现生产，首先，要确立生产资料所有制关系。事实上，没有某种生产资料所有制关系的确立，就不会有生产资料，因为生产资料本身是一种社会积累，是一种投资，没有某种所有制关系，就不会有积累，没有积累也就不会有投资；其次，要确立企业外部交换关系和内部分配关系，因为即使有了前期积累、前期投资，确定了生产资料所有制关系，如果不建立起当期的交换分配关系，企业的再生产也不能实现。一个人，一个企业，乃至一个行业或部门，只有建构在一定的社会生产关系之中才能进行生产。新方志要突出记述各个时期生产关系及其对生产力发展的推动或阻碍作用。特别是 1978 年改革开放以后，逐步完善社会主义经济体制，执行以公有制为主体、发展多种经济成分的方针，个体、私营经济在发展中国特色社会主义经济中的作用等，新方志要把我国生产关系的变革及其实践结果记述清楚。

3. 突出记述各个时期的上层建筑。新方志记述上层建筑对经济基础的作用时，要突出记述以国家机器和意识形态的力量为经济基础服务。在社会形态的矛盾统一体中，经济基础决定上层建筑，上层建筑反作用于经济基础；经济基础和上层建筑之间存在着自始至终的矛盾运动。上层建筑是通过对社会生活各个方面和领域的控制和调节来为经济基础服务的，诸如采用经济的手段、法制的手段、行政的手段调控和干预经济发展等，保证经济顺利发展。新方志对此应该加以详细记述。再如关于国家大力推行司法制度改革。司法体制改革不仅是中国政治体制改革的重要组成部分，而且在某种意义上成了中国政治体制改革的突破口。司法体制改革在整个政治体制改革中具有重要的地位，承载起探索依法治国条件下在法治轨道上用法治方式完善中国政治体制的使命，探索依法循序渐进推进政治体制改革的路径。新方志要把司法体制改革基本目标、改革思路、改革过程、改革成果作为记述的重点。

新方志突出记述特定地域各个时期的生产力、生产关系、上层建筑的详细情况，可以全面反映不同时期的社会特征，便于读者学习特定地域和了解在不同时期的经济发展特征。

（三）突出重点，体现事物本身特色

特定地域的事物种类繁多、千差万别，如果新方志不加区别地全部记述下来，则根本无法记述清楚。新方志究竟如何记述事物呢？首先要找出事物的特殊本质。毛泽东《矛盾论》说：“任何运动形式，其内部都包含着本身特殊的矛盾。这种特殊的矛盾，就构成一事物区别于他事

物的特殊的本质。”① 新方志只要把事物的特点体现出来，就会反映事物的本来面貌。

1. 突出事物本质特征。任一客体或一组客体都具有众多特性，人们根据客体所共有的特性抽象出某一概念，该概念便成为特征。因此，特征是人或事物可供识别的特殊的征象或标志。本质特征是事物本质的根本表现，是一事物区别于其他事物的基本特点。新方志记述特定地域的事物，务必是本地域范围内特征鲜明的事物，是区别其他地域同类事物的特征。

2. 体现特定地域独有特征。新方志记述的内容体现特定地域独有，是指诸如名山胜水、奇特的自然景观和人文景观，本单位、本行业独有的事物等，如记述具有典型性的单位，应该突出记述同行业所没有的新内容，包括新设备、新工艺、新产品、新经验；记述著名的建筑工程，应突出记述新设计、新材料等。总之，新方志要记述特定地域事物独有的特征。

3. 彰显地域特殊优势。新方志记述的内容要反映各行各业特别优秀的事物，譬如地域内知名企业、知名学校、知名科研院所、著名品牌、名优特产品，著名的作家、科学家、艺术家等，质量最好的产品记述详备，用来激励后人取长补短，开拓进取。

总之，新方志把事物的个性特征记述得越系统、越具体，就越能反映事物的本质，其使用价值就越大。

六、援引史料，彰显观点

（一）援引史料是方志编纂的历史传统

援引征文考献，是旧方志编纂的一个传统。清代方志学界善于对这个问题进行探讨，以李绂、王棻、章学诚为代表。李绂认为，编纂方志应广询博采有关资料，使之成为一部能“籍征考”“资援据”的信史。章学诚在此基础上又进一步发挥，说：文“譬比之品泉鉴石，非不精妙，然不可与测海岳也”。② 史志引用成文，“期明事实，非尚文辞。苟于事实有关，即胥吏文移亦所采录，况上此者乎。苟于事实无关，虽

① 毛泽东. 矛盾论·毛泽东选集（第2卷）[M]. 北京：人民出版社，1966.

② 章学诚. 与陈观民工部论史学·文史通义. 外篇一.

班、扬述作，亦所不取，况下此者乎”①。王棻认为编纂方志“以征文考献为重”，他说：“古者，地志之作，必以建置、沿革、山川、土田、户口、贡赋、古迹、风土为本，而人物、艺文则从略焉。后世志乘，百年一修，舆地、版籍成书具在，莫所损益，惟人物、艺文与时俱积，不可以不记，志之所以重修者，盖为此也。……今之所纂壹以征文考献为重……其用实足以系一邦文献之大。”② 善于征引地方文献，王棻认为“征文考献之道，不外征文”。新方志应该继承这一优良传统，编纂者应多从包括旧方志在内容文献中吸取营养。如旧方志的掌故、文征，保留一方重要的资料和史实，新方志应吸取借鉴。

（二）援引史料须精挑慎选

援引史料须精挑慎选：一是新方志援引史料要慎重选择。必须明确援引的目的是什么，“史志引用成文，期明事实，非尚文辞”。③ 并非旧方志所有史料必录。要从事物的相关性考虑是否援引。坚持“苟于事实有关，即胥吏文移亦所采录，况上此者乎。苟于事实无关，虽班、扬述作，亦所不取”；二是新方志援引史料要从严考证。务必保证援引入新方志的史料经得起历史的检验。“志属信史”。因此，其援引的史料必须为真实、准确，言之凿凿，任何存疑、虚假的东西都不得选入；三是援引成文，力戒偏尚言辞。唐代刘知几在《史通·载文》中指出，援引成文要“拨浮华，采真实，”④ 防止把“喻过其体，词没其义，繁华而失实”⑤ 的文章记入志书；四是重点选择反映治国方略、施政大纲等典章制度的文书档案，选择反映社会发展规律、人民参与社会生产实践活动、反映社会历史变化等原始资料，选择考订事物发端、沿革、历史演变的古今著述。

（三）援引史料方式要巧妙灵活

援引旧方志和其他著述的史料，目的是为使新方志内容更加丰富，更加全面，更加准确。援引史料得当，可以为新方志增添光彩，若援引不当，反而会使新方志失色。如何使援引资料和新方志融为一体呢？一是注意方式方法。如夹叙夹引。即新方志在记述过程中，对旧方志基本

① 章学诚．修志十议呈天门胡明府·文史通义·外篇四．
② 王棻．黄岩志·序．
③ 章学诚．修志十议呈天门胡明府·文史通义·外篇四．
④ 章学诚．修志十议呈天门胡明府·文史通义·外篇四．
⑤ 刘知几．史通·载义：卷五．

内容需要完整反映的，但又没有全文援引的，可以采取夹叙夹引的方式加以处理；二是择要摘引，对旧方志和其他著述中需要新方志记述保留部分内容的，采取摘要援引，即援引时有删减，摘要句援引，省略一些与引文无关的文字资料。也可采取摘新援引，即对同一事物多次采取不同措施推动其发展，对首次采取的政策措施全文援引，以后各次，援引新内容即可；三是概述精神，附录原文。凡是需要在新方志记述中加以完整保存的历史资料和史实，新方志都必须加以援引，但考虑到旧方志资料篇幅过长，不便于全文援入新方志，可概述精神，将征文考献作附件保留在新方志中。

（四）援引史料要注明出处

清代章学诚说："著作之林，援引古义，袭用成文，不标所出，非为掠美，体势有所不暇及也。亦必视其志识之足以自立，而无所藉重于所引之言，且所引者，并悬天壤，而吾不病其重见焉，乃可语于著作之事也。考证之体，一字片言，必标所出。所出之书，或不一二而足，则必标最初者；最初之书既亡，则必标所引者，乃是'慎言其余'之定法也。"[①] 援引史料，既是为了说明编纂者言之有据，使新方志成为信史，又为读者复核和研究原著提供线索，故所援引资料既要慎重考证，巧为运用，又要注明资料出处。清代孙诒让说："考证必究其本原（源），以惩剽窃稗贩之弊；纪（记）录必详其出处，以杜凭虚撰造之嫌。"[②] 新方志援引资料做到源头清楚，记述之事须可稽可考。为此，一要做到援引资料应是官方权威部门公开发布、合法机构公开出版发行资料和著述；二要援引必须忠实原著原文，不得随意改动；三要援引资料要是第一手资料，尽量避免转引，对原著无存的，转引要注明引自何时出版的何种著述；四要援引文书档案中的文件资料，要注明发文的时间、编号、标题。

① 章学诚．说林·文史通义·内篇四．

② ［清］孙冶让．瑞安县志局总六条．

第六章　新方志资料

资料是新方志编纂的基础，没有大量丰富翔实的资料，新方志的编纂就成了无源之水。资料性是衡量新方志质量的标准，新方志选用资料优劣，是否科学严谨、真实准确，会直接影响新方志的质量。资料运用反映新方志的特征。新方志宗旨的体现、功能的发挥，都是通过资料运用来实现的，资料性是新方志的本质属性。习近平总书记曾在 1989 年说过："修志是件十分艰难的工作。难就难在古今资料浩如烟海，进志书的资料是否真实可靠要证实；难就难在资料残缺、散失，搜集起来很难；难就难在横排门类不能缺项，不能割裂与孤立，不能失去整体性；难就难在志书要合体例又要有时代性、科学性、思想性。完全搞散文体、公文体不行，但是由于迁就体例，把它局限到没有科学性、思想性、时代感也不行。志书既要避免宣传色彩，又要用马克思主义的唯物史观指导修志工作。"为做好新方志资料工作指明了方向。

第一节　资料的性质

新方志是严谨的、科学的资料性工具书。资料是新方志存在的物质基础。资料是在总结前人社会实践活动经验的基础上形成的，以供后人参考、记述或著述的基本素材。新方志选用资料必须具有自身的特性。

一、资料的基本属性

资料是编纂方志的基础。资料的搜集、整理、鉴别和使用，是贯穿方志编纂全过程的一项基础性工作。资料性是方志最重要的特性。

（一）资料的全面性

新方志是一个地域的百科全书，资料的全面性是新方志质量和生命之所系。因此，要求新方志记述的资料必须齐全完备。一个地域，从自然到社会，三百六十行，门类众多，选择记述的主要事物资料，从发端、发展、变化及结果，全过程的资料要齐备。成与败、得与失、优与劣、点与面、先进与落后、经验与教训等等，各种资料都要有，而且要齐全。唯有如此，新方志才能全面准确记述一个地域事物的历史和现状。

（二）资料的系统性

新方志记述一个地域事物的发展变化，关键是表现各项事物发展的兴衰起伏过程，事物从发端、发展、变化、结束的演变过程是相互联系的，新方志用系统资料来客观反映事物内部的矛盾运动，揭示事物发展规律。资料的系统性，体现事物发展的关联性，从而彰显事物发展的因果关系，揭示事物兴衰起伏的规律性。

（三）资料的完整性

世界上没有无始无终的事物。一切事物都有其成因，其发展演变最终会有结果。完整性意味着未经触动的原始资料，完整地保留资料的价值，同时，也为资料的利用划定了原则和范围。新方志的资料要完整地体现事物的整体形象及演变全景，记述时要把握基本要件，如时间、地点、人物、事物、情节、原因、结果（成绩与问题、经验与教训）等。新方志主要记述那些表现地域主要阶段的重要实证资料，即记述该地域包括其自然环境中全部或大部分相关要素；记述对于地域事物进化和演变中重大的、持续的、重要的实证资料；记述地域最重要的、最有意义的、不可或缺的资料。资料的完整性体现事物的完整性，进而体现新方志的全面性。

（四）资料的真实性

新方志资料的真实性首先体现在资料反映事物本质的真实性。真实性的本质要求是，一切从实际出发，坚持唯物论的反映论，用辩证唯物主义和历史唯物主义的方法如实地反映客观事物的本来面目。资料的真实性包括形式与内容、性质与作用、传统与现代、环境与发展、精神与物质等。不同的事物，具有不同的价值，不同的文化与社会都含有特定的形式和手段，以有形或无形的方式，构成事物某种形态，资料的真实性指反映事物本质而非假象。坚持实事求是，一切从实际出发，把客观事实作为新方志的本源，真正做到依据现实生活，依据事物存在，依据客观规律来反映和记述。

（五）资料的准确性

准确是指严谨精确，没有虚假含混。新方志记述一方客观事物应该准确无误。准确性是新方志具有权威性的基础，篇目设计要科学严谨，内容记述更应字字有出处，每一篇资料都必须真实；如有援引，无论直接或间接，都应保持援引资料原汁原味，不能随意添加或任意更改字句，对于援引资料来说，任何断章取义、添枝加叶或者生吞活剥、不求甚解、想当然，都是不允许的。考订资料是编纂者的责任，也是避免资料失真、失实，提高新方志权威性的重要一环。新方志记述事物，必须真实可靠，恰如其分。既不夸张、溢美，也不隐恶、饰非。

（六）资料的独特性

资料的独特性是指本地域内区别于其他地域的、独有的资料。事物发展具有共性，更具有个性，特殊性决定事物的本质。因此，资料的独特性是新方志能否取得成功的关键。一部新方志，所记述的无论是自然资料，还是人文资料，只有突出个性，形成独特性，独具特色，才能增强吸引力，从而吸引读者的眼球。寻求资料差异、突出地域特色，记述地域事物求变、求新、求发展是新方志资料开发的灵魂，在搜集、整理资料时，要体现“人无我有，人有我特”，突出新方志资料的独特性，满足读者对新方志的审美期待。

（七）资料的典型性

资料的典型性是指新方志记述的资料是一方最具有代表性的，最能突出地域事物的本质和特征。一个地域事物门类众多，记述事物的著述卷帙浩繁，新方志不能事无巨细，不分轻重、主次，一概皆录。因此，搜集到的资料要进行归类整理，从中选择一些能够反映本地特色的、生动活泼的、最有代表性、最具说服力、最能反映事物的本质特征和基本面貌的典型资料加以记述，这样才能做到文约事丰。

（八）资料的价值性

价值指事物和现象的意义，价值性即用事物是否具有意义这一原则作为区分事物及现象的标准。对新方志的考察须从价值的观点出发，在研究特定地域历史资料时，编纂者拥有很大的选择余地，但如何选择历史资料，即怎样衡量历史资料是否有重要意义、是不是本质的，其标准就是看它们是否能够反映特定地域事物的本质及发展规律。只有那些反映事物本质特性及演变规律的、重要的、有意义的资料方能记述，反之则不能记述。资料的价值性与特定地域事物的联系有两种：一种是价值附着于对象之上，使对象成为财富；另一种是价值与人类的活动相关，使人类的活动成为评价活动。资料的价值性体现在记述人类活动追求价值目标上，即记述人类为追求共同的价值目标，聚集起来，共同追求卓越的历史过程和历史成就以及遇到的挫折。

（九）资料的时代性

新方志坚持用新观点、新思维、新资料、新体例记述一个地域事物的历史与现状，这是新方志时代性要求。保证资料的时代性，要以马克思列宁主义、毛泽东思想、邓小平理论、“三个代表”重要思想、科学发展观和习近平新时代中国特色社会主义思想为指导，更新观念，坚持新时代标准，搜集资料、整理资料、运用资料，要坚持时代特色，搜集那些能够反映地域事物发展，展现新事物、新成果、新局面的资料，整理那些能够体现推动地域事物发展的重要政策文献及重大活动资料，运用那些具有鲜明时代特色的事物（景物）、人物资料，保证新方志记述的资料具有时代性。

（十）资料的专业性

新方志是一个地域具有百科全书性质的工具书。既有记述一个地域自然、社会、政治、经济、文化、生态环境等综合性资料，又有记述工业、农业、科技、教育、文化、体育、卫生、商贸、服务、财政、金融、税收等专业性资料，其中的专门志书，所记述的内容，既要全面、系统，又要专业性突出，以真实反映专门领域事物发展变化的规律。

二、资料与新方志各种属性的关系

（一）资料性与政治性的关系

新方志的资料性与政治性的关系，政治性是资料性的精神灵魂，资料性是政治性的物质基础。没有政治性，资料性就会失去方向、乃至生命。因此，搜集、整理资料要始终坚持以政治性为标准，只有政治上合格的资料，才是新方志应该记述的内容。没有资料性，政治性就会空洞无物，没有说服力，政治性必须建立在坚实的资料性基础上。编纂社会主义新方志是我国重大的文化工程，也是社会主义精神文明建设的重要内容，政治性是时代赋予新方志的特征，偏离了政治性，也就违背了编纂新方志的宗旨，新方志“明道、资治、存史、辅教”的功能将无法发挥。资料性是新方志的本质要求，全面、系统、准确、真实的资料，是新方志政治性的物质基础。

（二）资料性与时代性的关系

方志是时代的产物，新方志更是新时代的产物。新方志的资料性与时代性关系，主要体现在资料性因时代性而更加鲜活，没有时代性，资料性就会失去生命力；时代性因资料性而更加鲜明，没有资料性，时代性就会失去光彩。新方志着重记述的是当代的人、事、物，服务于当代，具有强烈的时代感。因此，新方志采用的新资料、新思维、新方法、新体例来记述特定地域事物的历史与现状，不论是内容还是形式都深深地打上时代的烙印。

（三）资料性与地域性的关系

《地方志工作条例》指出，新方志是“全面系统地记述本行政区域自然、政治、经济、文化和社会的历史与现状的资料性文献”。这就明确告诉我们，新方志资料性是由地域性决定的。新方志所记述的全部资料都离不开所限定的地域范围：以特定的地域为空间范围，以特定的断限为时间范围，以这个地域的人、事、物为记述对象。因此，资料性是以地域性为基本前提的。地域性是新方志最重要的特征，离开地域性谈资料性，资料性就会失去存在的根基。资料性是新方志的本质体现，离开资料性，地域性也无从谈起，资料性使地域性特征更加鲜明。

（四）资料性与科学性的关系

新方志的资料性与科学性的关系，体现在资料性为科学性提供充分论证，科学性为资料性提供方法与指导。坚持资料性与科学性统一是社会主义新方志自身发展的要求。新方志是用资料来揭示自然界及人类社会的客观规律，而且在此基础上对地域事物内在矛盾进行剖析，揭示其“求新、求变、求发展”的历史必然性，无论是内容的记述，还是资料的搜集、整理、考辨、运用，都要坚持科学方法和科学态度。新方志是依靠科学性来记述地域事物发展历史的，其记述内容、记述形式和表现方法都是科学的。新方志不仅追求真，而且追求善与美，资料的准确、翔实、系统、可靠，是新方志编纂的基础，新方志只有具备资料性，才能体现科学性。具体表现在以下几个方面：一是搜集资料指导思想的科学性；二是运用资料方法的科学性；三是资料分析考证、归纳整理的科学性；四是资料取舍使用的科学性。

（五）资料性与综合性的关系

新方志的资料性与综合性的关系，如同把食材加工成食品一样，资料性是记述内容的特殊本质，综合性是记述方法的艺术表现。资料性是综合性表现的物质基础，综合性是资料性实现的艺术途径。没有资料性，综合性就无从谈起，同样，没有综合性，资料性就是一盘散沙。新方志是资料性与综合性的统一体。因资料性，新方志内容的综合性记述才能统合古今、总揽全局；因综合性，新方志的资料性才能科学系统、全面准确。

（六）资料性与著述性的关系

新方志的基本属性是资料性，著述性是新方志记述资料的表现形式。那么，新方志资料性与著述性又是什么关系呢？二者是内容与形式的关系。资料是内容，著述是形式，内容决定形式，形式为内容服务。资料是第一位的，它决定了新方志的基本特征和本质内容。著述是根据新方志性质和功能而采取的记述形式，是为客观真实记述资料服务的。离开了资料，著述就成了无本之木、无源之水。

第二节 资料的作用

资料是新方志的细胞，是修志的基础。资料的真实性、准确性、科学性是决定方志质量的重要前提。新方志特性是通过资料性来体现的。新方志编纂内容是否全面系统、真实准确、科学规范，取决于资料质量的好坏，资料的功能与新方志的功能互为表里，新方志的地位靠资料来确定，新方志功能靠资料来发挥，资料性越强，其新方志发挥的作用也就越大。

一、资料用以表明新方志政治观点

政治性是新方志的本质特征。新方志是以马克思列宁主义、毛泽东思想、邓小平理论、“三个代表”重要思想、科学发展观和习近平新时代中国特色社会主义思想为指导，编纂的宗旨是为中国特色社会主义服务，为改革开放和经济建设服务，为社会主义精神文明、物质文明和生态文明建设服务。新方志又是科学性突出的著述性工具书，严格遵循新方志编纂规律，严格遵守编纂体例规范要求，即述而不作，寓观点于对资料和史实的记述之中，用资料和史实说话。编纂者的政治主张和思想观点通过翔实的资料来说明，也就是说，新方志必须用具体事实、成果和数据来表明编纂者倡导什么、反对什么，坚持什么、贬斥什么。新方志所记述的“新事物、新成果、新局面”越是全面系统，越是准确真实，读者就越能从中体悟到党领导人民在推动特定地域政治、经济、文化、社会、生态环境建设中所进行的“求新、求变、求发展”过程及其付出的艰辛。从而加深对中国特色社会主义建设规律、中国共产党执政规律和人类社会发展的基本规律的认识和理解。更加坚定中国特色社会主义理想信念，坚定中国特色社会主义道路自信、理论自信、制度自信、文化自信。

二、资料用以总结事物基本经验教训

经验和教训是人类发展中获得的宝贵财富。经验可以使人们更加自信和自觉，教训可以使人们更加聪明谨慎。新方志记述特定地域事物发展变化的历史与现状时，既要有反映成就、记述成绩的资料，也要有反映失误、记述挫折的资料。比如形式主义、官僚主义、享乐主义和奢靡之风“四风”问题，在不同程度上影响了党和政府在人民群众中的良好形象，严重败坏了社会风气，严重影响了“现代化”的建设，严重影响了全面建设小康社会和实现伟大中国梦的进程。这些内容新方志要如实记述。又如改革开放是新时代最鲜明的特征，但改革开放不是一帆风顺的，也有波澜起伏，有曲折与失误，有经验与教训，新方志必须客观真实地加以记述。这是新方志性质决定的。只有用大量的丰富的资料和史实反映历史的本来面目，后人才能从中汲取成功的经验，记住失败的教训，从而更加自觉地依照客观规律办事。

三、资料用以揭示事物发展变化规律

新方志是明道之书，道就是客观规律。新方志是由资料构成的，没有资料就没有新方志的编纂，就没有新方志。新方志用资料反映特定地域事物兴衰起伏因果联系和曲折变化客观规律，给后人以借鉴。没有资料，新方志就无法反映事物的本质、揭示事物发展的规律。如记述改革开放，要全面、系统、完整记述改革开放全过程，还要客观、真实、全面、准确地记述改革开放取得的重大成就，用资料和史实说明改革开放是我国强国之道的道理。

四、资料用以彰显新方志地域特色

新方志的地域性是由资料所具有的地域性决定的。记述自然环境、地方物产、风俗民情、语言文化、城市建筑、精神风貌的资料，都有鲜明的地域特色，正是由于编纂者将具有地域特色的全部资料，经过精心选择、科学编排，才能编纂出具有地域特色的新方志。资料的地域性直接影响新方志的地域性。资料的地域性越突出，新方志的地域特征也越突出。所以在搜集整理资料时，应重点选择那些地域特色鲜明的资料和史实，用以彰显新方志的地域特色。

五、资料用以反映新方志时代特色

新方志是新时代的产物。任何一个时代都有其时代特色，旧时代有旧时代的特色，新时代有新时代的特色。用丰富翔实的资料和史实反映时代特色，反映历史变迁，是新方志的客观需要和本质要求。新方志是用新观点、新思维，采用新资料编纂而成的。新资料是基础，没有新资料就没有新观点，没有新资料就没有新思维。新资料源自改革开放的伟大实践，人们思想观念的更新、精神面貌的变化、物质生活水平和质量的提高，产生和形成的丰富多彩的资料，是反映新方志时代特色不可或缺的资料。

第三节　资料的来源

新方志编纂要十分重视资料的搜集、整理与运用。毛泽东在《改造我们的学习》一文中指出："要凭客观存在的事实，详细地占有材料，在马克思列宁主义一般原理的指导下，从这些材料中引出正确的结论。"（《毛泽东选集》第三卷801页）要占有资料首先要弄清楚资料的来源，资料不是道听途说得来的，资料来源渠道的正确、合法，是资料真实性前提。民国时期吴宗慈强调资料必须"明、确、详、速"。其中"确、详"就是指资料出处或来自书籍档案或来自他人之书，都要证据充分，抄录书籍档案则应抄录全文，若根据他人口述整理则应记述详尽细致。

一、文字资料

新方志资料主要来源于文字资料，而文字资料主要是以书面文字形式存在的资料。包括文献资料、图书资料、其他文字资料三个方面。

（一）文献资料

文献资料主要包括档案、文件、统计方面的资料。

1. 档案资料。是记述反映行政区域历史活动的真实过程和具体情况的资料。主要包括政治、经济、文化、社会、生态环境等方面的活动中直接形成的并具有保存价值的原始资料。

2. 文件资料。是反映整理保存的本行政区域生产和工作活动中形成的，具有查考保存价值的文件材料，包括收发文电、内部文件、会议文件及记录等。

3. 统计资料。也称统计信息，是统计部门或单位所搜集、整理、编制的各种统计数据资料的总称，它是进行国民经济宏观调控的决策依据，是社会公众了解国情国力和社会经济发展状况的信息依托。是新方志最为重要的记述资料，是新方志价值的重要体现。

（二） 图书报刊资料

图书报刊资料是指公开出版发行的图书、报纸杂志等记述的资料。

1. 图书资料。是指图书记述的资料，是新方志重要资料来源。凡公开出版发行的图书，关涉当地情况的资料，既是新方志资料的来源，也是新方志资料考证的重要参考依据。

2. 报纸杂志。是指各个时期公开出版的报纸杂志上关于特定地域事物的报道和文章等，它是历史活动的真实或曲折的记述，所记述的内容丰富而具体，有较高的史料价值，是新方志资料的重要来源。

（三） 其他文字资料

1. 私人著述。包括当事人、当地人的笔记、手稿、诗文、回忆录、调查记录、演讲稿等记述的资料。这些资料往往具有很高的史料价值，可以补充档案资料之不足。

2. 单位或机构史志资料。是指本地区、本部门历代史志资料，或其他公开出版物记述的当地的情况或资料。

二、实物资料

实物资料是指具有资料价值的历史实物。包括实地实物考察、测绘、拍照、录像等形成的资料。主要包括以下几种：

（一） 文物资料，包括文物、纪念物、金石碑刻等资料

1. 文物。文物是人类在历史发展过程中遗留下来的遗物、遗迹。它是人类宝贵的历史文化遗产。文物是指具体的物质遗存，是由人类创造的，或者是与人类活动有关的；已经成为历史的过去，不可能再重新创造的。

2. 纪念物。纪念物是拥有突出独特的价值，又因其具备代表性的文化特质或象征意义的事物。诸如遗址、遗迹、纪念地或纪念碑（建筑）等。

3. 金石碑刻。关涉特定地域的各个时期的金石碑刻及拓本。本身具

有很高的文物价值，尤其是碑刻，其文字涉及内容非常广泛，所载资料本身就具有重要史料价值，是新方志记述内容不可或缺的重要资料。

（二）音像资料

音像资料是指各种具有保存和参考价值的磁带、唱片、光盘、磁盘等视听资料，可与其他资料互证。

（三）图片资料

图片资料是指地图、图纸、统计图表、新闻图片、人物照片、实物照片等资料。是新方志资料的重要组成部分，新方志由此得以图文并茂，增强新方志的资料价值和可读性。

三、口碑资料

口碑资料俗称活资料，即存在人们脑海中、口口相传的资料，是新方志的重要资料，主要包括：

1. 民间广为流传的逸闻趣事和传说。如关于当地有影响的传闻或传奇故事，或是当地人关于某人某事的传说和故事。

2. 当地的剧种、剧目或音乐作品以及歌谣、谚语、歇后语等资料。

3. 当事人或知情人对当代和现代重大历史事件或个人经历的追述资料。

四、网络信息资料

通过网络平台发布的信息资料，其信息资料数量多、分布广、更新快，是新方志需要关注的重要资料，但需要加以认真甄别、筛选。

第四节　资料的搜集

资料搜集指依据新方志编纂的目的，通过相关的媒介和渠道，采用相适宜的方法，有计划地获取资料的工作过程。根据资料搜集的目的，确定资料搜集的主要方式；制订资料搜集计划，明确搜集的内容；采取正确的搜集方法，保证资料搜集的质量。

一、资料搜集的主要渠道

征集资料是新方志编纂工作中重要的方法，通过发布文告，提供征集的内容、范围、标准等，向社会广泛征集资料。这是获得资料的重要手段。

编纂新方志所用的资料以不同的形态存在于不同的地方。搜集资料要有正确、有效的渠道。

（一）查阅档案

档案能够为编纂新方志提供真实准确的资料。档案是保存历史资料的重要方式，档案有部门或单位分散管理和档案馆集中管理等形式。搜集资料首先要查阅档案。首先要查阅部门或单位保管的档案资料，弄清部门或单位档案资料的数量、类别、涉及的范围、各类资料的基本情况、欠缺资料情况。视部门或单位档案资料查阅情况，再到档案馆查阅。档案馆收藏的资料种类繁多，查阅前要提出计划和任务清单，做到有的放矢地查阅。查阅档案资料应遵循“先近后远”的原则。充分利用各种检索工具，诸如案卷目录、重要文件索引、专业目录、卷宗索引、专题介绍等。

（二）查阅馆藏

馆藏资料主要是指图书馆、档案馆、方志馆、文史馆、纪念馆等各种馆内所收藏的资料。我国馆藏资源非常丰富，充分利用馆藏资料，是丰富新方志记述内容的重要基础。

（三）查阅图书

查阅本地编辑出版的历史书籍、地情书籍、记载本地各方面情况的书籍，这是搜集资料的重点。图书资料非常丰富，浩如烟海。所以，查阅图书要先确定查阅的目标和内容，善于运用图书目录、索引，以达到事半功倍的效果。

（四）查阅报刊

根据新方志编纂需要，查阅公开出版报纸杂志，凡有记载本地情况的报纸杂志，都要认真查阅，确保资料来源的广泛性和内容的丰富性。特别是一些公开出版的专业性报纸杂志，记载本地情况诸如人口、地名、各种资源、农业、工业、第三产业、对外贸易、金融、服务业等资料，均应查阅仔细，了解全面。

（五）查阅外文

外文资料主要是指外国政府机构和非政府机构收集和保存的涉及中国及其相关地域事物的文字资料。诸如贸易条约、交流协定、合约及项目等文字资料。这些资料可以补充国内资料的不足，丰富新方志的内容。

（六）查阅网络

网络平台是资料传播的重要工具。网络资料将成为新方志资料的来源新渠道。因此，编纂新方志要充分利用网络来搜集相关资料。

（七）征访口碑

口碑资料又称活资料，主要是指那些没有书面记载的、民间口口相传的资料和史实。通过访问当事人、见证人或对该事物情况有了解的相关人士，记述这些内容，以弥补著述不足。搜集口碑资料需要做很多细致工作，可以走出去，亲自拜访相关人士；也可把相关人士请进来进行座谈，了解情况；还可约请有关人士写回忆录等。

（八）实地调研

实地调查是获得第一手资料的最有效途径。实地调研是指通过考察了解客观事物和情况直接获取有关资料，并对这些资料进行分析的研究方法。调查研究是科学研究中一个常用的方法，它是指一般通过问卷、访谈等方法了解调查对象的有关咨询，加以分析来开展研究，获取有价值的资料。是新方志搜集资料的重要渠道。

二、资料搜集的重点内容

资料性作为新方志的本质特征，是新方志成为科学著述的物质基础。新方志记述的资料必须符合全面性、系统性、整体性的要求。新方志资料搜集的重点内容应该是“巨细毕收，博而能断”。即凡关涉一个地方或部门在新方志断限内的各个方面重要的、有价值的资料，都要搜集齐备，没有遗漏。做到客观与真实的统一、宏观与微观的统一、全面与重点的统一；要注意整合特定地域事物的起源、发展的阶段与现状相统一的资料。既要有主体资料，也要有背景资料；既要有全面性、系统性、整体性的综合资料，也要有典型性、代表性、方向性的具体资料；既要有正面的、成功的资料，也要有反面的、失败的资料；既要有综合性的、反映事物全貌的共性概括资料，也要有特殊性的、反映事物特殊本质的典型资料；既要有文献资料，也要有口碑资料和动态资料。

社会主义新方志资料搜集的重点内容应该是：反映中国特色社会主义建设规律、中国共产党执政规律、中国社会发展基本规律的资料；反映中国人民开辟中国特色社会主义道路、建设中国特色社会主义制度、创新中国特色社会主义理论、繁荣中国特色社会主义文化的资料；反映中国人民实现民族独立与解放，开展社会主义革命和建设，坚持以经济建设为中心、实行改革开放，从站起来到富起来再到强起来的资料；反映我国经济、政治、文化、社会、生态环境建设成就的资料；反映我国加强人文建设，特别是加强社会主义核心价值观、伦理道德及社会公德建设方面的资料，反映我国推动物质文明和精神文明建设方面的资料；反映特定地域求变、求新、求发展的历史过程，反映新事物、新成果、新局面的资料；反映一方事物性质及矛盾运动规律、事物兴衰起伏因果关系的资料等。

三、资料搜集的基本方法

新方志资料存在形式有文字资料、实物资料、口碑资料、网络资料。资料的存在形式不同，搜集的方法也不相同。不管以何种方法搜集资料，都要始终坚持辩证唯物主义和历史唯物主义的观点和方法，广征博引，仔细甄别，坚持实事求是，坚持价值性和适用性相统一。

（一）文字资料搜集

广泛查阅相关文字记述，包括种类档案、图书、报纸、期刊、各类旧方志、文史资料、辞书、书籍目录、提要、检索、图表、年表、年鉴、丛书、类书、政书、私人收藏的有价值的书信、札记、游记、家谱、族谱、碑帖等。对于文字资料的搜集要做到博而广、精而准。

（二）实物资料搜集

对本地区具有资料价值的历史实物进行实地、实物考察，运用测绘、拍照、录像等手段搜集的资料。包括文物资料（文物、纪念物、金石碑刻）、音像资料（有参考价值的磁带、唱片、光盘、磁盘等）、图片资料（地图、图纸、统计图表、新闻图片、人物照片、实物照片等）。是新方志资料的重要组成部分，增强新方志的资料价值和可读性。

（三）口碑资料搜集

口碑资料的搜集有四种方法：一是走出去，登门拜访知情者；二是把知情者请来开座谈会，了解情况；三是查找知情者写的回忆录等私人著述资料；四是运用行政手段，如发布文件公开征集有关资料。口碑资料是“活”资料，抢救“活”资料是方志工作的重要责任，是增强志书鲜活性、时代性的途径之一。

（四）网络资料搜集

网络资料的搜集要遵循目的性、科学性、系统性原则。网络资料搜集要围绕新方志编纂宗旨和目标任务，有目的、有针对性地搜集资料。由于网络资料来源复杂，质量参差不齐，搜集要有科学性，注意对所搜集的资料进行考订征辨，确保网络资料出处清晰，来源合法，内容真实、准确。

第五节 资料的考订与整理

新方志是资料性工具书，没有资料是无法编纂成新方志的，低劣的资料也无法编纂出高质量的新方志。搜集到的资料要按照事物发展的全要素、全方位、全过程的要求，进行考订和整理，唯有如此，才能保证资料的真实、准确，这也是新方志的质量要求。清雍正六年上谕："朕惟志书与史传相关里，共登载一代名宦人物，较之山川风土，尤为紧要，必详细确查、慎重采录，至公至当，使伟绩懿行，逾久弥光，乃称不极盛事。今苦以一年为期，恐时日太促，或不免草率从事。着各省督抚，将本省通志，重加修辑，务期考据详明，摭采精当，既无阙略，亦无冒滥，以成光善之书。如一年未能梭事，或宽至二三年内，纂成具奏。如所纂之书，果能精详公当，而又速成，著总督抚掌宦，但交部议叙。倘时日既延，而所纂之书，又草率滥略，亦即从重处分。"①

一、资料的考订

资料的考订是对搜集的资料进行鉴别、核实，以保证资料的真实可靠，是提高新方志质量必不可少的工作。

（一）人　证

对搜集的资料找当事人或知情人提供口碑资料或文字资料来加以证实，确定所搜集资料的真实可靠性。

（二）物　证

对拟记入新方志的资料查找实物资料加以证实，或实地考察来修正文献资料，实物资料必须是编纂者亲自调查取得的并经过鉴定和认定的第一手资料。

① ［清］雍正六年上谕．世宗宪皇帝实录卷七十五．

（三）书　证

将同一问题的不同资料进行比对，以确定其准确性，科学研究必须是历史有明确记述的史实，书证即书面资料，包括档案，公开出版图书、杂志、报纸、年鉴，私人著述、手稿、书信、笔记等。确保资料出处明确，来源清楚。

（四）理　证

理证即对搜集的资料存在疑问的地方，采取逻辑推理的办法来论证其正确性。

资料的考订是为保证资料的真实性、可靠性。在编纂新方志时可以综合运用人证、物证、书证和理证的办法。

二、资料的整理

资料的整理工作是把经过鉴别、考订的资料进行总体分析和系统归纳，把资料按事物的性质和门类有条理、有系统地排列起来，便于编纂运用和保存。

（一）建立卡片

资料卡片是编纂新方志最基本、最有效的形式。资料卡片便于分类保管和查阅使用。建立资料卡片常用的有四种：

1. 资料摘录卡，包括著录内容：编目、形成时间、题目内容、种类、资料出处、摘录人、流水号、摘录时间等。

2. 资料索引卡，可分为篇目索引卡、语词索引卡、主题索引卡、人物索引卡等，资料索引卡内容包括资料标题、资料出处。

3. 资料摘要卡片，内容包括文献名称、作者姓名、形成年代、版本、出版时间及内容要点。

4. 书目卡，内容包括书名、版本号、出版日期、篇章节、页码。

（二）资料的分类

资料的分类是形成资料体系的重要途径。是将多种资料根据新方志编纂要求，分门别类地、系统地、科学地组织编排到分类体系里去，保证资料各得其所。

资料分类的主要形式有四种：

1. 按事物性质分类。

2. 按事物变化时间顺序分类。

3. 按事件分类。

4. 按资料的形式分类。资料分类应注意问题：

（1）掌握编纂目的和宗旨，同一学科内容或涉及不同学科的资料，要围绕编纂目的，明确内容重点，进行分类。

（2）注意归纳最具代表性、最有使用价值的类别，同一资料涉及几个学科范围几种用途，就要按资料归入最具代表性和最大用途的类别。

（3）掌握资料分类体系的系统性，资料分类要注意科学性、因果关系。

（4）对同一性质的资料应注意分类的前后一致性，记述一个主题某一方面资料，应按主题的某一方面归类；记述主题几个方面的资料，一般按主题本身的学科性质归类；从不同方面记述同一主题的资料，一般按所记述的主题分类。

（5）不能单凭资料的名称分类，资料的名称只能作为分类的参考，归类的基本依据是资料的主题内容。

（三）编辑长编

资料长编即资料汇编，是指按照特定的目的和结构把搜集到的原始资料编辑成册。资料长编是进一步整理资料的有效手段。资料长编是搜集整理资料的最后一道工序，是十分重要的基础性工作，是编纂新方志不可或缺的环节，也是保证新方志质量、充分发挥资料作用的重要措施：一是通过对资料选题研究，可以使编纂人员熟悉资料，为编纂做好准备；二是形成资料汇编，可以发现资料存在的问题，为进一步搜集、考订资料提供信息；三是便于组织审查和征求意见，系统了解对资料占有情况，掌握编纂进度；四是资料汇编能够较快地为编纂新方志提供高效服务。资料汇编可以根据需要，选择采用编年纪事体、纂辑体、著述体。

如何做好资料长编工作？可以分三步进行：第一步对资料进行筛选，通过类比，在同一问题的诸多资料中，去掉重复的、多余的、不必要的资料，确定可以入志的资料；第二步对资料进行鉴别核实，选取真实可靠的资料入志；第三步按篇目分类，按时序编排，说明资料出处，然后汇集成册。通过这三个步骤，可以使分散的资料集中化，使零散资料系统化，通过筛选、提炼，形成真实可靠的资料储备。

第六节　资料的分类与运用

从资料在新方志中的地位和功能看，资料可以分为主体资料、背景资料，综合资料、具体与抽象资料，概括资料、典型资料。科学运用资料是保证新方志质量的客观要求。

一、资料的分类

（一）主体资料

新方志的主体资料是指直接反映所记述事物的主要性质、发展变化过程及其基本规律的资料。新方志主体资料具有以下特征：一是在地位上具有统领性，即主体资料在新方志中占主导地位，它主宰背景资料；二是在范围上具有规定性，即主体资料必须遵循新方志凡例所规定的时间和空间界限，它必须是新方志记述事物规定时限（断限）内的事物，必须是特定地域范围内的事物，时限和地域外的事物要记述，必须与本地区具有相关性，且只能作为背景资料加以记述；三是在层次上具有系统性，即新方志记述事物的性质、发展过程要以时间为序、按因果关系来记述，从逻辑关系看，大主体资料与小主体资料具有统属关系或领属关系。

（二）背景资料

新方志具有明道、资治、存史、辅教的功能。它展示给读者的是关于特定地域事物变化的历史和现状，不仅要使读者知其然，还要使读者知其所以然。因此，背景资料是不可或缺的重要资料。背景资料虽然处在新方志记述的从属地位，服从和服务于主体资料，但它可以映衬、烘托主体资料。具体体现在：

1. 背景资料可以清楚标定主体事物的时间范围、空间位置。

2. 背景资料可以彰明事物兴衰起伏的原因与结果，从而揭示事物发展客观规律。

3. 背景资料可以揭示主体事物的本质特征，让读者能够清晰认识事物发展变化的全过程。

4. 背景资料可以反映主体事物出现的“新事物、新成果、新局面”及其功过是非等。

背景资料根据不同的划分标准有不同的种类。按时间划分，可分为历史背景资料、现实背景资料；按事物性质划分，可分为自然环境背景资料、社会环境背景资料；若以新方志凡例规定的断限和地域为划分标准，可分为区域内背景资料、区域外背景资料，时限内背景资料、时限外背景资料。

特别值得注意的是，在编纂新方志时，务必处理好背景资料和主体资料的关系。背景资料对主体资料具有依附性，主体资料对背景资料具有主导性，没有无主体的背景事物，也没有无背景的主体事物，背景资料因主体事物而更具生命力，主体事物因背景资料而更有说服力；背景资料不能脱离主体事物而孤立存在于新方志之中，也不能远离主体事物而牵强附会。同时，背景资料和主体资料也不是绝对的，即主体和背景是随记述事物的主客体变化而转化的。背景资料是满足新方志记述主体事物的需要，可以突破凡例所规定的时限和域界。使用背景资料时应注意，选用背景资料既要防止片面，又切忌喧宾夺主，影响主体，要多用直接背景资料，少用间接背景资料。

（三）综合资料

所谓综合资料是指反映新方志记述事物整体的、宏观的、全面状况的资料。综合资料一般在新方志的概述中运用比较多。它可以帮助读者鸟瞰新方志记述事物的全要素、全方位、全过程，向读者展示新方志所记述事物存在的广度、深度和发展变化速度，反映新方志所记述事物各要素间的关系和变化。综合资料是新方志质量和生命的基础。根据不同划分标准，可分为全面综合资料、单项综合资料，静态综合资料、动态综合资料，数量判断综合资料、性质判断综合资料等不同类型。综合资料是运用辩证逻辑思维，对搜集的一般性资料进行综合加工整理得来的。所谓综合，就是把新方志所记述事物相互联系的要素（部分的、方面的、特殊的、因素的）联系起来加以考察、分析，从而形成对事物统一整体的认识。

（四）具体与抽象资料

它是人们运用具体思想方法再现新方志所记述事物的整体及本质特征的资料。从具体事物到抽象思维、从抽象思维再到具体事物，是人们认识客观事物的一般规律，是辩证逻辑研究的重要内容。具体指的是不抽象，不笼统，细节很明确的实际存在的真实的事物。抽象是通过分析与综合的途径，运用概念在人脑中再现对象的本质的方法，分为质的抽象和本质的抽象。分析形成质的抽象，综合形成本质的抽象（也叫具体的抽象）。作为科学体系出发点和人对事物完整的认识，只能是本质的抽象（具体的抽象）。质的抽象只能是本质的抽象中的一个环节，不能作为完整的认识，更不能作为科学体系的出发点。抽象思维是借助于概念、判断和推理来反映客观事物的本质，揭示其内在本质及其发展规律的方法；具体思维是抽象思维的规定性在具体事物上的客观反映，即运用事物的具体形象、表象以及对表象的联想所进行的思维。抽象思维得出的资料是抽象资料，具体思维得出的资料是具体资料。新方志编纂离不开具体资料和抽象资料。新方志编纂中，一方面要善于利用抽象资料反映客观事物的本质，揭示其内在本质及其发展，用抽象思维指导具体思维，特别是在搜集资料时，要善于将具体资料进行加工和发掘，将具体资料上升为抽象资料，使读者通过阅读新方志获得远远超出靠感觉器官直接感知的知识，进而认识反映自然界或社会物质过程的内在本质及其发展规律。另一方面要防止过于抽象化、概念化倾向，如新方志记述重要会议、文件及奋斗目标、行动口号时抽象概括资料过多，记述政策措施的实施及效应的具体资料不充分，容易出现“泛政治化”的问题。空洞的、臆造的、难以概括的抽象资料是不科学的抽象资料。

（五）概括资料

概括资料是人们思维概括性的反映。思维概括性使人类的认识活动摆脱了对具体事物的依赖性和直接感知的局限性，拓宽了人类的认识范围，也加深了对事物的理解，使人们更迅速、更科学地认识世界成为可能。思维概括性就是思维凭借知识经验对客观事物进行的间接反映。具体说来：

1. 思维凭借着知识经验，能对没有直接作用于感觉器官的事物及其属性或联系加以反映。

2. 思维凭借着知识经验，能对原本不能直接感知的事物及其属性进行反映。

3. 思维凭借着知识经验，能在认识现实事物的基础上进行蔓延式（假设、想象）的无止境的扩展。

因此，思维概括性为人类超越感知提供概括资料，即通过“去粗取精，去伪存真，由此及彼，由表及里”的思维活动，把某些具有相同性的事物抽象出来的本质，扩大到具有这些相同性质的一切事物，从而帮助读者认识事物的那些没有直接作用于人的感官的各种属性，揭露事物的本质和规律，预见事物的发展和变化。概括资料是新方志十分宝贵的资料。概括资料信息密集，阐述事物性质及变化规律，可以对志书起到画龙点睛的作用；概括资料语言精练，可以提高新方志的感染力；概括资料既是事实升华，又是理论深化，可以增强新方志功能。概括资料是二次加工的资料，也有它的局限性，受编纂者学识水平的限制和资料的片面性限制而出现某种“偏差”。这是概括时必须注意防止的问题。

（六）典型资料

它是具有代表性、普遍性，能反映事物本质及其发展规律的资料。可分为典型事实资料、典型事件资料、典型单位资料、典型人物资料、典型数据资料、典型图表资料。新方志是靠资料和史实说话的，典型资料和史实是最具说服力的。典型材料是介绍典型人、事、物方面是什么、做了什么、怎么做、做成什么的资料，重点反映新方志记述事物的本质特征及其变化规律。因此，典型资料要求具体透彻、特点鲜明，具有真实性、先进性、代表性。典型资料比较生动、具体，最具说服力，最能反映事物的本质特征和基本面貌，运用得当，可以起到“事半功倍”的作用，文约事丰，对提升新方志质量具有重要作用。

二、资料的运用

（一）文字资料的运用

文字资料是关系新方志的质量和生命的核心要素，是体现新方志特征的关键。新方志要记述特定地域自然与社会、历史与现状的全面情况，自然、经济、政治、文化、社会、生态环境等无所不包，天文地理、风俗民情、名胜古迹等广泛记述，运用好各方面的文字资料，成为新方志编纂工作的关键环节。一个地域事物发展形成的文字资料是相当多的，如何从汗牛充栋的文字资料中选择合适的内容进行编纂记述呢？根据新方志的性质特征来说，有如下六类：

1. 选择运用反映一方事物发展变化因果联系的资料。因果联系是事物变化的本质联系。新方志要用记述资料向读者反映事物发展的结果或成果，也要用资料来向读者揭示事物变化的原因和发端，在彰明因果关系中揭示事物发展变化的基本规律。

2. 善于选择运用反映事物发展过程兴衰起伏的资料，将事物发展的阶段性特征在新方志中反映出来，以便读者在阅读新方志时从中借鉴历史经验和教训，进而学习借鉴历史经验，更好地推动事物发展。

3. 注意选择运用能反映地域特色的资料。这是新方志性质特征所要求的。要精心选择那些记述一个地域历史上久负盛名的事物，首创、特有的事物，能反映地域特色的资料。

4. 认真选择运用反映时代特色的资料。新方志要高度重视 1978 年党的十一届三中全会以来的改革开放、经济体制改革、精神文明建设等具有鲜明时代特色的资料的运用。

5. 注意选择运用反映一个地域事物发展趋势的资料，尤其是反映事物求变、求新、求发展及新事物、新成果、新局面的资料，要重点加以运用。

6. 特别注意选择运用突显人文精神、反映人民群众参与改革开放伟大实践的资料，选择运用那些记述人民群众艰苦创业、英勇奋斗的资料，这些资料记述在新方志中，能够鼓舞读者，培养优良的社会风气。

（二）实物与影像资料的运用

影像资料是运用现代科技手段（摄影、录音）制作的能够直观、形象而又生动再现事物原貌的影像资料。它具有文字表述所无法替代的直观性、真实性、形象性特点，其丰富的色彩、画面、构图、主题、内涵等，可以说是无声的语言，能丰富新方志的内容，增加新方志的内涵，使读者有身临其境的感觉和认知。新方志运用影像资料要注意重点选择以下内容：

1. 注意选择运用一方风物名胜古迹、重建古代建筑与考古发现文物等实物资料；这类资料记述一地事物兴衰变化历程，客观真实地记述，增添新方志的纵深感和厚度。

2. 注意选择运用市政建设方面的重点实物资料，将一些具有地标意义的建筑与 1978 年实行改革开放以来新地标建筑一并记述下来，可以突出一方事物变化的特征。

3. 注意选择一方具有纪念意义和重大影响的社会政治活动、重大事件的场景资料，运用这类资料，重现一些历史性、决定性并使该地产生某些方面重大变化的时代背景，让一些文字资料记述有了场景再现，更加具有说服力。

4. 注意选择领袖与各界知名人物、上级重要领导人物到本地的一些重要活动的资料，这类影像资料既要注意层次与侧重点，又要注意关键点和重要的典型场景，以展现一个地域的历史地位与影响。

5. 注意选择运用一个地域经济建设活动中的影像资料，特别是工农商贸服科教文卫体等各行各业具有行业特色和时代特点的影像资料，是新方志用以反映不同历史阶段人民群众发展经济、改革创新的精神面貌的重要资料。

6. 注意选择运用具有地域特色的人文活动的影像资料，包括文体活动影像资料、艺术作品宣传展览的影像资料。这类影像资料既可丰富新方志的内涵，又可提高新方志的艺术品位。

7. 注意选择运用碑刻、拓片、字帖、挂图、饰物、乐器、私人著述及其他具有独特意义的影像资料。

（三）数字资料的运用

数字资料在新方志中占有重要地位。数字资料的准确性、真实性直接关系新方志的质量和生命。数字资料的运用必须严谨审慎，确保数字资料的真实准确。具体要求是：

1. 选择运用数字资料必须是权威部门提供或公开发布的数字资料，要以统计部门编制发布的统计数字资料为准，统计部门以外的数字资料可以从政府制发的文件及规划设计、社会公开出版发行的图书、报刊中摘录。

2. 选择运用数字资料以表格形式反映，表格的表题、项目、表号、计量单位要齐全、统一、规范。

3. 选择运用数字资料要做到真实准确，有误差的数字资料要严格核对，校正准确，没有校准的数字资料不得选择运用。

4. 选择运用数字资料在新方志中要保持统一，篇、章、节之间，文与表之间不能发生矛盾。

5. 选择运用数字资料做到同一表格中分项构成与总项要准确无误，不能出现矛盾。

6. 选择运用数字资料要突出典型性和独特性，是最能反映一个地域实情的数字资料。

7. 选择运用数字资料要始终体现新方志的宗旨，选择运用的数字资料要具有地域性和著述性特点。

8. 选择运用数字资料要体例统一，切忌混杂，要文省事明，切忌重复。

（四）其他资料的运用

其他资料的运用，有多种形式，主要有：

1. 旧方志资料的运用，要严谨审慎，简洁明快，核实无误，准确真实，雅致合体。做到牵强附会的资料不用，不符合政治性、时代性要求的资料不用。运用资料做到七个切忌：①切忌条理不清；②切忌详略失当；③切忌偏尚文辞；④切忌装点名胜；⑤切忌贪载传奇；⑥切忌泥古不变；⑦切忌妄翻旧案。

2. 有关人物资料的选择运用，新方志中最敏感的问题是人物传记，因而选择运用人物资料一定要严格按照凡例中制定的标准执行，无论是人物传略、人物简介、人物表等资料，都要做到有根据，真实准确。坚持生人不立传。对传主的臧否要实事求是，朴实无华。

3. 大事记资料的运用。大事记是从事物开始一直延续到新方志的下限，记载的都是一个地域的大事要情，它是新方志的经脉。大事记的内容与新方志各篇章节目的内容血肉相连，相互贯通。因此，选择运用大事记资料要准确、严谨、简明扼要。

（五）资料运用的基本要求

新方志始终坚持述而不作，坚持用资料和史实说明思想观点和政治主张。新方志在选择运用各种资料时，要坚持以马克思列宁主义、毛泽东思想、邓小平理论、“三个代表”重要思想、科学发展观和习近平新时代中国特色社会主义思想为指导，本着严谨审慎、客观真实、科学规范的原则，坚持用新观点、新方法、新思维、新资料编纂新方志，要选择运用那些能够准确反映特定地域的自然与社会，政治与经济及风俗人情等方面状况的综合资料、抽象资料和主体资料来编纂新方志。选择运用的资料要突出地域性、时代性，对所选择运用的资料本身不作任何评论。任何事物的发生、发展、消亡都与其相关的政治背景、社会背景，特别是重大的历史事件有着复杂的因果关系，故选择运用资料时，要注意选择运用历史背景资料，只有准确的历史背景资料，才能把事物的发生、发展及变化的全过程说明清楚。

第七章 新方志的体裁及编纂

新方志体裁是指按照方志表述对象的内容和性质而采用的各种表现形式，主要包括述、记、志、传、图、表、录七种体裁。

第一节 概述的功能特点及编写

概述或称总述，是新方志的总体描述或总体概括，是新方志的重要组成部分。概述作为社会主义新方志在体例上的创新，各地编纂新方志竞相采用，效果良好。

一、概述源流

概述之于新方志十分重要，其产生、发展、演变既有历史发展原因，亦经历逐渐认识过程。

（一）概述的产生

概述是应方志发展需要而产生的。上乘旧方志，因其资料丰富，考证翔实，精于编纂，在明道、资治、存史、辅教方面发挥了重要作用，但旧方志因篇目设计而存在弊端。董一博说，旧方志有五大弊端：一是独立栏界，互无关系；二是机械静止，不见运动；三是局限体例，因果不彰；四是规律不明，鉴戒不显；五是卷帙浩繁，费时费力。[①] 古代方志学界对此认识已久，亦想进行补救。如南宋施谔在其编纂的《淳祐临安志》中，各篇之首设小序，延续至明清两代，旧方志之首设小序被普遍推广。至民国，黄炎培为补救旧方志“因果不彰”之不足，在其编纂的《川沙县志》中设“导言”以述“本县大势与略史”外，又在每卷之首设概述。这一大胆探索，得到方志学界的认可。

① 董一博．再论“概述篇”的设置问题［J］辽宁地方志通讯，1985（05）．

（二）新方志设立概述，是经历了从认识到认同的过程

黄炎培可称得上是概述的首倡者，然其所倡概述的概念与现今新方志概述的概念有很大差异。新方志概述是新方志的一个创新。1980年新方志开始尝试设立概述篇，直到1985年，中国地方志指导小组在其制发的《新编地方志工作暂行规定》中，将概述列入新方志的基本篇目，概述作为首轮修志的创新成果被广泛使用。方志学界在实践中探索，在探索中实践，推动了概述这一体裁的发展和完善。1996年6月，中国地方志指导小组在《全国省志专业志质量研讨会会议纪要》中再次强调，概述是新编省志专业志的一个创新，为新方志的重要体裁之一，写好概述是提高省志整体质量的一个关键。至此，关于新方志要不要设立概述的争论才算基本平息，概述被确定为新方志的重要组成部分。但如何写好概述仍然是当前迫切需要解决的突出问题。

二、概述功能

新方志概述是适应方志编撰发展需要而产生的。新方志设立概述针对性很强，就是为了解决旧方志篇章间的割裂状态和因述而不作造成读者不知所以然的弊端。通过概述，把新方志全书记述事物的总势大略有机地组织起来，阐明新方志的宏观结构，概地方长短优劣之势，述地方兴衰利弊之由，帮助读者综览全书。因此，概述居新方志之统治地位，于新方志有提纲挈领的作用。主要功能是：

（一）概括新方志全貌，构成立体鸟瞰图

概述设立的目的是为了克服旧方志横排竖写，各篇互不联系的弊病。新方志设立概述，可以对全书各篇章内容融会贯通地概而述之，用简洁的语言将全部内容浓缩成一幅完整的立体画卷，既有横向勾画，又有纵向展示，纵横交错，全方位展示方志内容的总面貌，让读者一目了然，从宏观上看清方志内容的总体情况。

（二）阐明事物间的联系，突出新方志内容的整体性

新方志记述特定地域自然、社会、历史、文化等方面的百科事物，不是孤立的、静止的，一地事物的形成、运动、发展和变化，都是有天然联系的，事物之间的相互联系、相互作用、相互制约，决定了该地域事物的性质和发展方向。新方志的内容按横排纵写的原则，很难全面准确地反映出事物的客观联系和发展变化的因果关系。概述的设立，弥补了新方志横排纵写的不足之处，沟通了栏界，把条块分割、

自成体系的事物连接起来，较好地反映了一地事物之间的内部联系，更加突出了新方志内容的整体性，便于读者阅读新方志，把握新方志的整体内容。

（三）彰明一地事物变化的因果关联，揭示事物发展的客观规律

旧方志恪守体例规范，坚持述而不作，寓思想观点和政治主张于所记述的资料和史实之中，确保了方志为一个地域之全史、信史，但由于旧方志篇目及其内容各自局促于一隅，有静无动，无相互关联和制约，告诉读者的是其然，缺少其所以然。有果无因，影响了方志功能的发挥。新方志概述的设立，便可通过概述来统领各篇，衔接各章，融合各节，把整部志书的内容贯穿起来，形成相互联系的整体。概述可以把一地事物发展运动写成动态，让读者在事物发展运动过程中，了解事物发展运动的原因和结果，进而理解事物发展的客观规律，鉴古知今昭示未来。

（四）总结经验教训，指明发展方向

旧方志横排篇目，平叙情况，或因事件而摆出问题，对问题不作研讨。新方志通过设立概述，比较好地解决了论证长短优劣、示人以方向的问题。新方志因为设立了概述，在编纂内容时既坚守述而不作、寓褒贬于记述之中，又能通过概述的形式，把编纂者的观点和主张明确提出来。编写概述时，可以采用据实论理的方法，纵论一地的大势大略，对当地的自然与社会、历史与现实的长短优劣，进行分析比较，对事物之间的相互联系、相互制约、相互矛盾、相互促进的原因、变化规律，发展的障碍、潜力、前途等，均可作评述，直接表明观点。因此，新方志可以给读者直接提供一地发展变化的经验教训，帮助读者看清一地事物发展前进的方向。

（五）内容提纲挈领，方便读者阅览

一部新方志少则几十万字，多则上百万字，不仅内容浩繁，而且种类繁多，阅读新方志的确是件耗时耗力的事。新方志的概述，是全志内容的总括，它是在对所记述一个地域事物发展变化的浩繁资料进行全面分析与综合，把握全志记述事物的现象与本质的基础上编写而成的。既有对一地情况的整体把握，又有理论、规律认识，为读者深入了解当地的历史和现状提供了指导，方便读者从浩瀚的新方志中迅速快捷地找到所需要的知识。

三、概述特点

概述是新方志有别于旧方志的体裁之一。概述自从确定为新方志必备体裁后，对丰富新方志内容体裁有特殊意义。但在实践中，概述的编写也存在一些需要解决的问题。如有的概述缺乏从宏观上把握提炼，概括事物的高度不够，没有起到纲领性作用；有的概述内容庞杂零乱，主线不清，有些内容重复，主题不明；阐明事物因果关系不充分，揭示事物发展规律不准确；概述的层次结构设计缺乏科学严谨性，文字不简练，篇幅冗长，缺乏可读性。要编写好概述，首先要知道概述必须具备的特点。

（一）概括性

它是概述最本质特征的体现。概述重点是概指大势要情、述特色优长，对全志内容起到钩玄提要的作用。

（二）整体性

整体性即概述事物时坚持三维观察，立体展示，全面反映。概而不偏，整体概括。

（三）科学性

科学性主要体现在编写概述者将一方事物的资料和史料进行科学分析，使一地的资料和史实记述上升为反映地域社会经济发展规律的科学性记述。

（四）规律性

概述通过叙述一地事物发展变化的因果联系，门类之间的相互影响，揭示事物发展兴衰起伏的原因及规律，给人以启示。

（五）可读性

概述的语言要简洁凝练，文采要雅静，概述内容要条理清晰、层次分明，文字要准确、流畅、生动，给人以感染力，增强可读性。

（六）引导性

概述是新方志内容的纲领性文字，统揽全志，读概述便可知新方志记述内容的梗概。概述要具有引导性或启示性，即概述的文字对读者要有吸引力，读完概述能够激发读者继续深入读整部志书的兴趣和欲望。

四、概述内容

概述的内容是由新方志的内容决定的。作为新方志全志的总纲，概述既是新方志内容的宏观总结和概括，又是全志脉络的体现。概述是应新方志发展的需要产生的，时代在变化，概述的内容也在变化。因此，很难对概述的内容作硬性规定。

（一）概述内容总体要求

从已经出版的新方志概述看，概述内容总体要求是：

1. 总括新方志内容的全貌。概述在新方志中占有特殊地位，设置概述的目的之一，就是为了方便读者阅读。读者不必看完整部志书，通过阅读概述便能对整部新方志的内容有基本了解。因此，概述首先要交代整部志书内容的大要。任何一部志书的概述，都是特定地域事物历史与现状的精要陈述。这就要求编写者吃透地情，全局在胸，准确地反映和表述地域内客观事物的全貌。概述虽篇幅小，字数少，但容量大，言简意丰，从客观上阐明各门类事物之间的内在联系，使之相互沟通，融为一体。如概述自然环境与政治、经济、文化之间的相互影响、相互制约的关系；经济与政治、文化之间的相互影响、相互制约的关系等等。既可说明各门类在普遍联系中所处的位置和所起的作用，又利于各门类事物能融为一体，让读者从中认识一般规律，进而找到事物发展的特殊规律。

2. 纵述一地事物发展变化历史。概述除反映全貌外，也应反映事物发展变化的历史过程，通过横陈百科，纵览全局，展示事物历史演变脉络。新方志没有对史事的纵向记述，就会造成只知事物的现状，不知事物的历史。世间一切事物，因果关系十分复杂，联系十分广泛，人们往往很难认识到事物的真正因果关系，知其然，不知其所以然，是无法认清事物本质规律的。概述就是要运用抽象的手段将新方志所记述的内容提要钩玄，把事物蕴含的因果用逻辑关系的论理方式揭示出来，使新方志记述的事实内容上升为科学理论，使读者从感性认识上升为理性认识，使新方志记述的内容更加具有普遍意义。因此，纵述史事，要重视对一地历史资料的史实的选择，深入研究对本地发展规律及其他客观条件的研究，善于把看似各自孤立的、分散零乱的资料归集起来，进行综合分析，然后从整体上把握，动态地、有重点地概述事物发展兴衰起伏状况，反映一地事物发展变化的历史轨迹。

3. 凸显一方特色与优势。概述要始终坚持突出地域特色，把一地独具代表性的人、事、物概述清楚，使读者开卷便知当地不同凡响的人、事、物。举凡在全国全省有重要影响的重大事件、人物，本地优劣长短之势，以及制约本地发展的重要因素，都可在概述中加以叙述。

（二）概述内容具体要求

1. 综合概述一地的自然环境与资源优势。

2. 综合概述一地的总体面貌与基本沿革，以时序为经，以事实为纬，归纳总结事物在各个历史时期的发展与变化，探讨兴衰过程及原因。

3. 综合概述一地经济状况，挖掘一地经济领域的发展与效益，探索发展规律。

4. 突出概述一地独特事物、重大工程及科学教育文化卫生等各方面的成绩，充分体现一地的人文优势。

5. 重点概述一地在国内和国际上有影响的历史人物和历史事件。

6. 重点概述一地在国内和国际上有影响的名牌物产和名胜古迹。

7. 综合概述一地社会风俗及移风易俗情况，反映社会主义精神文明建设成就。

8. 概述新方志记述事物的规划展望与发展愿景。

9. 概述的文字量。几十万字的志书，其概述字数应控制在万字以内，70 万字以上百万字左右的，可控制在 1.5 万字以内。

五、概述体式

新方志概述是实践的产物，其体式也源自实践。从已经出版的新方志来看，概述的体式主要有以下几种：

（一）浓缩式

浓缩式是将各分志中的内容浓缩提炼的方式。其优点是：易于掌握，先横后纵，层次分明，概括全面，便于阅读。其缺点是：篇幅长度难以控制，内容容易重复，难以把握事物间的内容联系，“全”与“特”难以同见。

（二）纵述式

纵述式是按照历史时期和阶段来概述一地事物的发展变化轮廓。其优点是：将历史划分阶段，依时进行纵述，脉络清晰，主线突出，与新方志横排竖写相呼应，较好地把握事物在不同时期、不同阶段的发展变化特点。其缺点是：容易将概述内容写成史体，削弱述体的功能，容易忽视事物局部，反映全貌不足。

（三）策论式

策论式是以编写者对一方事物总体面貌及特点形成的认识作统领，对事物历史和现状加以综合论述。采用这种体式，需要对地情了然于胸，才能高屋建瓴，夹叙夹议。其优点是：扼要纵述大势要事，归纳叙述特点方便。其缺点是：叙议结合难度较大，难以把握议论的度。

（四）特点式

特点式是将一地事物的特点和优势归纳起来，以此为主要线索，分别进行概述。其优点是：易于把握地域特点。其缺点是：易形成块块结构，通篇联系不紧，整体性差。

六、概述编写

编写概述是一个实践问题，无捷径可走，也没有固定的模式可以仿效，实践出真知，一切都得靠实践锻炼。编写新方志概述要注意把握好以下几点：

1. 概述的观点要鲜明，是非要清楚。要以马克思列宁主义、毛泽东思想、邓小平理论、“三个代表”重要思想、科学发展观、习近平新时代中国特色社会主义思想为指导，坚持运用辩证唯物主义和历史唯物主义的观点和方法，分析鉴别特定地域的资料和史实，做到选择资料和史实精当，全面反映一个地域的地情，褒贬确切，突出概述的科学性和规律性。

2. 新方志概述要突出自身特点，在宏观把握和高度概括上下功夫。善于从复杂事物中把握大势要事，提炼出有深度、能反映全貌的文字，把握繁简尺度，合理安排类项，使新方志主体内容中各类项在概述时详略得当，防止写成省志专业志中具体内容的浓缩篇。

3. 新方志编写概述首先要占有大量资料，以确保概述内容充实丰富要注意把主体资料、背景资料、综合资料、具体资料、概括资料、典型资料结合起来灵活运用，各种资料融会贯通。资料要归纳准确，归属得当，避免资料和史实简单罗列和堆砌。

4. 概述要突出地域特色和专业特色，概述全貌，既要反映优势，又要反映劣势。概述本专业的历史发展，要注重历史与逻辑的统一，着重在事物的“求新、求变、求发展”的关键点上下功夫，通过对“新事物、新成果、新局面”的记述来体现本专业发展的规律性，以增强新方志的功能。

5. 概述要注意开头和结尾，完善文章结构。概述处于新方志之首，高屋建瓴，浓缩全志精华，纵述历史，横陈现状，申明大势、大略，因果相望，揭示规律。概述事关全志的质量乃至生命，在有限的篇幅内，完成上述任务的确不易。因此，既要开好头，更要收好尾。切忌虎头蛇尾。要讲究文字精练，力求鲜明、生动、精彩，增强新方志的可读性和感染力。

6. 编写概述是新方志体例上的一个创新。它是在省志和各专业志的基础上进行的再创作，进而促使新方志从客观记述事物转向理论高度。这就要求编写者站在统揽全局的高度，条分缕析，认真考订资料和史实，科学规范、严谨审慎地选择和运用资料和史实，确保概述能够体现新方志的宗旨。切忌假话空话套话、冗言赘语、空泛议论和过分夸张渲染，忌用报告式、口号式语言。

第二节　大事记

大事记是新方志体裁之一。新方志普遍设有大事记、大事纪略。《新编地方志工作暂行规定》要求：“新方志的大事记，要详今略古，适当选择当地历史上的重大事件记述，使读者了解该地区历史发展的大致脉络。”因此，编纂好大事记，是保证新方志质量的重要环节。

大事记是了解特定地域在一定时期、一定阶段内，政治、经济、文化、社会、生态环境等情况变化脉络的重要文献。大事记在一定程度上还可以作为检验一部新方志的记述内容是否完备、质量是否合格的标准。

一、大事记的由来

大事记，在我国可谓源远流长。两千多年前，孔子就采用史书编年纪事体编纂《春秋》，“系日月以为次，列岁时以相续”（刘知几《史通·二体》）；鲁国史官左丘明编纂的《春秋左氏传》是中国第一部叙事详细的编年史著作，记叙范围起自鲁隐公元年（前722），迄于鲁哀公二十七年（前468）。成书于战国时期的《竹书纪年》，是我国最早以纪年命名的编年体资料。大事记以时为经、以事为纬，大事备举、语无重复，如刘知几所说：“纪以包举大端。”因此，备受方志界重视。西汉司马迁继承编年体的传统，创造按时间顺序记载全国大事的纪传体，即《史记》中的本纪，东汉荀悦作《汉记》、北宋司马光著《资治通鉴》也都采取这一体裁。

旧方志中使用大事记始于南宋时期。据记载，南宋绍熙三年（1192年），孙懋曹叔远在《永嘉谱》中曾经运用这一体裁，但此书已佚。嘉定七年（1214年）高似孙编纂的《剡录》，首列县纪年记载嵊县建置沿革大要，是现存旧方志中最早使用大事记的。

明代以后，大事记已成旧方志必有的固定体裁。如明代嘉靖十九年（1540年）刻本《钦州志》除《剡录》所载沿革外，大量增加了人事更迭、兵事政要等内容；嘉靖三十五年（1556年）《惠州府志》也有类似的内容。从此以后，方志大事记逐渐臻于成熟和完善。

民国时期，大事记在方志中逐渐普及。民国18年（1929年）12月，内政部呈奉行政院转奉国民政府令准颁布《修志事例概要》第13条明确规定，“各省志书，除将建置沿革另列入沿革志外，并须特列大事记一门”。民国22年（1933年），黄炎培主纂《川沙县志》列《川沙大事年表》；民国33年（1944年），黎锦熙主纂《洛川县志》也列《大事年表》，黄氏、黎氏所列大事年表不仅与现代大事记相似，还列出《国内外大事参考》一栏，点明以当地大事发生的社会背景作为参考，可谓方志大事记的一个创举，影响深远。

中华人民共和国成立后，特别是20世纪80年代在全国范围内开始编纂社会主义新方志以来，几乎所有新方志都有大事记。2008年9月，中国地方志指导小组印发《地方志书质量规定》明确提出，“大事记选录大事得当，重要事项不漏，时间、地点、人物（单位）、结果等要素齐备”。因此，大事记成为新方志的重要组成部分。

二、大事记的功用

关于大事记的作用，方志界尚存多种说法。概括地讲，主要有以下几种观点：

（一）大事记是全志重要内容

大事记纵向记事，纵贯古今，把一方事物发展脉络贯穿起来，地域事物纵向发展变化的脉络十分清楚。方志的基本特性是以类系事、横排纵写，但横分门类造成各事物间缺乏领属关系，因果不明。那么，大事记便可以弥补不足。正如黄炎培所说：“编方志必先立大事年表，余主此甚坚。史之为用，明因果而已。一般方志，偏于横剖，而缺于纵贯，则因果之效不彰。必将若干年间事实，串列焉，其同时者并列焉，以玩其彼此先后间之消息。”① 通过大事记，读者便可以清晰地看到地域事物发展变化的历史脉络，进而了解事物变化的规律。

（二）大事记主要用作检索

一地事物性质复杂，总是杂糅于各分志中，新方志记述因志不同，而记述要求也不一样。大事记要依时序将各期大事、要事，大势、要情，如实记述。大事记的作用就是打破门类界限，将众多相互关联的事物按照发生顺序记述，从而便于读者检索。使读者能够便捷地了解方志的基本内容、当地的一般地情，也能起到集中记事、提纲挈领的作用。

大事记既有纲目的作用，又有便于检索的作用。这是前面两种作用的综合。

三、新方志大事记的范围

关于大事记收录的具体范围，1986 年 3 月 10 日至 15 日，中国地方志指导小组委托山西、湖北、河南省地方志办公室共同主办全国十省（区）省志大事记研讨会，提出 13 项内容：行政区划的变革及主要机构的增设与撤并；重大决策会议的召开；重要法令、文告的颁行；重大政治事件；著名战役与战略军事行动；主要人物的活动情况及变动；重大的经济、文化、教育建设成就及其变化；重大的发明创造和重大的科研成果；特大的自然灾害和重大事故；主要物产的盛衰变化；文物珍品的发掘与重要名胜古迹的兴废；重大的生态变化；重大的涉外事件。但在方志学界，不同学者有不同看法。

傅振伦关于大事记的编纂提出了 22 项内容：①行政区划的建置分并等变动；②行政机构的建制及重大变革；③重大革命斗争和重大战役与政治运动等；④重要制度、方针、政策、法令的颁布和贯彻执行或落实；⑤重点建设的起讫、成就；⑥新鲜事物、新生事物的涌现；⑦重要会议纲要；⑧重要人事上的更换；⑨主要领导人的视察，名人与学术团体及外宾的来往、访问、考察等；⑩各条战线上的重要改革和成就；⑪农业的巨大丰收；⑫先进模范人物有年可记的事迹；⑬著名人物的生卒、活动、著作、贡献、科研成果等；⑭重大科技、工艺上的革新与创

① 黄炎培. 川沙县志・导言［M］. 民国二十五年（1936）刻本。

造发明；⑮人口、民族的重大变化、迁徙等；⑯严重自然或人为的灾害发生和抗灾措施等；⑰重大案件的侦察、破获等；⑱古迹、古物的发现、保护、破坏等；⑲重大涉外案件；⑳奇异的自然现象和奇人奇事等；㉑全国或本省、邻县等大事之影响本地者；㉒重要年度统计数据。

又如禹舜、洪期钧在《方志编纂学》一书中提出了 20 项内容，即①本级行政区划的变动、党政机构的重大变革；②有重大影响的人事变动；③重要人物（包括反面人物）对当地有重大影响的活动；④本级主要领导人、先进模范人物对当地起决定性影响作用的独特活动；⑤重要制度、方针、政策、法令的颁布和贯彻执行；⑥重要会议及其影响（例行性会议不录）；⑦有关阶级斗争的大事，如重大的革命斗争、重大战役、政治运动等；⑧有关国民经济的大事，如农业的特大丰收或严重减产、工业的重大建设、经济体制改革、生产关系变革等；⑨有关科学技术的大事，如重大发现、发明、创造与科研体制改革等；⑩教育、文化、卫生、体育等方面的重大基本建设、重大创举、重大成就等；⑪重要文物、古迹的发现、保护、破坏等；⑫人口、民族的重大变化；⑬各行各业的首创及其作用；⑭严重的自然灾害和抗灾斗争，重大伤亡事故等；⑮重大案件侦破和判决；⑯重大涉外案件；⑰对当地社会发展起过重大作用的著名人物的逝世；⑱对当地建设有重大影响的地理环境的异变；⑲国内外、省内外大事在当地的独特反映；⑳其他对社会发展起过重大作用、对人们思想产生过重大影响的大事。上述学者的观点虽然不完全相同，但也无本质区别，只是区划粗细的问题。

综合来说，新方志大事记的范围可以概括为以下 10 个方面：

1. 行政区划及机构变更，重要人事变动。

2. 重要会议及决策部署，重要政策、法令的颁布执行。

3. 重大政治事件、军事行动、经济活动、群众运动、重大案件的侦破。

4. 重要外事活动、涉外事件或案件。

5. 重大生态环境变化及环境保护问题。

6. 重要经济、社会指标创新和纪录刷新。

7. 自然科学与社会科学领域重大发明、创造、创新成果及应用。

8. 当地文物考古新发现和文物保护活动。

9. 重大灾害及抗灾活动，具有警示作用的重大事故。

10. 重要领导人物到当地的重大活动，科教文卫等领域著名学者及优秀工作者、国家级英模人物的先进事迹等。

四、新方志大事记的标准

关于大事的标准前人多有论及。宋代司马光选取大事的标准是“关国家盛衰，系民生休戚，善可为法，恶可为戒者，为编年一书”。① 徐无党在《新五代史·梁本纪第二》注中提出选取大事的标准是“大事则书，变古则书，非常则书，意有所示则书，后有所因则书”。② 当代方志学者李少先在《方志编纂知识》一书中提出：“特别重大的事件要记；重要变革的事件要记；不平常的事件要记；有重要意义的事件要记；为后人所效法、有教育意义的事件要记；为后人引以为戒的事件要记。”③

新方志编纂大事记，关键在于选准大事要事。何谓大事要事呢？大事要事是指那些在政治、经济、文化、社会、生态环境等方面，关系特定地域历史的起伏兴衰、影响重大、意义深远的事物。衡量大事要事的基本标准有五条，具体说来：

（一）要突出重大性

重大性是指在特定地域内有重大影响的事物，诸如重大建设工程、重大政治活动、重要人物、重大灾害等，都是新方志必须记述的范围。

（二）要凸显重要性

重要性是指在特定地域内有重要意义的事物，诸如机构设置及人事任免、重要会议及决策部署、重要政策法令颁行、重要经济体制改革、生产关系和生产方式的变革、重要民生工程的实施等，新方志都要全面记述。

（三）要反映新颖性

新颖性是指特定地域“求新、求变、求发展”而彰显出来的“新事物、新成果、新局面”。诸如自然科学与社会科学领域出现的新创造、新发明、新技术、新成果；经济社会发展的新突破、新成就。新方志大事记要如实搜集记述。

（四）要彰显独特性

独特性是特定地域事物特殊本质的特征，是其他地域所不具备的，

---

① 司马光．进《资治通鉴》表．

② 欧阳修．新五代史［M］．北京：中华书局，1974：13．

③ 李少先．方志编纂知识［M］．黑龙江省暨哈尔滨地方志编纂人员学习研究班，1982．

是新方志大事记的本质要求。诸如独特的人、事、物，最具地域特色又对本地具有重要影响的事物，是新方志大事记的重要记述内容。

（五）要体现新奇性

新奇性是指特定地域内出现的奇妙奇异现象，且具有科学研究价值的事物。

总之，重大性、重要性、新颖性、独特性、新奇性，是衡量大事的基本标准。不过，任何大事都是相对的。不同的地域范围、不同的时间、地点和不同的条件下，大事的标准也不尽相同。大事的衡量与确定标准要坚持实事求是的原则，这是保证大事记时代性和科学性的根本原则。

五、新方志大事记的体裁

体裁即新方志的编写格式、文章的组织形式。新方志大事记的体裁可分为编年体、记事本末体、大事年表、编年纪事体、编年本末兼有体五种形式，如图 7—1 所示。

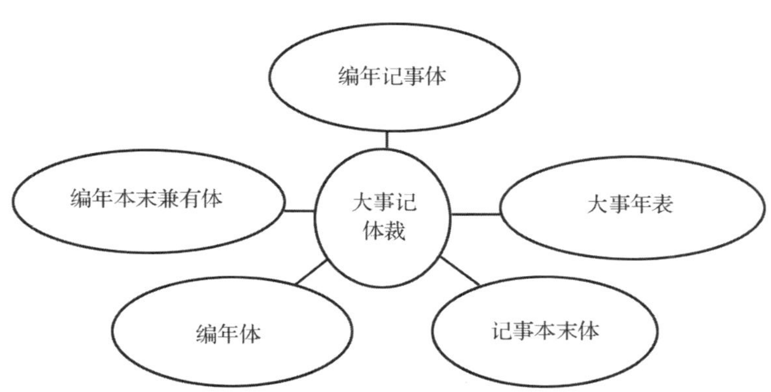

图 7—1　大事记的体裁

（一）编年体

编年体即按照事物发生发展的时间顺序，逐年、逐月、逐日地分条记述所发生的历史事件。其优点是：以时为纲，以时系事，次序分明，脉络清晰，记事简明扼要，与专志有交叉但不重复，详略互补，纵横互补；便于反映事物历史演变的大体过程，体现了完整的历史，容易看出社会动态、发展趋势，便于了解同一时期不同门类各事物间的横向联系，利于综合考察当时社会的全面情况。缺点是：同一事物以时分割，首尾不能相顾，前后不能连贯，无法在一处集中地看到同类事物发展变化的前因后果、完整过程及整体面貌。

（二）纪事本末体

纪事本末体即以事件为中心，将重要史实分别列目，独立成篇，以保持整体的笔法，完整地记述事物发生、发展、结果等全过程。其优点是：对时间跨度大的事物集中详细记述，以保持事物演变过程的完整性，便于反映事物的来龙去脉，首尾相顾、因果清楚。其缺点是：事物发展整体上时间脉络不够清晰，无法顾及同一时期不同事物间的相关性，因而不便于显示事物整体演变的历史脉络，更不能像编年体那样弥补方志的“横排”之不足。

（三）大事年表

此系编年体的变体。其采用列表记述的方式来记述一方的大事要情。一般横向列时间、大事、资料出处3栏，纵向按时间顺序记述。优点是：一事一条，记述清晰，一目了然。缺点是：由于受表格限制，所记述大事比较简单，甚至仅限于个别事物。因此，只能作索引。

（四）编年纪事体

即以时间先后为序，各立专题，跨年代或时经几年的一件大事，则以其高潮为记述的起点（亦可以大事发端为记述的起点），将高潮前的史实用追述或带述的方法处理，将记与述有机结合起来。故方志界称之为编年纪事体或编年本末体。这种体裁可以克服编年体的不足。缺点是：一是两种体裁混杂，篇幅易畸轻畸重，记述事物起点不同，内容的协调性差；二是某些事物发展时间跨度大，记述此事物时容易忽视其他事物，削弱了记述内容主题性特征；三是由于记述事物完整详尽，势必造成整体内容记述重复。

（五）编年本末兼有体

编年体一事多时，因时断事，首尾难稽；本末体一时多事，因事隔时，无从共观。为克服这样的矛盾，方志学界有人提出编年本末兼有体。即一种为大事年表，用编年体简述大事；一种为要事本末，用本末体详述大事要事。这种体裁确实可以取编年、本末之长，避编年、本末之短。但也有值得注意的地方，就是记述内容容易重复，要事本末与专志记述也会出现重复。

以上各种体裁，各有利弊，在编纂中可视情况采用某种体裁。无论采取何种体裁，都要扬长避短。

六、新方志大事记的规范

新方志编纂大事记要坚持马克思辩证唯物主义和历史唯物主义的基本观点，坚持实事求是的基本原则，尊重史实，客观记述。

（一）科学谋篇布局

谋篇布局是编纂大事记关键。动笔前，要对体裁、编排秩序、篇幅等进行统筹谋划。

（二）统一规范标准

选择大事要严格，按统一规范的标准选择大事要事，切忌为照顾篇幅而随意更改选择大事标准。

（三）处理好详略关系

编纂大事记要处理好大事记与专志交叉重复的问题，遵循志详则略、志缺则详的原则处理好详略关系。相同性质的大事要事，在记述时着墨要均衡，切忌畸轻畸重。

（四）做到要素齐全

大事记述首先要明确时间、地点、人物，事物的发生、发展、结果等要素要齐全，以彰明事物演变的因果规律。

（五）坚持客观记述、不加评论的原则

将观点寓于所记述的事实和资料之中，述而不论。

第三节　人物志

人物志即新方志的传，是新方志的重要体裁之一。毛泽东曾说，世间一切事物中，人是第一可宝贵的。英国哲学家培根说，人是一切的中心，世界的轴。由于人是自然与社会活动的主宰，人民群众是历史的创造者。新方志必须广泛、充分地记述人民群众创造历史的活动。记前人以启来者，是新方志的职责所在。

一、人物志的渊源

方志记述人物几成定例。人物传记是方志必不可少的内容，此可溯源自《周官》，其中有“辨其邦国、都鄙、四夷、八蛮、七闽、九貉、

五戎、六狄之人民”①的记载。《禹贡》也有人物记载。《山海经》更是具体记载了古代巴、蜀、楚、桂等地百余位历史人物，以及这些人物的世系和活动。秦汉郡书系方志，多记郡国乡邦先贤耆旧节行，鉴往知来，叙旧劝善，流传久远。唐代刘知几说：“汝颍奇士，江汉英灵，人物所生，光载郡国。故乡人学者编而记之，若圈称《陈留耆旧》、周斐《汝南先贤》、陈寿《益都耆旧》、虞预《会稽典录》，此之谓郡书者也。”②

作为一方古今总览和百科全书的方志正式出现后，更是必载当地人物。如成书于东汉时期的《越绝书》和《吴越春秋》，举凡吴越两地的著名人物，诸如吴国的先君太伯及阖庐、夫差、伍子胥、伯嚭、王孙骆、公孙圣等；越国的勾践、范蠡、文仲、计倪、西施、郑旦等重要人物，在这两部方志中均可见清晰记述。成书于东晋时期的《华阳国志》，“于一方人物，尤致深意，虽侏离之氓，贱俚之妇，苟有可取，在所不弃”③。受此影响，后来历朝历代，各地编纂省、府、州、县以及乡镇方志，都必载人物。成为方志的一个定例和传统，代代相承。北宋以后，方志记述人物的内容逐渐增多。明清两代，人物传志名目繁多，且分类更加细致。不仅人物众多，而且文字篇幅较长，少则占全志内容的四分之一，多则占三分之一。如明代嘉靖《宁波府志》共 42 卷，其中用 18 卷专著人物传记，分名宦、名臣、理学、文学、忠节、死事、孝友、淳德、义行、清操、隽异、隐逸、流寓、烈女、特艺、仙释诸类加以著录；清乾隆《浙江通志》共 280 卷分 54 门，其中用以记述人物的有职官、选官、名宦、名臣、忠臣、循吏、武功、儒林、文苑、孝友、行义、介节、隐逸、寓贤、方伎、仙释、烈女共 17 门，几乎占总门数的三分之一。中华人民共和国成立后编纂的新方志，也继承了这个传统，中国地方志指导小组制发的《新编地方志工作暂行规定》对此做出明确规定。全国已经出版的各种新方志几乎都设有专卷、编、篇或章专门记述人物。可见方志必载人物的传统也为社会主义新方志所继承。

二、人物志的功能

人物志是以人物为中心的纪传体，可以突出人物在历史进程中所起的作用，突出人物在物质文明和精神文明建设中的功绩，特别是突出每

① 周礼．夏官・职方氏．

② 刘知几．史通・杂述．

③ 李塈．重刊华阳国志序．

个入志人物对人类社会、对民族与国家做出的突出贡献，让读者认识他们的功或过，从中总结出成败得失的经验和教训。人物志在方志中之所以占有重要地位，是因为人物志功能与新方志功能高度契合。

（一）志人述史，体现明道作用

明道是新方志的第一要务。新方志明道必须客观记述中国共产党的执政规律、中国特色社会主义建设规律、中国社会发展进步规律。记述历史离不开人的活动，正如恩格斯所说："在社会历史领域内进行的，全是具有意义的、经过思虑或凭激情行动的、追求某种目的的人"。因此，揭示规律的关键是通过人的社会活动来反映客观规律。马克思历史唯物主义认为，物质生活的生产方式决定社会生活、政治生活和精神生活的一般过程；社会存在决定社会意识，社会意识又反作用于社会存在；生产力和生产关系之间的矛盾、经济基础与上层建筑之间的矛盾，是推动一切社会发展的基本矛盾；社会发展的历史是人民群众实践活动的历史，人民群众是历史的创造者。人物志不仅仅是为入志人物树碑立传，更重要的是通过人物来反映一个地区的历史，即通过客观真实地记述对特定地域历史发展起过重大推动作用或阻碍作用的重要人物，生动再现人们探索规律、利用规律、推动发展的历史过程，从而帮助读者认识一方在不同时期的发展特点和规律，学会用发展的眼光看待历史上的一切，用辩证法的观点去把握对象的本质联系与内部矛盾；又要把研究的对象提到一定的范围之内，具体问题具体分析，从而准确地把握对象。

（二）志人述史，体现资治作用

社会是由人类的活动构成的，因而志人述史，就是通过对一个地域的英雄模范、专家学者及党政军各界重要人物的记述，可以反映这个地区发展变革中关键人物发挥的作用，全面深刻地反映出一个时代的历史，起到"反映历史，服务现实"的作用。一个地区的事物发展有兴衰起伏，参与其中的人物和组织机构也会有成败挫折。新方志客观真实地记述人物在推动社会发展过程中的成败挫折，对后人是一种镜鉴。以史为鉴可以知兴替，以人为鉴可以明得失。读者特别是后世为官者，可以新方志立传人物为镜子，善可为法，恶可为戒，从中学习从政经验，汲取历史教训，更好地造福一方百姓。

（三）志人述史，体现存史作用

通过记述人物的活动来记述历史，是新方志应该继承的优良传统。

我国旧方志人物志收录范围比史书广泛，记述人物的活动内容也比较丰富，许多珍贵的人物资料通过方志的人物志得以保存下来。如明末清初著名的科学家宋应星（1587年至约1666年），《明史》无传，而《奉新县志》《分宜县志》《汀州志》《亳州志》等方志中却有关于宋应星的记载。宋应星，字长庚，汉族，江西奉新人，一生致力于对农业和手工业生产的科学考察和研究，收集了丰富的科学资料；同时思想上的超前意识使他成为对封建主义和中世纪学术传统持批判态度的思想家。宋应星的著作和研究领域涉及自然科学与人文科学等不同学科，其中最杰出的作品《天工开物》被誉为“中国17世纪的工艺百科全书”。是《奉新县志》《分宜县志》等方志使宋应星流芳百世。又如隋代造桥匠师李春，他是历史上著名的赵州桥的建造者。李春于隋开皇十五年至大业初（595—605年）建造赵州桥（安济桥），赵州桥存世1400多年，堪称中国建筑史上的奇迹之一。该桥历史悠久、结构奇特、造型美观，凝聚了李春的汗水和心血。李春成为中国乃至世界建筑史上第一位桥梁专家。可是历史书中却没有李春的传记。唐代张嘉贞著《安济桥铭》中记有：“赵州蛟河石桥，隋匠李春之迹也，制造奇特，人不知其所以为。”好在《赵州志》为其立传，才为后人留存关于李春的宝贵资料。总之，方志人物志可以为历史学和其他专业学科提供翔实可靠的人物资料。

（四）志人述史，体现辅教作用

人物志记述本地人物和外籍人物的真实事迹，对本地读者来说，是最容易理解、最容易接受的。因此，是最好的乡土教材。清代章学诚说：“史志之书，有裨风教者，原因传述忠孝节义，凛凛烈烈，有声有色，使百世而下，怯者勇生，贪者廉立。《史记》好侠，多写刺客畸流，犹足令人轻生增气，况天地间大义，纲常赖以扶持，世教赖以撑柱者乎！”[①]对于域外读者来说，亦可以通过阅读方志人物传记，了解本地域英雄模范、专家学者、能工巧匠等人物，进而了解一方发展的核心竞争力和发展优势。新方志志人述史，见物见人，形象生动，是进行爱国主义教育、社会主义教育和传统教育的最具感染力的教材。

① ［清］章学诚．答甄秀才论修志第一书·文史通义．

三、新方志人物志的标准

（一）人物志的性质

新方志人物志的性质是由新方志的特征决定的，人物传记是新方志的重要内容，人物志的性质要突出体现新方志政治性、时代性、地域性、资料性、科学性、综合性、著述性特征。

（二）人物志的特点

新方志人物志的特点：一是政策性强。人物志收录的范围广，涉及面多，哪些人物该收录，哪些人物不能收录，是有严格政治标准的，不能随意收录；二是敏感度高。新方志人物志收录的是各行各业的著名人士和优秀人物，社会高度关注，收录时必须时刻保持高度敏感，严肃对待各行各业的关切；三是编纂难度大。方志界有“修志之难，在于人物”的说法。这是因为人物收录有严格的标准和范围，特别是人物生活的社会环境复杂，对人物资料的搜集、考证比较困难。资料不全或资料考订不严不实，则会生成新方志的致命伤，不仅影响新方志质量，而且影响新方志的生命。

（三）新方志人物入志要求

中国地方志指导小组制发的《新编地方志工作暂行规定》第十二条提出：“立传人物以原籍（出生地）为主。非本地出生，但长期定居本地并有重要业绩者，也可在本地立传，包括外籍、外籍华裔和华侨为本地做出重要贡献者。在世人物不立传，凡在世人物确有可记述的事迹，应在有关篇章节目之中予以记录。人物传记必须实事求是，资料务必真实可靠。一般不作评论。某些地区，革命烈士除专门立传外，还应编制英名录。”

生不立传，保持新方志真实准确性。举凡立传人物须为已有定论者，不为生人立传，是方志的传统法则。人若未盖棺，其功过是非尚难定论。这是因为，一个人的历史是他用言行写成的，只要人活着，他的历史就没有终结，是好是坏，根本无法准确定论。无准确定论的东西是不能写入新方志的，否则，就不是实事求是的真实的历史写照了。

（四）新方志人物立传标准

一地事物关涉百科，人物自然不少。但不是所有的人物都可录入新方志。故新方志人物传记应该有收录标准：一是坚持对地区发展贡献和社会公认的原则。有些人物虽然身居高位，但庸碌无为，毫无建树，就不为其立传；有些人虽然无职无权，但其品德高尚，事迹感人，在本地域具有影响力，就应该为其立传。新方志为人物立传，是树立典型，引领风气，要始终把人物对地区发展所做的贡献和社会评价摆在首位；二是在具体收录时，即同样是有贡献有影响的人物，可以参考人物的职级、职称等的高低作为收录排序的条件，省级方志人物收录党政军人物一般为司局级以上，科研技术人员收录高级职称以上，获奖人物收录获得省级以上奖励人员，劳动模范收录省级以上劳动模范；市级方志人物收录党政军人物一般为县团级以上，科研技术人员收录中级职称以上，获奖人物收录获得市级以上奖励人员，劳动模范收录市级以上劳动模范；三是坚持讲贡献、讲公认的同时，还要坚持道德标准，即把个人品格、思想境界的高低作为人物立传的标准，体现在具体方志编纂上，就是多为革命烈士、英雄模范人物立传。高标准，严要求，才能保证选择入志人物具有示范作用。具体标准如下：①在不同历史时期，担任党政军重要职务，且有重要影响的人物；②本地改革开放重要活动的领导者和组织者；③从事政治、经济、文化、社会等活动著名的思想家和社会活动家；④战斗英雄、革命烈士、劳动模范等；⑤从事自然科学、社会科学研究的著名学者、科学家、发明家；⑥从事教育、文艺、体育、卫生、新闻、出版、广播、电视、图书、文博等文化事业的著名人物；⑦在经济领域各行各业各条战线做出突出贡献的优秀人物和能工巧匠；⑧从事社会群众团体工作，热心公益事业等著名人物；⑨对后世有警示教育作用的反面典型等；⑩不属上述各项但确有必要收录的人物。

四、新方志人物志的范围

（一）坚守断限，突出新方志人物时代性

我国第一轮编修社会主义新方志以近代的开始（1840 年）为上限，下限为 1985 年；第二轮编修新方志的断限为 1986—2005 年。除极个别重要历史人物需要重点记述以外，新方志收录人物原则上要在时间断限内选择，以体现人物志时代性特征。

（二）坚守地域，突出新方志人物社会公认性

旧方志人物传记强调只收录本籍人物，客籍人物只在流寓门类中作简单介绍，这种做法显然与时代发展不相适应。新方志要用新思维、新观点、新方法、新资料来编写人物传记。现代人才流动性大，特别是中

国共产党干部政策坚持五湖四海的原则，许多干部、科学技术人员根据工作需要，服从组织分配，到外地工作。因此，新方志要大胆突破“只收录本籍人物”的框框，但凡在本地学习、生活、工作，对本地经济社会发展起到重要作用、做出突出贡献的、社会公认的优秀人物，均可收录入志。

（三）兼顾正反面人物，体现新方志信史价值性

新方志是一方历史的写照。因此，所收录人物要坚持正面人物和反面人物都要收录，以收录正面人物为主。新方志收录的人物要具有广泛性、代表性。不但要有党政军方面的重要人物，而且要有经济、文化、教育、科学、体育、卫生等各方面的重要人物；不但要有职务较高的重量级的人物，而且要有能工巧匠、生产能手、英雄模范等代表人物。一切对于一地经济社会发展有过重大贡献和重要影响的人物，人物志都应该真实记述。对于对一地造成巨大危害，对后世有警示作用和教育意义的反面人物，新方志也应收录。做到扬善瘅恶、以昭法戒。方志是一方信史，只有对正反面人物全面记述，才能使方志客观真实性，才能体现信史的价值性。

五、新方志人物志的体裁

新方志人物志一般采用传记、简介、表录几种形式。

（一）传　记

人物传记的体裁又可采用正传、小传、单人单传的形式。对于同一时期、同一事件中的不同人物可以采取合传的形式。人物传记在具体写法上大体有顺序体（即按传主生平时间顺序组合材料）、横述体（即先简述传主生平再侧重写其主要业绩、高尚品质）、自由体（又称回忆体，常以传主最壮丽的人生场面、豪言壮语或权威人士评议等开头，再记其生平）等不同写法，可以根据记述人物的目的要求选择。形式为内容服务，任何写作方式都要为新方志记述内容服务。

（二）简　介

新方志人物志的简介有两种形式，一种是收录那些重要性稍差或资料欠缺的人物，与传记比较，文字量少一些，记述也相对简单，这种简介其实可以看作是传略。一种是相当于人物的工作履历简介。

（三）表　录

表和录是按照固定的内容对新方志收录人物加以介绍。表的设置可

以根据新方志记述人物情况的不同而设置，内容可多可少，表可以同时记述众多历史人物，如革命烈士表、劳动模范表、科技人员表、本籍在外地工作的重要人物表等。录可以因所记述的人物情况而在内容上有所增加或减少。

六、新方志人物志的要求

（一）资料真实准确

新方志是“信史”，因此人物传记必须做到言必有据，经得起历史和人民的检验。人物志记述的重要人物不仅主要事迹、功过是非等资料要准确、真实、可靠，而且姓名、字号、生卒年月日、籍贯、学历、工作履历及机构名称等内容都要准确无误。正如清代章学诚所言：“邑志尤重人物，取舍贵辨真伪。凡旧志人物列传，例应有改无削。新志人物，一凭本家子孙列状投柜，核实无虚，送馆立传……其例得立传人物，投递行状，务取生平大节合史例者，详慎开载，纤琐碱砆，凡属浮文，俱宜刊去。”①

（二）臧否功过分明

新方志人物传记要担负起“善可为法，恶可为戒”使命，必须做到是非分明，褒贬臧否，观点鲜明。对入志的历史人物的评价不可任性褒贬，乱作结论。必须实事求是、客观真实地加以记述，是与非，功与过，让资料和史实说话，防止主观臆断、夸大其词。顾炎武说：“古人作史，有不待论断而于序事之中即见其旨者，惟太史公能之。”② 太史公即司马迁。司马迁著《史记》在记述史事时，不着一句议论，不置任何评论，完全依靠在记述史实中把自己的是非观点体现出来。诸如《史记·叔孙通列传》，对叔孙通的评论完全借他人对叔孙通的评论来表现，使叔孙通精于阿谀奉承的形象跃然纸上；《史记·廉颇蔺相如列传》《史记·李斯列传》《史记·李将军列传》《史记·淮阴侯列传》《史记·项羽本纪》《史记·陈涉世家》等篇，通过记述史实把自己对所记述的人物、事件及现象的态度、论点表现出来。

（三）人物个性鲜明

新方志的人物传记要突出人物的个性特征，不能见事不见人，也不

① 章学诚. 修志十议·文史通义.

② 顾炎武. 日知录：卷 26.

能只有人不见事。防止记述人物千人一面。新方志记述的历史人物要有气质、性格、品德、作风、思想、情感，只有这样，新方志人物传记才能感染人、教育人。汉代司马迁写《史记》130篇，其中人物列传70篇，本纪12篇，世家30篇，描写人物各不相同，个个栩栩如生。人物传记撰写手法值得学习和借鉴。

（四）文字简洁生动

新方志人物传记文字简洁生动，要求是：不说空话、套话；提倡学习《史记》《汉书》《后汉书》《三国志》人物传记的文风，人物褒贬以事实说话，事无重复，文无冗句，言简意赅。人物刻画生动，或怒发冲冠，或慷慨激昂，或正气凛然，在细节特点中见个性，人物个性特征跃然纸上。

第四节　图、表、录

图、表、录是新方志不可或缺的体裁形式。中国地方志指导小组制发的《关于地方志编纂工作的规定》提出："地方志的体裁，一般应包含述、记、志、传、图、表、录等，以志为主体。"因此，运用好图、表、录等体裁形式，是提高新方志质量的重要环节。

一、图的功用与绘制

图是新方志的重要体裁之一，被誉为"无言之史"，编纂新方志必有图，无图不成志。将总图置于全志之首，将分图归隶各篇章节之中，已是新方志的定例。

（一）图的演变

早期的方志称为图经，"图则作绘之名，经则载言之别"，即以图为主，文字说明为辅。图经发展到西汉时期则称为图志。隋唐时期，图经更加普遍。唐代杜宝《大业杂记》说，方志卷首有图，"叙山川，则卷首有山水图；叙郡国，则卷首有郭邑图；叙城隍，则卷首有公馆图"[①]。宋代方志定型，著名图经有《吴郡图经续记》《祥符州县图经》。明代，图经比较粗略。清代康熙朝中期，图经才始受重视，方志出现精细舆

① 隋大业拾遗．太平御览卷六〇二．

图。嘉庆年间，李申耆编纂《怀远志》，合绘全县总图，分画各乡之图，总分结合，当时奉若法宗，为方志界仿效。诸如吴山子《合肥志》、汤若荀《寿州志》、董方立《咸宁志》皆仿效《怀远志》而作图。民国时期，国民政府令准通行《修志事例概要》，对图的制作提出明确要求，如："本届志书，舆图应由专门人员以最新科学方法制绘精印，订列专册，以裨实用。""各省志书，除每县市应有一行政区域分图外，并须将山脉、水道、交通、地质、物产分配、雨计分配、雨量变差、气候变差以及繁盛街市、港湾形势、名胜地方，分别制绘专图，编入汇订。""地方名胜、古迹、金石拓片以及公家私家所藏各种古物，在历史上有重要价值者，均应摄制影片编入，以存真迹。"在民国时期社会板荡，志书制图能达到此要求的甚少。中华人民共和国成立后，特别是新编社会主义新方志，把图列入新方志重要体裁之一，也是新方志的重要构成内容。

（二）图的功用

图之所以是新方志不可或缺的重要内容，主要是图在新方志中占有特殊地位：一是用图表述，可以节省文字，丰富内容。新方志是一方之全史，必须记述疆域地形地貌，沿革、山脉、水系变化，道路交通、桥梁，名胜古迹及重大基础设施，各种资源、物产分布状况，用文字恐怕难以描述清楚，用图可以清晰标明，言简意赅，让读者一目了然。因此，有"一图胜千言""一图揽万里"之说。二是形象直观，增强新方志的可读性。图是形象表达，新方志记述的内容很多，有些内容难以用文字说清，用图可以形象直观地记述清楚，使读者通过阅图加深对新方志内容的理解。三是再现原貌，以昭征信。新方志所用之图与旧方志所用之图有质的不同，新方志所用之图，是用照相、测绘或遥感等现代摄制手段再现事物原貌，是事物真实写照，因而图可以佐证文字记述的真实性，增强新方志的权威性。这对于后世研究历史大有裨益。

（三）墨线图的运用与绘制

墨线图是手工或借助电脑等用墨线勾画方式绘制的图形，包括示意图、比较图、点图、线图、直条图、直方图、构成图。墨线图具有描绘和制版简单、图像清晰、含意明晰的特点。因此，新方志运用较为普遍，墨线图插入新方志相关章节，做到图随文走，图文相映，增强了新方志美学效果。

绘制墨线图的基本要求：线条要实，方位要准，主次分明，清晰易懂，画面整洁，不留污点。具体而言：一是墨线图要按照一定比例、规格绘制，符合印刷出版要求；二是墨线图的内容要简洁；三是墨线图所示内容指向要清楚，定位要准确；四是墨线图中准确标明事物所处时间、方位、数据，图外适当位置标明图例或比例大小；五是要在适当位置标明墨线图的序号和名称；六是插图的内容要和新方志所记述的内容相呼应，图随文走，图文并茂。

（四）地图的选择与绘制

地图就是依据一定的数学法则，使用制图语言，通过制图综合在一定的载体上，表达地球（或其他天体）上各种事物的空间分布、联系及时间中的发展变化状态绘制的图形。随着科技的进步，地图的概念是不断发展变化的，如将地图看成是反映自然和社会现象的形象、符号模型，地图是“空间信息的载体”“空间信息的传递通道”等。传统地图的载体多为纸张，随着科技的发展出现了电子地图等多种载体。地图根据用途分为行政区划图、地质图、地形图、气象图、水文图、土壤图、水利资源图、交通图、文物分布图等。通用地图主要是地理图，反映一地基本的环境面貌，即基本地理要素，如水文、地势、土质、植被等自然地理要素，还有一定经济要素，如交通网、居民地、境界线等。地理图的构成要素有比例尺、图例、指向标。

地图的选择：一要严谨审慎，选择权威部门绘制、依法公开出版的地图；二要精挑细选，不能过滥；三要选用最新版地图；四要所选地图具备综合性、可比性、资料性，反映事物特色和专业特点；五要做到图文相符，图为内容服务。

绘制地图是政策性、专业性较强且十分敏感，务必严肃认真对待。要严格遵守《中华人民共和国地图编制出版管理条例》的相关规定。编制普通地图或专题地图，需要直接进行测绘的，依照《中华人民共和国测绘法》的规定，必须取得相应的测绘资格。

在地图上绘制中华人民共和国国界、中国历史疆界、世界各国国界，应当遵守下列规定：一是中华人民共和国国界，按照中华人民共和国同有关邻国签订的边界条约、协定、议定书及其附图绘制；中华人民共和国尚未同有关邻国签订边界条约的界段，按照中华人民共和国地图的国界线标准样图绘制；二是中国历史疆界，1840 年至中华人民共和国成立期间的，按照中国历史疆界标准样图绘制；1840 年以前的，依据有关历史资料，按照实际历史疆界绘制；三是世界各国国界，按照世界各国间边界标准样图绘制；世界各国间的历史疆界，依据有关历史资料，按照实际历史疆界绘制。

中华人民共和国地图国界线标准样图、中国历史疆界标准样图、世界各国间边界标准样图，由外交部和国务院测绘行政主管部门制定，报国务院批准发布。

在地图上绘制中华人民共和国省、自治区、直辖市行政区域界线，应当遵守下列规定：一是国务院已经划定界线的，或者相邻省、自治区、直辖市人民政府已经协商确定界线的，按照有关文件或者协议确定的界线画法绘制；二是相邻省、自治区、直辖市人民政府虽未就界线划分签订协议，但是双方地图上界线绘制一致，并且无争议的，按照双方地图上绘制一致的界线画法绘制；三是相邻省、自治区、直辖市人民政府对界线划分有争议，并且双方地图上界线绘制不一致的，按照国务院测绘行政主管部门和国务院民政部门制定并报国务院批准发布的省、自治区、直辖市行政区域界线标准画法图绘制。

编制地图，应当遵守国家有关地图内容表示的规定，应当符合下列要求：一是选用最新地图资料作为编制基础，并及时补充或者更改形势变化的内容；二是正确反映各要素的地理位置、形态、名称及相互关系；三是具备符合地图使用目的的有关数据和专业内容；四是地图的比例尺符合国家规定。大比例尺地图，军用地图等，一般不宜公开入志。

普通地图应当由专门地图出版社出版，其他出版社不得出版。省、自治区、直辖市人民政府出版行政管理部门在依照前款规定审核地图出版申请时，应当按照国家有关规定征求国务院测绘行政主管部门或者省、自治区、直辖市人民政府负责管理测绘工作的部门的意见。地图出版物发行前，有关的中央级出版社和地方出版社应当按照国家有关规定向有关部门和单位送交样本，并将样本一式两份报国务院测绘行政主管部门或者省、自治区、直辖市人民政府负责管理测绘工作的部门备案。

总之，国家关于地图的绘制出版有明确规定，必须严格遵照执行。

二、表的作用与设计

方志自宋代把表作为方志的组成部分，“有文辞者，曰书曰传；无文辞者，曰表曰图”。

（一）表的演变

表即表格，方志将所要记述的事物分门别类地排入纵横交织的表格内，经纬互订，文省事明。表源于周代的谱牒、氏族年谱。司马迁著《史记》撮要分类列十表；班固著《汉书》继承其例，列八表。后代史学界皆沿袭司马迁、班固，如《新唐书》《宋史》《辽史》《金史》《元史》《明史》《清史稿》俱列有诸表。在方志界，自宋代以后的方志，大多设有沿革、星野、封建、职官、选举、赋役、人物表等。清代光绪年间王壬秋编纂的《湘潭县志》立表记述桥梁、渡口、道路、公田，十分详细。民国时期，随着统计学的兴起，方志用表日益增多，诸如年表、人表、事表、物表和各种统计表，层出不穷。中华人民共和国成立后编纂的新方志，把表作为方志的重要体裁。

（二）表的作用

表在方志中的作用非常重要，归纳起来主要有以下几点：

1. 化繁为简，省略文辞。方志内容涉及一方百科事物，对其中的一些事物用表的形式加以记述，无须文字，就可以简洁明白地告诉读者事物的真实情况。诚如清代章学诚编纂《湖北通志》时记述当地赋役，“取一府，州六十余州县赋役全书巨帙七十余册，总其款目以为之经，分其细数以之为纬，纵横其法，排约为《赋役表》，不过二卷之书，包括数十巨册，略无遗脱”。[①]社会主义新方志，辑录范围更加广泛，记述内容更加繁多，科学运用表格，可以执简驭繁，达到事半功倍的效果。

2. 聚零为整，反映全貌。表格可横括诸多事物，积点成面；纵贯时间岁月，连时间节点成为历史过程。这样便可把一方事物发展全貌完整展示给读者。

3. 条理纷错，体现规律。表格的制作，首先是将所搜集的千差万别的具体事物及变化过程，按照“事以类聚，类为一目”的原则进行分类设目，然后按照类目统计数字，依次排列填入表格。这样可以使纷错事物各归其属、各就各位，做到条理分明，逻辑清楚，见其经便知其纬，睹其纬便知其经。读者开卷便睹，举目可详，从而认识一方事物的本质及其演变规律。

表格在方志中具有独特作用，但也存在一定局限性。其在“包举大端”方面不如纪，在“委曲细事”方面不如传，在“总括遗漏”方面不如志。表格以简洁直观的记述方式告诉读者一方事物的客观存在，但不能综述事物的内在联系和因果关系。因此，与纪、志、传等主要体裁比

① 章学诚．方志辨体·文史通义．

较，表格居于次要位置。在新方志中，表格只能起辅助作用，即新方志只能以表辅文、以表佐文，不能以表代文，更不能以表伤文。

（三）表的选择

新方志要坚持表格使用的范围和原则，不能贪图运用表格的方便，动辄划格列表，造成表格滥用的现象，如此会影响新方志的质量。新方志要根据表格的作用、志书内容的需要和版面容量合理运用表格。在选择时应该做到以下几点：

1. 精选表目，力戒滥用。表的运用是因为新方志在记述某些复杂事物时，需用很多文字来描述，且不一定描述清楚，运用表可以化繁为简，节省文字，并能直观地把事物记述清楚。倘若是不加选择滥用表格，便会造成以表代言，甚至以表废文的现象，这是新方志所不允许的。方志界滥用表的表现：一是有的条目全用表格；二是一遇数字就列表格，几乎事事都列表格，表格的篇幅大大超过文字叙述部分；三是不加归纳，甚至化整为零，把本来可以一张表格记述的内容分成若干表格等。不适当使用或滥用表格，不仅造成所占篇幅过大，而且破坏了文字记述事物的完整性。

表格的运用，首先要精选表目。当用则用，不当用坚决不用。精选表目的原则：一是对所记述事物由于空间大、时间长、内容繁，文字不易记述其繁复内容而又必须在新方志中记述的事物，可列表记述，用文字可以言简意赅表述的事物，直接用文字记述，不宜运用表格；二是精选档案、统计部门制成的表格。随着档案、统计事业的发展，各部门的各种数据繁多，为便于查阅，各部门一般都将基本数字汇制成表存档。因此，新方志要善于从档案、统计部门保存的资料中精选具有历史价值的数据表直接入志，以体现表格内容的真实性、权威性、可靠性。

2. 精选栏目，力戒繁杂。表的精良，重在栏目设计科学。精心设计表中栏目，是新方志质量要求。表格设计制作要注意的问题：一是栏目繁杂，归并不当；二是层次不清，内容混杂；三是表题与内容脱节。

表是辅文的，形式务必为内容服务。制作表格要注重实际效果，设计栏目时要坚持以下原则：一要坚持“大事突出，要事齐备”的原则，所设计的栏目，必须是经过综合归纳的集合概念；二要坚持“以年为经，以事为纬”的原则，纵列年份，横排事物，纵横栏目保持同一个层次，结构简明，条理清晰；三要坚持“同类相聚，同级平列”的原则，分门别类排列栏目，确保栏目中概念清楚，标准统一，表题与内容相符。避免造成统计数字混乱。

3. 精选项目，力戒冗长。新方志的表是用以记述那些发展变化空间大、时间长、内容多，且文字不易记述而又必须在新方志中记述的事物。目的是化繁为简，省略文字。若是设计栏目时不能精选项目，纵横栏目过繁，栏目中的项目内容过多，就会适得其反。既要坚持“横排不缺项，纵写不断线”的原则，又要突出主项、体现主线，否则会主次不分，条理不清，一张表包罗万象，篇幅冗长，令读者生畏。

清代洪吉亮在《泾县志·序》中说：“一方之志，苟简不可，滥收亦不可。”新方志列表和述文一样，要突出记述重点，抓住事物特点，认真设计，精心选裁，精选重点大事要事作为项目，突出事物特点和地方特色，经纬清晰，条理清楚，言简意赅。

（四）表的制作

现代统计学理论和实践催生了表和表的运用。现在运用表说明事物已经很普遍。表的种类很多，有统计表、一览表、分析表、对比表、升降表……根据需要，任何事物都可以列表说明。然而，新方志用得最多的是统计表，这是新方志所记述的内容必须反映事物求变、求新、求发展的历史过程的需要。

统计表是用统计数字或数据分析、综合、归类制成的表，可以高度概括事物求变、求新、求发展历史过程及展示所取得的新事物、新成果、新局面。简洁清晰，一目了然。

统计表一般由标题、表体、表注三个要素构成，如图 7—2 所示。

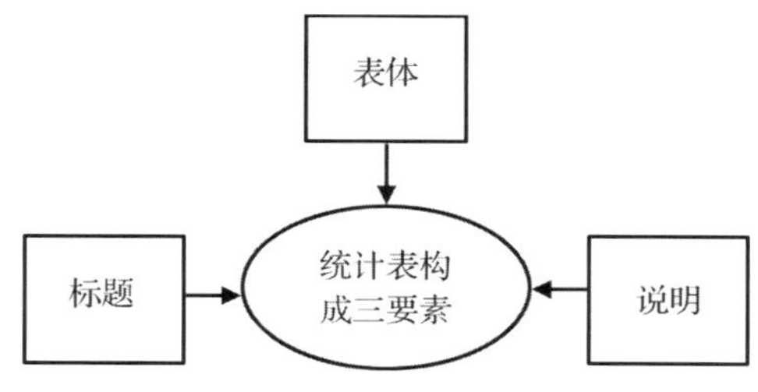

图 7—2　统计表构成三要素

统计表制作的原则和要求：

1. 设计规范，表题要素齐全，用词既简明，又准确。统计表的标题要求地点（单位）、时间、事项三个要素齐备；地点（单位）要用全称，时间及节点要准确，事项要交代清楚。表题居中排列，左侧标明表的序码，右侧标明计量单位，说明在表格之下。

2. 结构科学，表体经纬清晰，纵横记述清楚。表体由纵标目和横标目组成，纵标目称纬目（制表时称列），横标目称经目（制表时称行）。表体内容，不管是纵标目，还是横标目，都要系统完整，统属得当。

3. 备注要准确，文字说明要切题。备注是对事物某个现象作简短说明，但因表格限制，备注难以说明的，现代统计表格则采取表下注，表下注一般是对资料来源和表内某些问题的注释，因而说明文字必须切题，切忌节外生枝、画蛇添足。

4. 注重艺术性，增强感染力。表格设计既要科学准确，实事求是，更要讲究艺术性，尤其是栏目的设计，可采取多种形式，给人以美感。

三、杂录的编纂

中国地方志指导小组制发的《新编地方志工作暂行规定》，将杂录确定为新方志的记述体裁之一。新方志的杂录包括杂录、附录、杂志、编余等，在结构上一般作为新方志的殿后部分。

（一）杂录的由来

何谓杂录？清代章学诚说，博览约取之余，“拦入则不伦，弃之则可惜，故附稗野说部之流，而作丛谈，犹经之别解，史之外传，子之外篇也……前人修志，则常以此类附于志后，或称余编，或称杂志。”①即旧方志在书尾设有正文未能收录的记述杂事的门类。如北宋《吴郡图经续记》，尾部设有杂录。到南宋，杂录已经成为方志普遍设置的门类之一。如范成大编纂《吴郡志》杂录有奇事、异闻、考证、杂咏、杂志五目，其中杂咏目下又分为纪咏、游览、书事、怀古等八子目。又如咸淳《临安志》设有纪遗目，将“强而附则赘，放而轶则缺”的记述内容汇聚而存。综观从宋代至民国的旧方志，不仅俱设有杂录类目，且称谓众多，名称有如纪遗、杂录、杂览、杂记、摭遗、别录、摭谈、丛记、外记、丛谈、丛志、丛考、杂纂、杂志、杂辨、杂缀、拾补、掇余、归余、志余、丛录等，名目之繁，多达数十种。新方志辑录“拦入则不伦，弃之则可惜”内容的门类，大体分为附录、志余、杂志、杂录、杂记、公告文献、文献辑存等，体现了杂录的特点。

① ［清］章学诚．方志立三书议·文史通义．

（二）杂录的内容

新方志杂录其特点是杂，但并不是杂乱无章，没有标准的杂录一气。随着时代的发展，新方志体例日臻完善，篇目门类设置日渐增多，杂录的分量逐渐减轻。杂录入志要坚持“无类可归，弃之可惜”的原则。杂录所录内容必须符合新方志编纂宗旨，满足明道、资治、存史、辅教的功能。具体地说，包括以下内容：

1. 具有存史价值，为后人进行科学研究提供帮助的奇闻逸事。诸如海市蜃楼、泥尘雨、陨石、极光等奇异的自然现象；奇树异草、奇鸟怪兽等奇异生物现象；眼能透视、耳能识字等人体奇异现象。记述上述奇异现象，要本着科学态度，务求客观、真实、准确，任何猎奇、夸大，都会造成记述失真，甚至导致方志内容失去存史价值。记述内容要具体，诸如时间、地点、发生经过、形状、景观等具体情况，要悉数记述清楚，以便科学研究。

2. 诗文荟萃。杂录诗文必须具备四个条件：一是与当地具有相关性，即是描绘、歌颂当地自然、社会历史和现况的诗文；二是没有公开出版或发表的诗文；三是诗文艺术品位高，内容好、质量优；四是历史知名人物和社会著名人物未曾公开的信函等。

3. 对旧方志记述中关系当地事物错漏进行考订辨征，有独到见解的资料，对当前事物存在争议的问题进行分析论证，能给人们提供有参考价值的学术文献资料。

4. 重要文献辑存，地方政府发布的具有长期保存价值的政策政令、法制规章等。

新方志杂录是服务于新方志功能的，杂录的内容必须根据编纂宗旨而定。

（三）杂录编纂基本要求

杂录虽然内容少，但也绝不是无类可归资料的简单堆砌。否则不仅杂录自身失去价值，而且会影响新方志的整体质量。编纂杂录的具体要求是：

1. 辑录内容要严格筛选，不能不分轻重，见资料就辑录。确实按照“无类可归，弃之可惜”的原则选取资料，具体地说：一是对新方志具有佐证、补充、深化作用的资料；二是具有科学研究价值和能为经济社会发展提供重要参考的资料；三是具有深厚地方特色、不得不录的资料；四是具有突出和强化新方志明道、资治、存史、辅教功能的资料。

2. 杂录记述资料必须观点正确。观点正确是新方志质量的基本要求。因此，杂录作为新方志的重要组成部分，所有记述内容，必须观点正确，这有利于突出新方志的功能。

3. 杂录资料必须真实准确、全面具体。杂录的内容，必须经过严格筛选，去伪存真、去粗取精，保证绝对真实可靠，记述要详备、具体、细致，为后世科学研究提供可靠资料，对重要资料要注重引用、摘录，甚至照录原文原件，并规范注明资料的出处，以便读者查阅和使用。

第五节　照片与数字

照片与数字属于实物资料与文字资料，是新方志的重要内容。

一、新方志照片的地位及运用

照片是运用现代摄影技术制作的画面、影像、肖像等实物资料。照片入志始于民国时期。20 世纪 80 年代以来，随着摄影技术的日新月异，特别是数码技术的广泛运用，照片作为特殊的实物资料，在新方志中被普遍运用。

（一）照片在新方志中的地位

照片入志，可以说是图的现代嬗变和发展。在方志发展史上，图的使用历史悠久。随着科学技术的发展与进步，特别是摄影技术的发展，很多事物得益于摄影留下珍贵照片得以保存历史原貌。由于照片本身具有内容真实、信息量大、能够独立或辅助说明事物性状特点，其本身是具有存史的形象化信息资料，这些实物资料运用于新方志的记述，极大地增强了新方志资料的科学性、真实性、可靠性、权威性。因此，社会主义新方志将照片作为一种重要资料被广泛使用。

（二）新方志照片的作用

照片在新方志中具有特殊重要作用。概括地说：

1. 丰富新方志的记述形式和内容。照片是指用感光纸放在照相底片下曝光后经显影、定影而成的人或物的图片。是人、事、物的真实写照。以照片入新方志，不但可以丰富新方志的色彩，起到美化新方志的作用，而且能够增强新方志文字记述的客观性和真实感，起到文字难以言说的效果。照片的使用增强了志书的直观性、可读性、地方性，使志书版面更加活泼，视觉感观更好。

2. 增强新方志的真实性、可靠性。照片客观记录特定时期人、事、物的真实状况，现在是信息时代，很多照片都是以数字形式保存，数码相机更新发展，而传统的使用胶卷的相机逐渐减少，数字化照片成为保存人们参与社会活动真实资料的重要形式。经过精心挑选照片载入新方志，能够让读者直观形象地看懂当地事物发展演变的历史过程。

3. 增强新方志的美学效果，提高可读性。从照片内容和主题上说，画面中是什么、表现了什么含义、从哪个视角表现的什么、反映了作者的什么思想、反映了当时社会的什么状况，以及上升到一个什么高度，都可通过照片本身光与影的运用，诸如明暗、对比、映衬、主题景物在画面中的位置、远近大小构图等问题，主题与主体景物的关系等，得到充分展现。这样的内容既真实又美观，精美照片入志，可以大大提高新方志的可读性。

4. 提升新方志的质量和品位，有助于形成精品方志。摄影技术的发展，特别是现代数字技术的运用，数码技术在成像上的广泛应用，使得照片的形式和内容更加美观和丰富。作为实物资料运用到新方志，既能丰富新方志的内容，又能提高新方志的品质。

（三）新方志如何运用照片

随着经济社会的发展，人们对摄影技术的熟练掌握，照片日益成为实物资料的重要来源，不仅照片形式多样，而且内容十分丰富。既为新方志记述提供了丰富的实物资料，同时也给实物资料的运用选择增加了复杂性。

1. 照片的搜集。照片的搜集可以采取以下方式：①面向社会公开征集。新方志记述事物的时间跨度长、涉及范围广泛、内容繁复，选择照片具有数量多、跨度大、要求高、涉及面广等特点。因此，要做好面向社会公开征集工作。只有这样才能保质保量地完成照片搜集工作；②编纂单位选送照片。新方志各专门志书，是由专业部门参与编纂的，各专业部门是本地区事物发展的参与者和推动者，在参与各项具体工作实践中，留下了许多宝贵照片。因此，可以要求参与编纂的单位提供与新方志内容有关的历史照片；③根据需要补充拍摄。如果面向社会公开征集及由编纂单位选送照片仍不能满足新方志编纂需要时，可以根据需要补充拍摄相关照片。补充拍摄照片的原则是实事求是，在事物基本面貌没有发生重大改变的前提下组织专业人员拍摄，满足需要即可。因此，要突出针对性，缺什么补什么，不能全部重新拍摄；④确定照片搜集标准。无论是面向社会公开征集，还是编纂单位选送照片，都必须具有与新方志内容相关性，突出地域特色和时代特色。

2. 照片的选择。照片的主题和质量好坏，直接影响新方志“图文并茂”主旨和编纂宗旨，必须认真选择：①选择照片原则。照片选择的基本原则概括地说，有以下几条：符合域限规定，具有地方特色；真实可靠，具有存史价值；充满生活气息，艺术性高，具有欣赏价值；信息丰富，纪事性强，具有著述价值；②选择照片主题。选择照片要主题鲜明，体现政治性、思想性、科学性；③选择照片范围。反映一方地质、地貌、气候、植被等自然类照片；反映本地经济社会发展的大事、要事、特事、首事的照片；反映党和国家重大决策在本地贯彻落实情况的照片；反映本地物质文明、精神文明、生态文明建设的历史和现状的照片；反映本地人民群众生产实践活动和参与建设重大工程的照片；反映本地社会道德风貌、社会风尚、涌现出新人物的照片；反映本地自然科学和社会科学研究新成果、发明新技术及新工艺、生产的新产品及产生新效益的照片；反映本地事物兴衰过程及体现时代变迁、社会进步的代表性、地标性建筑或新生事物的照片；反映上级重要人物到本地活动情况的照片等。

3. 照片的使用方法。科学合理运用照片，是提高新方志质量的重要保证。发挥照片在新方志中的表现力，从而更全面、更系统、更准确地记述一方事物发生发展变化的历史与现状，提高新方志的可读性、艺术性，增强新方志明道、资治、存史、辅教的功能：①使用照片要严守域限。运用照片要严格遵守新方志确定的时间断限和地域范围。照片反映的内容必须是本地区断限内实际存在和发生的事物、事件。突破域限范围的照片一律不得运用；②使用照片要严格考订。对于面向社会公开征集和编纂单位选送照片，都必须审慎运用，要严格考订真伪，对照片来源、出处、真伪、拍摄时间、地点、拍摄人等相关信息作严格考证，确保照片真实可靠；③使用照片要防止滥用。新方志有丰富的照片作为重要记述手段，对于丰富新方志内容，提高质量有益。但如不加限制，随便将照片编入新方志，照片运用过多，哗众取宠，势必造成文字记述弱化，降低新方志的质量。因此，要防止照片滥用，照片选用数量应根据新方志内容确定，照片要服从和服务于文字记述要求。照片随文，数量适中，相得益彰；④使用照片要科学合理。科学合理主要是指照片选用和在新方志中分布的位置而言的。一帧照片放在适合的位置才会具有辅助文字的作用，摆放在不适宜的地方，不仅起不到辅助文字的作用，反而会张冠李戴，闹出笑话。照片放在新方志合适的位置，才会起到画龙点睛的效果，照片的表现力才会彰显。因此，照片运用要精心设计，科学合理，周到安排，绝对不可随意乱放；⑤使用照片要突出特色。地域特征是新方志重要特性。新方志使用照片必须恪守这个原则。凡入志的照片，都必须是与本地区事物发展演变有相关性的照片，即反映本地事物变化历史和发展现状的照片。既要突出时代特色，又要彰显地域特色。否则，不得入志；⑥使用照片要符合规定。要依法使用照片。照片来源要合法，非法盗版的照片不能使用；使用照片要符合国家保密规定，尤其是党和国家领导人的照片，要履行相关审批程序后方可使用；⑦使用照片要标注清楚。照片入志，其表现力在于照片的真实可靠性。因此，每帧照片入志，都要有文字作注明。即用简洁文字清楚标明照片的出处及照片内容（时间、地点、人物所在位置、照片反映的场景与情况是什么）。照片要素要求准确、简明，与配文要吻合。写好照片文字说明，对于提高新方志质量来说，是锦上添花，务求认真严谨对待。

二、新方志数字的地位及运用

新方志作为一个地域总览百科的工具书，离不开数字资料。数字在新方志中，影响着行文的规范性、资料的准确性、内容的科学性，对新方志质量起着十分重要的作用，只有规范使用数字、科学选用数字、正确表述数字，才能保证新方志全面、系统、科学、准确、客观、真实地反映地域事物的性质、特征、状况，揭示事物的本质和发展演变的客观规律，才能发挥新方志明道、资治、存史、辅教的功能。

（一）数字在新方志中使用规范和作用

数字是新方志不可或缺的资料，对于新方志质量来说具有举足轻重的作用。数字在新方志中广泛运用，有表示时间（年月日）、序数、代号、代码的数字；有作为语素的数字（一两次、十四五天、七八百米）；有叙述事物属性或描写事物运动状态及变化过程的物理量，如长度、面积、体积、电流、电压、功率、速度等；有叙述事物非物理量的数字；有大量的反映一个地区经济社会发展规模、程度、对比的统计数字。这些数字的正确运用是影响新方志质量的关键。

1. 新方志运用数字的规范要求。能否规范使用数字影响着新方志的质量。新方志编纂过程中要严格依照国家相关规定正确使用数字：①规范使用表示时间、序数、代号、代码的数字。这类数字都要使用阿拉伯数字。诸如公历的世纪、年、月、日、时、分、秒（20 世纪 90 年代，1990 年 3 月 8 日 13 时 45 分 28 秒等）；代号（部队番号 88436 部队、文件编号××发〔2000〕1 号、国内统一刊号 CN41－0108. 产品型号 HP－3808 型等）；代码（邮政编码 310030、机构代码 8900789 等）；②规范使用作为语素的数字一般用汉字小写。定型词组，如一律、一方面、星期五、“十二五”规划等；相邻两个数字并列表示概数，如一两次、十四五天、七八百米；带有“几”的数字表示约数，如十几年、几千人等；中国干支纪年和夏历年月日，如丙寅年中秋节和端午节（丙寅年八月十五日中秋节和五月初五端午节）；民国元年（1912 年）前各朝代历史纪年、少数民族非公历纪年，并用阿拉伯数字括注公历，如康熙十八年（1679 年）、藏历阳木龙年八月二十六日（1964 年 10 月 1 日）；③规范使用叙述事物属性或描写事物运动状态及变化过程的物理量，诸如长度 18 米、60 千米；面积 15 平方米、16 公顷；体积 308 立方米、50 公升；电流 50 安培；电压 18 伏特；功率 13 瓦特；速度 109 米每秒、158 千米每小时等；④规范使用叙述事物非物理量的数字。非物理量数字一般使用阿拉伯数字，如 18 岁、22 元、139 人、4 万册、3 帧、45.89 米等等。整数一至十，如果不是出现在具有统计意义的一组数字中，可以使用汉字，但要保持全志书体例上一致；⑤规范使用还有大量的反映一个地区经济社会发展规模、程度、对比的统计数字。统计数字一律使用阿拉伯数字，如正负数（123. - 168）、小数（0.89）、百分比（25%）、分数（1/4）、比例（1∶4）等。

2. 统计数字在新方志中的作用。新方志在文字记述的精要之处用统计数字来说明事理，会达到述理有据，事达理明，增强说服力的效果。

统计数字在新方志中以统计表和统计图等形式体现。统计表能够系统地组织和科学合理地安排大量的数字资料，对一地事物进行概括、综合、归类、比较、分析，使读者在阅读时清楚地了解事物演变的特征和规律。统计表可分为空间数列表、时间数列表、时空结合表三类。空间数列表用以反映同一时间条件下，客观社会经济发展变化在不同的空间范围的分布情况；时间数列表用以反映客观社会经济动态条件下发展变化的情况；时间结合表用以反映客观事物在不同时间、不同空间发展变化的情况。统计图是依据统计数字绘制的图形，它以统计数字为依据，利用点、线、面、体等形式绘制成几何图形，直观形象地表达数字资料。统计数字对于新方志具有重要作用：

（1）统计数字可以准确反映客观事物性质特点。新方志中正确运用数字，可以准确反映客观事物的性质特点和变化规律，帮助读者正确地认识事物本质及其规律。数量和质量是事物存在的形式，数量是质量的表现，任何事物的变化首先是从量变开始的，量变突破一定临界点，便会产生质变。新方志运用数字记述一地各项社会事业的建设规模、构成及发展程度与变化状况，通过数字变化清楚了解事物本质及演变规律。帮助人们正确地认识地区社会事物。准确的数字最具有较强的说服力。用数字作比较，一目了然，比文字说明更加直观有效。

(2) 统计数字可以准确揭示事物发展演变规律。由量变到质变是事物发展的规律。没有量变作准备，事物就不会有质变发生。新方志在记述地区的事物时，通过全面、系统、真实、准确、规范、科学地记述各项事业发展过程中经济社会重要指标的数量变化与对比，客观分析，综合研判，有利于准确揭示事物发展变化的规律，为经济社会发展提供借鉴。

(3) 统计数字可以丰富新方志记述内容。新方志运用数字最有效的形式是表格，数字是构成表格的核心要素。由于有了具体数字，又有表格这种形式，新方志在记述内容上更加丰富。表领数字，辅助文字，使一方各业诸事、一事多时的历史与现状直观展示在新方志中，文省而事具、字约而义博。因此，新方志因数字而增色，功能性会更强。

(4) 统计数字可以增强新方志的可读性。新方志述而不作，寓思想观点和政治主张于所记述的内容之中。由于有了数字和数字图表，一个地区的事物发展兴衰起伏状况在数字和数字图表的对比中可以直接看出，用数量说明事物之间的相互关系，表示事物之间的发展差别、变化规律，从而帮助读者直接获得一个地区的事物发展的规模、所处水平、发展速度、发展效率等，让阅读更加快乐，事半功倍地获得相关知识信息。

(二) 新方志如何运用统计数字

统计数字对于新方志具有重要作用是无可置疑的。要想用好统计数字，必须熟悉各种统计指标的科学含义。

1. 理解统计指标的含义。统计指标根据需要一般分为总量指标、相对指标、平均指标。总量指标是反映事物在一定时间和空间条件下的总体规模、总体水平及变化总量的综合指标，是事物数量的总体反映；相对指标是两个具有联系的统计指标对比形成的比率，又称统计相对数，根据对比基础的不同分为结构相对指标、比例相对指标、比较相对指标、强度相对指标、动态相对指标、计划完成相对指标；平均指标是指用平均数字表示的指标，反映的是事物在某一时间或空间上发展的一般水平，同一时间的平均指标称静态平均数，不同时间的平均指标称动态平均数。

总之，新方志要做到科学合理使用统计数字，就必须准确了解各种统计指标的含义，特别是要熟悉那些常用的、重要的统计指标的含义。

2. 科学选用统计数字。新方志运用统计数字记述一个地域事物发展的历史与现状，要与所记述和反映的内容相一致，根据新方志所记述的内容，有目的、有重点地选择使用：

（1）选择反映事物发端起源或记述上限状况的统计数字；选择典型的能够体现事物发展演变过程中转折的代表性统计数字；选择能够突出地域特色、行业特点、时代特色的统计数字。

（2）选择运用总量指标以反映地区各行各业发展规模、水平，选择运用相对指标反映该地区事物的内部结构，选择运用平均指标反映地区各行各业发展变化的一般水平。这样才能反映事物的全貌，为记述事物发展变化奠定基础。

（3）综合运用各种统计指标。绝对指标只能反映一方事物在绝对量方面的差别；相对指标能够反映一方事物之间对比关系的程度。新方志在记述特定地域事物时，既要选择绝对指标反映事物总量的差别，又要选择各种相对指标在时间上、空间上进行纵向、横向比较。以纵向比较，反映事物发展的速度、趋势，以横向比较反映事物发展的程度及在总体事物中所处的地位及在同类事物中所具有的典型水平，进而反映一个地区的优势和特点，差距和不足。

总之，新方志的数字要以纵向比较为主，以横向比较为辅，做到纵横交错，上下融为一体。

（三）新方志中统计数字的审核

统计数字作为新方志重要资料，使用时必须认真审核把关，确保真实可靠。

1. 审核统计数字的来源。运用统计数字，首先要弄清数字来源于哪个部门、是什么时间和什么范围的统计数字。特定地区的同一事物，由于统计部门不同、统计时间不同、统计口径不同，可能会出现几种不同的统计数字。因为目的要求不同，统计数字也就不同。即使是同一部门对同一事物的统计，由于统计时间不同，方法不同，统计数字也就不同，诸如预计数、快报数、年报数等。新方志运用统计数字，要坚持以统计部门公布的法定统计数字为准。某些数字统计部门未作统计的，则以专业部门公开发布的统计数字为准。

2. 新方志选择运用统计数字要注意可比性。绝对数字在对比时一定要注意统计的时间、范围是否一致；相对数字对比时一定要注意对比的指标在含义、内容、范围、时间、空间及计算方法等口径是否协调一致，相互适应。

3. 认真考订核实统计数字的真实性、准确性。统计数字的真实性是指反映客观事物本质特征的统计数字，直接影响新方志的质量。因此，对部门提供的统计数字应该加以甄别，与统计部门公开发布的统计数字核对无误方能运用。统计部门没有相关统计数字的，要认真查明统计数字的来源并查核其真伪，对于来源不明或存疑的统计数字不得使用。统计数字的准确要求在运用统计数字记述事物时，要有正确、准确的时间（年代、年份）前提，通过计算得来的相对数字、平均数字计算方法、计算结果要正确，在表述上要恰当。

（四）新方志如何避免数字差错

是否规范使用数字，将直接影响新方志的质量，必须认真对待。

1. 在审读新方志志稿时，发现新方志运用数字容易出现的差错是：①时间记述不统一，诸如体例不统一，有的用中文小写数字，有的用阿拉伯数字。格式不统一，有的文中格式不统一，有的表中格式不统一。同一件事，大事记与专业志记述中表述不统一；②文表统计数字不符；③表中总分项数字不符；④表中相对数字计算不准；⑤概述与专业志记述数字不符；⑥章下、节下述与目下文中数字不符；⑦文中时间节点指标与时期指标数字不符；⑧地区事物的发展速度与增长速度表述数字不符；⑨记述事物发展顺序的序数前后不符；⑩叙述事物物理属性或描述事物运动姿态及变化过程的物理量数字前后不符。

2. 避免新方志数字运用时出现差错的方法：①制定编纂新方志运用数字的统一规范，如明确规定新方志记述时关于时间（世纪、年、月、日、时、分、秒）在文中、表中的体例及格式，文件编号、序号、代号、代码在文中的体例，尤其是对统计数字的选用、计算、审核、复查等制定出规范标准和程序；②加强对编纂人员的培训。请统计方面的专家学者讲授统计知识，了解各种统计指标的含义，熟习用统计数字计算、对比、分析方法，掌握统计表、统计图绘制的基本规则格式，学会查找新方志运用数字存在的差错，避免编纂新方志时使用数字出现差错；③编纂新方志要坚持把质量放在首位。规范、科学运用数字关系新方志的质量，要把消灭数字差错贯彻始终。编纂人员要增强责任心和使命感，发扬严谨细致的工作作风，对入志的数字要认真查核、校对，确保万无一失。

第六节　序言与凡例

序言和凡例是新方志不可或缺的组成部分。编纂序言和凡例，力求避免在内容上交叉重复，做到既各守其界、各书其要，又要相互照应、相得益彰。

一、序　言

序言并非新方志特有，古已有之，无论是著作、编书还是校书，都在正文前设有序言（或称前言、引言、叙、自叙、综叙等）。唐代史学家刘知几在《史通・序例》中对序言作了论述：“孔安国有云：‘序者，所以叙作者之意也。’窃以《书》列典，《诗》含此兴，若不先叙其意，难以曲得其情。”

（一）序言的类型

序言分自序和他序两种：

1. 自序，是由编著者自己撰写的序言。大多介绍编纂目的、大致经过、写作缘由。

2. 他序，由具有较高领导职位或社会地位的人物、知名专家和学者撰写的序言。有较高职位或地位的人物撰写的序言，基本是介绍当地或单位的历史和现状，对该方志的评价、对修志人员的感言，多为赞美之词；专家学者撰写的序言，大多是从专业角度出发，结合当地或单位的实际，对方志编纂特点进行总体评价。

序言的类型和数量各不相同。有的有自序，没有他序；有的有他序，没有自序，甚至他序有好几个；有的既有自序，又有他序，他序还不止一个。

新方志中的序言一般为他序，编者自序较少。

（二）序言的内容

序是新方志的重要组织部分。序言的文字虽然不多，但其内容比较宽泛。主要包括编纂目的、缘由、过程、方志的基本情况、当地或单位的基本情况、对方志的基本评价、对参与编纂的人员的赞誉及编纂者的经历等。具体包括以下几个方面内容：

1. 介绍一地基本状况。序言概括地介绍当地历史与现状，告诉读者一个地域的历史与现状及特点，加深对新方志的认识和理解。

2. 介绍新方志编纂过程。序言简要地向读者介绍新方志编纂的基本过程，包括编纂起始时间、组织资料征集情况、参与编纂人员、定稿时间、整部方志完成的时间等基本情况。若新方志设有编纂始末，详细介绍新方志的编纂过程，则序言介绍的只是大体情况。二者内容不能混淆重复。

3. 对新方志的评价。对新方志的评价一般是他序，这是新方志他序内容的主要特征。他序的内容大多是对新方志从指导思想、资料运用、编纂体例规范、结构与内容、地位作用给予充分肯定。

4. 介绍新方志编纂原因。方志是中华民族传统文化的重要组成部分，也是其传承的重要载体，编史修志是中华民族的优秀文化传统，盛世修志是中华民族的文化特点，方志记载的一方全史，更是历史的赓绪，对于继承和弘扬民族精神，具有重要作用。对此，序言都要对此一一加以言明。

5. 褒奖参与编纂的人员。编纂新方志是庞大的社会系统工程，由于编纂时间跨度大、内容范围广、成志周期长，涉及部门多、参与编纂人员多，因而成就一部新方志，从篇目设计、资料搜集、整理归类、分析运用到汇集成书，每个工作程序都充满辛苦、艰苦和清苦。序言中对此要给予肯定和褒奖。

（三）序言的撰写

一篇好序言可以为方志增色。撰写序言必须严谨科学，具体要求是：

1. 了解一方基本情况。序言是新方志定稿后撰写的，一篇优秀序言，是当地地情的综合反映。因此，动手撰写前，序言的撰写者必须认真阅读新方志的内容，全面了解该新方志的结构特点、内容编排、编纂过程，认真了解当地的历史和现状、经济社会发展变化的基本脉络等，只有充分了解上述情况，撰写出来的序言才会体现该方志的内容特征。

2. 明确序言编写目的。撰写序言的目的是为了告诉读者该地基本地情，该方志编纂缘由、编纂过程、内容特点，该方志的历史地位和作用，该方志编纂人员付出的艰辛等，以增强读者对新方志内容的理解。撰写序言者对此要有深刻认识。目的明确，行动才会自觉，才会撰写出既有特色又有吸引力的序言。

3. 拟定序言编写内容。序言的基本内容要紧紧围绕撰写序言的目的展开，目的决定内容，内容服从目的；目的与内容要协调配套，不能两张皮。

4. 把握序言撰写角度。序言因撰写者的身份地位不同，撰写的角度也可不同。专家学者撰写序言多从专业角度出发，结合当地历史与现状，对该方志的篇目设置、内容结构、编纂特点等，对该方志进行总体评价；具有较高领导职位或社会地位的人物，多从社会评价角度发表观点，如选择当地或单位的特色和亮点来进行宣传，选择编纂过程及其中的主要编纂人物进行褒奖。总之，具有较高领导职位或社会地位的人物，可以登高望远，从全局和推动修志事业发展的角度来谋篇布局撰写序言；专家学者，则可以立足专业对该方志进行专业性评说。把握好序言编写的角度，是写出与序言撰写人身份地位相称的序言的重要前提。

5. 遵守序言撰写规范。序言立于新方志正文前面，可以说是新方志的门面。因此，撰写序言要严格遵守撰写规范。序言的特点是文字短小精悍，寓意深刻；紧贴当地实际，概括反映该志内容。撰写序言基本规范：一是文字力求少，规模力求小。序言的文字一般在 1000 字左右，最短不少于 600 字，最长不超过 2000 字；二是序言文风要朴实、简洁、流畅，体现新方志的文风特点；三是叙述内容要切合当地实际和该方志内容主旨；四是夹叙夹议，简明扼要。点评事物，恰如其分。说理透彻，论事精当。

二、凡　例

“凡例”一词出自西晋杜预的《春秋左传·序》：“其发凡以言例，皆经图之常制，周公之垂法，史书之旧章。”凡例自宋代以后，就是方志独立的重要组成部分，明代两次颁布《纂修志书凡例》，清代史志学家章学诚提出编志应有三长，将“识是以断凡例”，放在三长的第一位。

凡例或称发凡、总例、叙例、例言、志例、编辑说明等，作为一种文体出现很早。多被工具书和方志使用。方志的凡例是用来说明方志的指导思想、编写宗旨、起讫时间、基本内容和编纂体例、篇目结构、文体规范等基本规则的一种体裁。

（一）凡例的内容

新方志凡例的内容包括新方志的指导思想、编纂原则、地域范围、时限、体例、体裁、结构、写法、文体与文字、标点符号及数字用法、人物收录原则、大事记体裁、资料来源、纪年规定、称谓，以及专项规定。学界也有将上述内容分为通例、分例、特例三个部分。通例包括新方志的指导思想、编纂原则、地域范围、时限、体例、体裁、结构、写法；分例包括文体与文字、标点符号及数字用法、人物收录原则、大事记体裁、资料来源、纪年规定；特例包括称谓以及专项规定。

（二）凡例的作用

新方志凡例的主要作用是：

1. 确定新方志编纂规则。新方志编纂是一项社会工程，涉及部门多、人员广，从启动编纂到成印出版时间周期长，少则三五年，多则十年甚至十几年。特别是因为机构改革，有的部门和人员变化较大。如果整个编纂工作事先没有确定基本编纂规则，要顺利完成一部新方志的编纂和出版，是很难做到的。因此，凡例的确定先于新方志编纂。

2. 提供新方志使用须知。新方志是科学的、严谨的、朴实的著述性工具书，读者在阅读和使用时，首先通过凡例了解该方志的地域范围，内容跨度，资料来源，人物收录范围与标准等，从而得知所需要的资料是否在所查阅的方志中，凡例作用不可小视。

（三）凡例的制订

凡例是新方志必需的重要构成内容，因此，制订凡例要认真严谨。做到：

1. 基本事项齐备。基本事项是指凡例中的通例和分例事项，这是对凡例的基本规定。

2. 特殊事项记全。特殊事项是指新方志中需要特殊规定的事项，即特例。特殊事项不可或缺。

3. 文体规范，语言精练。凡例是新方志的规则，要科学严谨，语言要言简意赅，表述要精练和准确。所列事项要全面精当。

4. 层次分明，条理清楚。凡例制订要遵守一事一条的原则，按照先通例后分例再特例的次序来制订凡例。做到层次分明，大小有别，条理清楚，一目了然。

第七节 编纂始末与索引

新方志的编纂始末与其他著述的跋、后记相近似，是编排在新方志正文后面，用以说明新方志编纂目的、过程、经验与教训、资料来源、体例等的文体。索引是用以分类说明资料出处的检索工具。

一、编纂始末

新方志编纂始末其本质是用来表明新方志编纂者想告诉读者的话。

（一）编纂始末的定义

给新方志编纂始末下个完整准确的定义很困难。例如，《辞海》（1999 年版）解释：编纂始末“亦称‘跋’‘书后’等，文体名由著（译）者或他人撰写，刊印在图书正文后面，用以说明写作和出版的目的、经过和资料来源、编写体例等。有时是读后感。”又如，《现代汉语词典》（第 5 版）解释：“写在书籍、文章等后面的短文，用以说明写作目的、经过或补充个别内容。”段玉成在《论文解字注》中称：“题者标其前，跋者系其后也。”跋文产生于唐宋之际，徐师曾在《文体明辨》中称：“题类始于唐，跋书起于宋。”到南宋，随着方志的发展与定型，跋也用到方志中。到明清时代，跋被广泛应用于方志。有鉴于此，新方志编纂始末可以定义为：编纂者撰写、刊印在新方志正文后，用以说明新方志编纂过程等与该方志有关问题的一种文体。

（二）编纂始末的内容

新方志编纂始末是由编纂者撰写的短文，其内容因撰写的目的而不同，大体上包括编纂过程与总结、编纂思路与计划、编纂经验与教训、编纂体会与理论探索、编纂创新与发展、编纂分工与执行、编纂体例与规范等许多内容。上述内容编纂者会根据自己的具体情况和目的各有侧重，不可强求一律。

（三）编纂始末的作用

编纂始末是新方志必需的组成部分，主要作用表现在：

1. 记述新方志编纂过程和经验。新方志编纂工作是一项庞大的文化工程，涉及范围广、人员多。因此，与旧方志比较，新方志最大特点是众手成志。编纂始末用简短文字把编修工作的难度和起伏变化、编修的经验与教训等记述在册，让后人了解新方志成书之不易。

2. 加深读者对新方志成书过程的了解。编纂始末可以记述新方志正文以外的情况，如新方志编修的时代背景、编修曲折与艰难的过程等，可以加深读者对新方志编纂工作的了解，增强对新方志的总体认识。

3. 反映编纂者对一个地域的地情及相关问题的认识和实践。编纂始末的撰写究竟该采用何种体例，是一个实践问题。编修者都可根据实际工作经验发表观点，也可根据撰写需要进行大胆创新。此外，编纂始末还可以就新方志记述的方法、内容发表编纂者的观点，这无疑会对推动方志理论发展产生积极作用，为后世续编新方志提供借鉴。

4. 展示方志人的精神风貌。方志是中国传统文化的重要载体，方志文化是中国传统文化的组成部分。从事方志事业，便是从事文化事业。由于种种原因，人们对方志文化和方志事业认识不深，对方志工作重视不够，方志工作部门是清水衙门，方志工作者不怕艰苦、忍受清苦、付出辛苦，秉持对方志事业的执着追求和为人民著信史的信念坚守，淡泊名利，无私奉献，爱岗敬业，精益求精，甘于清苦，铁心修志。像这些在编修新方志过程中表现出来的插曲，在方志的正文中是无法记述的。可以通过编纂始末告诉世人，因为有这么一批方志人的存在，从而形成了特殊的方志人精神，从而，使方志人得到社会关注、敬重，在“社科志”“人物志”中均可记述。总之，编纂始末可以给读者提供正能量，帮助人们坚定文化自信。

（四）编纂始末的体裁

编纂始末的体裁属于说明性记叙文体。编纂始末的体裁是由其本身的特性和它要反映的内容所决定的。

1. 编纂始末记述的是正文以外的事情，目的是为了向读者介绍新方志编修背后鲜为人知的信息，这些背后信息的记述，要服从新方志的著述性要求，采取写实手法，尽量避免论证式手法。

2. 编纂始末反映的内容是新方志的编纂经过，体例结构的选择，以及编纂体会、编纂经验、编纂分工等，这些内容是客观存在的，是已经发生了的历史事实。编纂始末不能论证、描写，更不能夸张。实事求是地把事实记述清楚，都是最有说服力的。

3. 编纂始末说明性记述也要删繁就简，直言其事，要在有限的文字中容纳尽可能多的信息。

（五）编纂始末的撰写

撰写编纂始末要注意四个问题：

1. 确定编纂始末记述的内容。一部新方志成书出版，凝聚着编纂者的心血和汗水，问世之际，编修者回首往事，一定会有很多感慨。但毕竟编纂始末的篇幅和文字有限。如何充分利用有限的篇幅和文字，把编纂者想说的话说全面，必须在动笔前认真谋划好想说的内容。主题抓准，撰写才能有方向。

2. 确定编纂始末记述的重点。人们常说，新方志是十年磨一志，众手成志，但不能把编纂始末当成百宝袋，什么都往里装。该记什么内容，谋篇要科学，布局要合理，主次要分明，重点要突出。这样的编纂始末才能合格。

3. 遵守撰写体例规范。编纂始末采取记述体方式是由其自身特性决定的。因此，在撰写时，语言必须平铺直叙，简洁流畅。议论要精当，切忌空泛。

4. 总结修志经验和教训，对献身方志事业的人物要认真记述，凸显方志人精神风貌，弘扬方志文化。对编修过程创新探索等具有时代特色的内容，要记述清楚，为读者研究新方志提供宝贵经验。

二、索　引

索引是将新方志的篇目、语词、主题、人名、地名、事件及其他事物名词，按一定规范和方式编排并注明出处的检索指引。有按主题词语首字笔画和按首字音序编排两种方式。索引一般附于新方志最后，方便读者查阅。

（一）索引的分类

新方志的索引大体分为主题索引、人名索引、地名索引、表格索引、子目与细目索引、事件索引、名胜文物索引、名优物产索引、条目索引、图照索引、艺文与著作索引等，其中表格索引、条目索引使用比较广泛。表格索引、图照索引、子目与细目索引、条目索引把方志中所有有关资料全部收入。人名索引有两种处理办法，一是将方志涉及的所有人名全部收录；二是划定收录范围，有选择地收录。如人物传记所涉及的人物、简介人物、当地主要领导人等。

（二）索引的作用

新方志是供读者查阅和使用资料的著述性工具书。索引是重要的查阅工具，它能够使读者便捷快速地查阅自己想阅读的资料。新方志索引的作用有：

1. 是方便阅读新方志的全方位的引导图。从索引的类别可以看出，索引具有多方位的引导功能，不管是人名、地名，还是事件表格等，读者可以毫不费力找到所需要的资料。

2. 索引可以作为新方志目录的补充。目录是新方志的窗口，是读者走向新方志内容的路引，有了这个路引，读者便可迅速进入新方志的阅读主题。由于目录设计一般为篇、章、节、目四个层次，或设章、节、目三个层次，或从高层反映资料的主题，或从中层反映资料的主题，为读者提供主要干线的路引，使读者可以接近目的地。要到达目的地，读者还需要费时查找支线线索。那么，索引中的子目与细目索引或条目索引，可以从低层对目录进行有益补充，建起连接目的地的支线路引。循此，读者便可以顺利到达目的地，查阅想要的资料。

（三）索引的编排与编制

1. 新方志索引的编排。新方志索引的编排方法借助辞书的检索编排方法，有音序法、笔画法、部首法，旧版辞书还有四角号码检索法。①音序编排法，是按英文字母顺序表（A、B、C、D……）顺序先后编排的方法，这种编排方法，具有涵盖全、易掌握的特点，被广泛使用；②笔画检索法。首先要确定笔画数，再检索。因为有些字的笔画存在分歧，极个别字在不同的辞书中笔画数有所不同，这势必造成读者使用不便；③部首法。先确定汉字的部首然后检索，由于有些汉字结构特殊，其部首难以确定，或根本无法确定部首。如“表”“乌”就无法确定部首。鉴于部首法存在的缺陷，此方法逐渐被淘汰；④四角号码检索法。由于要专门记笔画代码才能掌握，目前除极少数老人和专家外，一般人已经不了解四角号码法，几近淘汰，很少有人使用这种方法。

总之，四种编排方法，只有音序编排法相对科学、简单、快捷，符合时代特点，且只要懂汉语音节就可以掌握使用。因此，新方志索引大多采用音序编排法。

(2) 新方志索引条目编制。大体分为以下几种情况：①原名照录。如“目与子目”“条目”“土特产”等；②重新命名。编制时应符合规范，多用名词、动词或主谓词组，但不能与目录重复。做到一事一条，突出专指性。在条目编制中，人名、地名、路名等可能会出现重名现象，对此，要具体情况具体解决，采取圆括号注明的办法解决；③表格索引条目的名称不宜原文照录表头，要尽量去掉地区行政区划名称，否则在条目的分辨方面会给读者带来困惑，给新方志的使用带来麻烦；④主题条目编制要做到层次分明，时序不乱。

第八章　省市县新方志编纂

1998 年 2 月 10 日，中国地方志指导小组制发的《关于地方志编纂工作的规定》第十条提出，编纂地方志主要分三级进行：省、自治区、直辖市编纂的地方志；设区的市、地区、自治州、盟编纂的地方志；县、自治县、旗、不设区的市、市辖区编纂的地方志。2006 年 5 月 18 日，国务院颁布的《地方志工作条例》第三条明确规定，地方志分为：省（自治区、直辖市）编纂的地方志，设区的市（自治州）编纂的地方志，县（自治县、不设区的市、市辖区）编纂的地方志。地方志是全面系统地记述本行政区域自然、政治、经济、文化和社会的历史与现状的资料性文献。依法编纂新方志是各级政府的责任。

第一节　省级新方志编纂

省级新方志，顾名思义是以省为单位编纂的新方志，亦称省志。省志是记述一省范围自然、政治、经济、文化和社会的历史与现状的资料性工具书。省志旧名称谓有通志、大志、全志、图经、图志、典、乘记等。

一、省志兴起与发展

省志的编纂始于元代。省作为地方最高行政区划，始于元代，时称“行中书省”，简称行省。行省制度确立后，开始有以行省为单位的志书，如元大德《甘肃图志》《辽阳图志》《云南志略》、至元《齐乘》、元贞《云南图志》等。明清两代承继元代作法，普遍以行省为单位编修通志，如明嘉靖《山东通志》《南畿志》《江西通志》、万历《广东通志》《贵州通志》《黔记》，清顺治《河南通志》、雍正《江西通志》《畿辅通志》、乾隆《湖北通志》《浙江通志》、嘉庆《广西通志》《蜀典》、道光《安徽通志》《广东通志》、光绪《安徽通志》。民国时期亦以省为单位编修方志，如《山东通志》《奉天通志》《黑龙江通志》。

综观省志编纂历史，具有四个特点：一是数量多。据《中国地方志联合目录》载录，现存的通志（包括通志类书籍）337部，其中明代43部，清代174部，民国时期120部；二是卷帙浩繁。如清乾隆《浙江通志》和嘉庆《广西通志》有280卷，道光《广东通志》334卷，光绪《安徽通志》360卷；三是内容恢宏。宏观记述一省的主要人、事、物，记述省一级的各种情况居多；四是编纂难度大。兴修通志，都是中央政府严令编修，特别是与全国性总志即一统志相关联。

中华人民共和国成立后，酝酿编纂新省志，在国家规定必修的三级志书中，新省志是规格层次最高的一类志书。至1966年，先后有山东、湖北、陕西、湖南、四川成立省志编纂委员会；1979年以后，全国各省普遍着手编纂新省志；1981年，中国地方史志协会成立，提出《关于新省、自治区志编修方案的建议》；1983年4月，中国地方志指导小组在长沙召开座谈会议，专题研究新省志编纂；1984年11月，中国地方志指导小组在湖南岳阳召开全国省志评审会议；1986年年底，召开全国第一次地方志工作会议，各省均成立省志编纂机构。

二、省级新方志总体设计

省级新方志的总体设计是编纂工作的重要环节，关系新方志的质量。具体来说，包括编纂方案的制定、篇目方案设计和成书方案设计三个环节。编纂方案提出编纂省级新方志的总体安排和原则规定；篇目方案是省级新方志编纂蓝图和纲领；成书方案决定省级新方志表现形式。三个环节共同构成省级新方志总体编纂规划和行为准则。

（一）制定编纂方案

1998年2月10日，中国地方志指导小组制发的《关于地方志编纂工作的规定》第七条明确，坚持“党委领导，政府主持”的修志体制，各省、自治区、直辖市的地方志编纂委员会及其办公室，负责组织本地区修志工作……各级修志机构的主要任务是：制定规划……组织志书编纂；审定验收志稿。2006年5月18日，国务院颁布的《地方志工作条例》第七条规定，省、自治区、直辖市人民政府制定本行政区域地方志编纂的总体工作规划（以下简称规划），并报国家地方志工作指导机构备案。制定编纂方案是省级新方志编纂工作的起点，主要包括省级新方志编纂指导思想和工作任务、明确编纂体例规范、确定编纂工作组织程序和领导体制。

1. 编纂指导思想。新省志编纂指导思想一般包括三个方面内容，即政治指导思想、工作指导思想和业务指导思想。

（1）在政治思想上，一定要坚持以马克思列宁主义、毛泽东思想、邓小平理论、“三个代表”重要思想、科学发展观和习近平新时代中国特色社会主义思想为指导，坚持马克思主义的世界观和方法论，坚持马克思辩证唯物主义和历史唯物主义的基本观点和基本方法，认真贯彻执行党的路线、方针、政策和国家法令、法规。

（2）在工作上，根据发展着的实践，实事求是地记述一个省的自然、社会的发展状况，服务当代，鉴往知来。

（3）在业务上，坚持质量第一的原则，牢固树立精品意识，认真实施精品战略，用新观点、新资料、新方法、新思维，编纂出具有思想性、科学性、资料性有机结合的具有时代特色、地域特色和行业特色的社会主义新方志。

2. 编纂体例规范。清代章学诚在《方志辨体》中就省志体例指出，通志与府州县志的体例应有所区别，不是一个简单合并与拆分的过程，“修统部通志，必集所部府、州而成。然统部自有统部志例，非但集诸府、州志可称通志，亦非分拆统部通志之文分即可散为府、州志也。诸府之志，又有府志一定义例，既非可以上分通志而成，亦不可以下合州、县属志而成”，“苟通志及府州县志可以互相分合为书，则天下亦安用此重见叠山之缀旒为哉”[①]！他指出，各类志书自有各自内容范围，也有各自的撰写方法与要求。“所贵乎通志者，为能合府州县志所不能合，则全书义例，自当详府州县志所不能详，既已详人之所不详，势必略人之所不略。”[②]

2008 年 9 月 16 日，中国地方志指导小组制发的《地方志书质量规定》第三章对地方志的体例等做出明确规定。诸如：坚持志体。横排门类，纵述史实，述而不论；体例科学、规范、严谨，适合内容记述的要求；凡例关于编纂志书的指导思想、原则、时空范围、体裁、人物收录标准、资料来源、行文规范、特殊问题处理等要求，清楚明确；志书名称以下限时的本行政区域名称冠名；体裁运用得当，以志为主。篇目设置符合“事以类聚”“类为一志”的基本要求，科学分类与现实社会分

① 章学诚. 方志辨体·文史通义.

② 章学诚. 方志辨体·文史通义.

工（现行管理体制）、全志整体性与分志相对独立性的关系处理妥当；整体布局合理，结构严谨，归属得当，层次分明，排列有序；类目的升格或降格，使用适当。标题简明准确，题文相符，同一门类各级标题不重复。编纂新省志必须严格遵守。大体来说，新省志体例规范主要包括志书名称、内容断限、体裁体式、结构逻辑和原则等要素。

（1）名称。1985 年，中国地方志指导小组制发的《新编地方志工作暂行规定》明确规定："省、自治区、直辖市所编纂的地方志都是省级志书，简称省志。""各级地方志名称，均应冠以现行的行政区划名称，如《××省志》《××市志》《××县志》《××自治区志》《××自治州志》《××自治县志》等。"因此，新省志多为《××省志》。

（2）断限。指新省志所记述内容的时空范围。国务院《地方志工作条例》规定，我国"地方志每 20 年左右编修一次"。第一轮修志时间断限为 1840—1985 年。空间地域范围以下限时间为准的行政管辖范围。新省志的上下限一旦确定，各分志编纂必须严格遵照执行，如果超越域限和断限，必定会造成编纂混乱，影响新编省志的整体性和质量。

（3）体裁。新方志编纂，述、记、志、传、图、表、录多种体裁并用。述即总述或概述，综合叙述一省志轮廓，各业全貌及发展过程，为省志之纲。记即大事记（大事年表），以编年体与纪事本末体相结合的方法，辑录一省政治、经济、文化、社会、生态环境等方面的大事、要情，首事、特事。志即分志，按事分类，类为一志，分别记述各项事业的历史与现状，为省志的主体。传即人物志中设立人物传。录即附录，载重要文献辑存、编纂始末等。图、表是穿插于新方志中用以辅助说明文字内容的资料。

（4）体式。指新方志的体形和模式。新编省志的体式通常有编年体、篇（编）章节目体和纲目体 3 种。新编省志，根据内容需要，一般采用篇、章、节、目体。篇章节目体又大体分为综合统领式、一级平列式、混合排列式三种情况。

（5）结构。新方志结构一般包括结构形式、结构逻辑、结构原则等。结构形式一般指从体裁体式角度表现出来的排列形式。在体裁上，新编省志内容分为综合性分志和专题性分志两类。在层次上，一般篇为最高层次，一级平列，统编序号。

3. 编纂工作组织领导。2006 年 5 月 18 日，国务院颁布《地方志工作条例》，明确由省（自治区、直辖市）人民政府制定本行政区域地方志编纂的总体工作规划，地方志工作机构主管本行政区域的地方志工作，主要职责：一是组织、指导、督促和检查地方志工作；二是拟定地方志工作规划和编纂方案；三是组织编纂地方志书、地方综合年鉴。

2015年，国务院办公厅印发《全国地方志事业发展规划纲要（2015—2020年）》指出，新方志编纂工作要坚持“党委领导、政府主持、负责地方志工作的机构组织实施、社会各界广泛参与的工作体制；逐步形成将地方志工作纳入各地国民经济和社会发展规划、地方各级政府工作任务，‘认识、领导、机构、编制、经费、设施、规划、工作’到位的工作机制”。可见，省志是省级政府及其部门组织编纂工作组织领导的志书，是政府行为。从第二轮修志实践看，省级新方志编纂工作组织领导的具体情况大致如下：

（1）省级新方志编纂委员会受委托，总体负责修志的领导和协调工作，决定省级新方志编纂的重大事项。

（2）省级地方志工作机构具体组织、指导和协调省志各承编单位修志工作，并履行省级方志的总纂职能。

（3）省级方志编纂工作实行总纂负责制。即总纂对省级方志的总体设计和志稿的通编通审工作负全责。

（4）省级志书各承编单位接到编纂工作任务后，要按照编委会和总纂的要求，成立相应的编委会和领导小组，具体组织实施编修工作计划。

（5）各承编部门设立的编辑室实行主编负责制，主编对新方志的观点、资料、体例、结构、文风负全面责任。

（6）省地方志工作机构主要负责对修志工作的宏观指导，协调解决编辑出版经费。

（7）省级新方志实行三审定稿制度。各承编单位编写出志稿后，首先，由承编单位组织领导、专家（学者）、知情者和修志人员参加的评稿会议，对志稿进行评议。再次修改过的志稿，由承编单位编委会或领导小组审查同意后，正式提请省志编辑部责任编审，经省志编辑部责任编审后，报总纂审定同意，组织评审委员会委员、专家（学者）进行终审。

（二）设计篇目结构

省级新方志篇目设计要注意容量、分类、排列、层次、标题、编次。这是编纂方志的重要前提。

1. 省级新方志容量。容量是指物体或者空间所能够容纳的单位物体的数量。省级新方志容量原则上应该综合考虑时间断限、记述内容、资料剪裁、主要服务对象或功能等方面的因素。在设计具体篇目时，应按总纂关于省级新方志记述内容的总体构想来确定全志的大体文字量，然后根据各分志内容的具体情况分配出各分志的内容文字指导性数字规模，作为编纂志稿的指导。

2. 省级新方志专业分类。分类是指按照种类、等级或性质分别归类。语出《尚书·舜典》附亡《书》序："帝厘下土，方设居方，别生分类，作《汩作》。"分类与划分不同，分类是从种到属，而划分则是从属到种，二者方向相反，但又相辅相成，往往同时并用，结果一致。如动物界或植物界的门、纲、目、科、属、种的系统，既体现分类又体现划分。新方志分类原则是事以类从、类为一志。省级新方志分类也不例外，分类科学、归属得当，是新方志记述内容的客观要求。科学合理地分类，就是要以行业为基本依托，以科学原理为指导，打破部门界限，按事业分类，不仅记述方便，阅读也清晰。根据科学分类原理，同一层次事物，一般情况下属于并列关系。但为了突出地域特点，对某些具有地域特色的事类，从属类中提取出来，作"升格"处理，以凸显具体地域特色事物发展的历史状况。

3. 省级新方志篇目排列。排列原义是指按次序排队、安放或编排，或者排着队站立、成排耸立。省级新方志篇目排列是基于事以类从、类为一志的原则进行的，符合客观规律，合乎记述的逻辑，是省级新方志科学性的重要体现。在一部新方志中，每个篇目都是并列的，具有同等的地位。排列虽有顺序，但并不意味着排列在前面的篇目重要，排列在后面的篇目不重要。省级新方志篇目的排列是十分复杂的工作，特别是随着社会的发展，一个地区的事物门类越来越多，分工也越来越细，要使篇目的排列科学合理，合乎规律，具有严密的科学性和逻辑性，必须对一个地区的事物进行综合分析和科学概括，弄清事物的本质属性及其发展规律。特别是对那些具有多重属性的事物，务必根据该事物在本地区所处的特殊地位，分清事物的主要属性和次要属性，以满足新方志地域性特征为前提，作科学的、实事求是的安排。

4. 省级新方志层次结构。何谓结构？结是结合之义，构是构造之义，合起来理解就是主观世界与物质世界的结合构造的意思。新方志的层次结构即组成新方志整体的各部分的搭配和安排，结构即是一种观念形态。篇目结构科学、合理，层次清楚、分明，是发挥新方志"明道、资治、存史、辅教"功能的需要。省级新方志不论采取何种名称划分层次，都要做到结构严谨、条理清晰、层次分明、归属得当。只有这样，新方志才能为读者提供结构科学、内容完整的资料性工具书。

5. 省级新方志标题。标题是标明文章、作品等内容的简短语句，一般分为总标题、副标题、分标题。常言道，“看书先看皮，看报先看题”。标题可以使读者了解文章的主要内容和主旨。标题要求就实避虚，直书其事，做到准确、鲜明、简洁、通俗，具有形式美、韵律美，准确表达事实，有一定的文学性，比较有吸引力。新方志拟定标题的具体要求：一是立题标准统一，概念明确，用词恰当。标准统一即章、节、目的立题标准要前后上下相一致，避免虚题和文不符题。标题在用词上必须能准确地概括正文的中心内容，能够准确反映记述的范围和记述的深度等，使审稿者、读者可以从中获取有效信息。标题用词要新颖、有创意。好的标题、有特点的标题最能抓人眼球，并让读者过目不忘、眼前一亮。那么，什么样的题目才是有特点的好题目呢？就是个字“新”。“新”就是抛弃老路子、旧窠臼的标新立异的标题。标题在用词上要能突出自己的新见解、新突破，突出地域特色及行业（专业）特色。无具体意义的词汇，不宜滥用，否则有千篇一律的感觉，更凸显不了新方志的新颖了。标题用词要适当，要恰如其分地表达记述资料的新颖程度和记述内容的深度；二是言简意赅，高度概括。文题相符，就是要含义明确和言简意赅，能够起到画龙点睛的效果，让人一望即知，而且能够立刻引起人们阅读或摘录、参考的兴趣。用词简洁明朗，避免用烦琐冗长的形容词和不必要的虚词，力图用最简洁、最鲜明的语言，尽可能地删除那些可用可不用的词语和附加成分；三是引人注目，通俗易懂。选用最易概括、词义单一、通俗易懂、便于记忆和引用、规范的术语；少用模糊语言，多用精准语言，不用非公用的缩写语、符号等，多用常用称谓或直接使用全称，坚决不能使用有语病的题目。切忌用复杂的主、动、宾完整的语句立题，宜用词组做题目；四是避免交叉和重复。交叉就是事物之间的相互交错、相互渗透或同中见异；重复则是相同的内容反复地出现，重复即是雷同。由于地区内客观事物间相互联系的普遍性，因而记述各门类众多事物的新方志不可避免地出现交叉关系。特别是新方志体例采用纵横交错的结构，使这种交叉变得更为错综复杂。交叉便容易出现重复，这是显而易见的。克服新方志内容交叉和重复的矛盾，首先要在拟订志书标题时加以重视。志稿中明显交叉和重复的标题必须坚决删掉，要从志书的整体出发，妥善地处理记述内容的交叉关系，避开拟题重复。

6. 省级新方志编次。编次即编排次序、编辑体例。新方志的编次，是指导记述一个地区的事物同类之间关系的秩序。

新方志编次的基本要求：

(1) 章与章、节与节、目与目虽有先后顺序，但地位相同，内涵、外延互不重叠。

(2) 章与节、节与目之间具有领属关系，层层相辖，顺理成章。

(3) 编次规律，一般情况下，篇的层次全方志统一排序，章、节、目等的层次各依所属类为单元编列序号。

(4) 政权、政党、政治等，机构、体制、队伍靠前；三次产业及事业等各业在前，机构、体制、队伍殿后。

(三) 省级新方志编纂管理

编纂管理是提高新方志质量的重要手段。省级新方志编纂管理主要包括编纂组织管理、编纂质量管理、编纂程序管理三个方面：

1. 省级新方志编纂组织管理。省级新方志编纂组织管理是省级新方志编纂管理的重要内容。2015 年 8 月 25 日，国务院办公厅印发《全国地方志事业发展规划纲要（2015—2020 年）》明确提出，“将地方志工作纳入各地国民经济和社会发展规划、地方各级政府工作任务”，为推动地方志事业发展提供“法治保障、制度保障、经费保障、队伍保障、宣传保障”。省级新方志编纂组织管理具体要求是：

(1) 方志机构建设管理。方志机构建设主要是指方志工作机关和工作单位。方志机构建设包括：①建立健全各级方志工作机构，目前全国各地省市县三级方志工作机构全面建成，专职修志机构建设和管理步入法制化轨道；②形成较为成熟的方志编委会制度。省、市、县三级方志编委会一般由地方行政首长、专家、学者、方志机构负责人组成。

(2) 方志领导管理。具体说来，包括两层含义：一是编委会领导，主要是业务（专业）领导；二是方志业务机构即方志办领导，主要是行政领导，负责组织、协调、指导、督促、检查。

(3) 方志人才队伍管理。①方志队伍主要包括三个方面：一是担任指导方志工作的各级编委会成员的各级领导干部、知名学者；二是各级方志机构中从事资料搜集、编纂、工作指导、理论研究及管理人员；三是高等院校、科研机构及其他部门的业余修志工作者；②方志队伍建立。方志人才队伍的素质，直接关系到新方志的质量和方志机构生存发展。强化新方志专业人才队伍管理，必须强化志德，坚定政治立场和政治方向，树立科学态度和科学精神；培养志才，大力提高编纂人员专业素养、学习能力、思维能力、表达能力、组织能力、社会活动能力和写作能力；不断增强编纂人员专业知识和自然科学、社会科学、新兴科学知识，做到学识广博、理论功底深厚；提高志识，提高思想敏锐性和科学预见性，对事物认识深刻、洞察深邃；大力弘扬方志人精神，培养和树立方志工作者学风严谨、作风朴实、团结协作、求真务实的优良作风。

2. 省级新方志编纂质量管理。新方志编纂质量管理是省级新方志编纂管理的中心环节，涉及修志的各个阶段，贯穿修志的全过程。习近平总书记曾在 1989 年讲过："志书要注意质量，能经得起时间和历史的检验。时代发展了，科学分工越来越细，我们一定要在规模、质量上超过前人。现在的志书都要在国内外公开发行。因此，我们更需要注重质量。各部门都要把质量放在第一位，对社会负责，对事业负责，对子孙后代负责。"省级新方志编纂质量管理要实行全过程控制，目的是保证编纂出高质量的志书。新方志质量的高低，不仅关系到社会效益，而且直接影响新方志"明道、资治、存史、辅教"功能的发挥。2008 年 9 月 16 日，中国地方志指导小组制发《地方志书质量规定》第三条，从观点、体例、内容、记述、资料、行文、出版等方面提出明确要求，即"志书质量的总体要求：观点正确，体例严谨，内容全面，特色鲜明，记述准确，资料翔实，表达通顺，文风端正，印制规范"。这是地方志编纂工作重要的指导文献。具体说来，新方志编纂质量管理包括六个方面：

（1）政治质量。政治性、思想性是新方志的灵魂，必须始终摆在编纂工作的首位。编纂新方志关键在于能否坚持正确的指导思想，坚持马克思辩证唯物主义和历史唯物主义的观点和方法，坚持实事求是的思想路线。新方志想要在政治立场上站得住脚，观点要正确，方法要科学，符合国家政策法规。记述特定地域事物的自然与社会历史要符合马克思主义的基本立场和观点，符合客观事物发展的规律，符合民族、宗教、外事、保密政策。

（2）体例质量。要坚持志体，严守志界，横排门类，纵述史实，述而不论，图表相宜，符合体例规范；体裁运用要得当，以志为主；要有严谨的结构、科学的体系；篇目设计合理，门类划分科学，突出地域特色；以类系事，归属得当，排列有序，层次清晰；诸种体裁并用，标题简明；事以类从，横排纵述，述而不作；生不立传；注重记述性。

（3）资料质量。资料性是新方志的本质特征，资料的全缺、真假、实虚、深浅等，直接关系着新方志的质量与生命。资料搜集要在“全、准，真、翔，深、精”六字上下功夫，力求所搜集的资料全面、系统，准确、翔实，深厚、精当；自然、政治、经济、文化、社会、人文、生态环境等各方面资料门类齐全，做到横不缺要项，反映事物发生、发展、变化过程的资料连贯，做到纵不断主线；考订核实准确，人、事、物，时间、地点、事件经过等要素要齐全，翔实可信，真实具体，搜集和运用具有典型性、代表性资料。

（4）内容质量。全面系统、真实准确、科学规范地记述特定地域自然、社会、政治、经济、文化、生态文明等方面情况完整面貌和发展过程；记述一方事物求变、求新、求发展的历史过程及现状；突出反映地方特色和时代特色，体现地区的事物发展演变的新事物、新成果、新局面。内容要符合科学性和思想性，记述社会发展变化要实事求是。做到内容完整，横不缺要项，纵不断主线；强调整体性、综合性，详略得当，重点突出；反映事物本质特征，记述有亮点、有深度。

（5）文字质量。记述事物的历史与现状要严格遵守域限规定，超越域限的事物一般不记述；记述人、事、物要客观真实，遵守述而不论的原则，寓观点于记述之中；记述同一事物，诸如名称、事实、数据、时间、度量衡、术语，前后要一致；记述要清晰，条理分明，交叉记述的事物，应从不同角度记述，或彼详此略，或用互见法；严格使用规范的现代语文体记述，遵循通行的语法规则和逻辑；做到文风朴实、严谨、简洁、流畅，详略得当，言简意赅；文理通畅，语句流利，具有可读性；文字、标点、数字的运用准确，图表制作符合相关规定。

（6）出版质量。出版是新方志整个成书过程的最后一环，出版质量直接影响志书的质量。把好志书出版质量关，是提高志书质量的重要内容。把好出版质量关，要从以下几个方面着手：①出版准备要充分。包括志书的文字内容、入志图表的搜集、制作和整理等，要达到“齐、清、定”的要求。即志稿内容（要素）要齐全、完整，凡需排印的文稿，如序言、后记、编审人员名单、目录、照片、图表、扉页等，都要与正文一起发齐；文稿稿面整洁、清晰，修改的字迹工整，插图、照片清晰、整齐；交付出版的必须是终审验收后的定稿；②装帧设计要美观。这是提高志书质量的客观要求。美观大方的版式设计，精心制作的图表、照片，会增强志书的艺术性，对提高志书使用价值具有积极作用。具体包括：封面设计要求美观大方、有新意和创意、突出地域特色和时代特色；文字版式设计，包括目录、正文、标题、大事记等方面，层次分明，具有艺术性；入志照片和图表设计要具有展示地域风貌、反映思想性和艺术性的特点；③校对要认真细致。校对是志书出版最重要的环节，对于志书质量有重要影响。具体要求是：志书要严格实行“三校”制度；校对人员必须具有高度的事业心和责任感；校对内容必须全面、仔细，内容包括错字、别字、掉字、缺字和倒字，正文版式中接排、另行、字体、字号、字距、行间距，页面封面及书眉、页码、双单码，正文与注释所标序号，插图、表格及辅文位置，目录与正文标题、标题字体、字号、序号，版权页面各项如开本、书号、定价、印刷日期、印数等，必须逐一认真校对；④印刷要清晰，装订要坚固。印刷墨色均匀，字迹清晰，套印准确，页面整洁；装订坚固，不得存在缺页、串页、倒页现象。

3. 省级新方志编纂程序管理。省级新方志编纂程序管理是指将新方志编纂作为一项系统工程来管理。具体说来，包括五个步骤：

（1）编纂工作的筹备。具体做好以下工作：①成立修志机构。成立各分志编纂委员会，承编单位要有主要负责同志担任编委会主任，并指定一名班子成员负责日常工作，组建编纂办公室（或编写班子）；②制定编纂方案。主要内容：明确组织领导（编委会）、责任分工、编纂任务、方法步骤、质量要求、完成时限、保障措施等；③培训编纂人员。编纂人员首先必须学习理解新方志的指导思想。只有明确了指导思想，才能真正做好编纂工作，其次还要学习修志知识。培训的具体内容包括：编纂新方志目的、新方志功能、编纂知识和技巧；明确资料搜集范围、原则、内容；明确内容撰写、体例安排、记述方法、文字表述的原则和规范等；④拟订分志篇目。篇目是指导方志编纂的重要依据。承编部门要根据省志编纂体例规范，结合本部门（本单位）、本系统（本行业）工作实际和特点，研究拟订分志篇目。篇目设计要科学合理。篇目设计报省方志机构后，承编单位据此开展下一步工作。

（2）资料搜集与整理。资料搜集是编纂的基础环节。资料搜集要紧紧围绕篇目结构要求展开。做到范围广、材料实、来源明。之后，开展资料整理和鉴别，编成资料长编。具体说来，有以下内容：①拟订资料搜集计划。各承编单位依据分志篇目，研究拟订资料搜集提纲。提纲内容主要应包括：搜集资料原则、资料来源、资料范围和类别、资料搜集途径和方法、资料质量要求、搜集资料人员分工、搜集资料保障措施等；②开展资料搜集工作。资料搜集的基本要求：资料搜集全面、系统、准确、真实、科学、规范；反映本部门、本行业事物发生、发展、变化过程的阶段性资料连贯，主项、要事、要件不缺；人物、事物、事件，时间、地点等要素齐全；③考订鉴别资料，分析、综合、分类整理资料。要按照分志编纂提纲和设计篇目，对资料进行梳理，认真鉴别、考订，去伪存真，去粗取精，分类整理出主体资料、背景资料、综合资料、典型资料、文献辑存资料等；④资料建档，撰写长编，加强管理。一个部门、一个行业，涉及事物范围广、内容繁杂，搜集资料非常困难。因此，对搜集到手的资料要格外珍惜，要及时将搜集到的资料登记造册，建立档案，加强管理，防止遗失，并撰写长编。

（3）新方志文稿编纂。在资料长编基础上，按照省志编纂规定，着手新方志文稿编纂工作。若是初次参与编纂工作的人员，可以选择部分篇（章）进行试写，试写稿可请专家把关，在把握基本写作技巧后，再进行初稿撰写。初稿形成后送交主编初审，并提出修改意见。

（4）新方志志稿评审与修改。根据分志撰写工作实际，适时开展志稿交叉审读和内容评议，集思广益，群策群力，反复修改，打好志稿基础，提高初稿质量。初稿完成、内部评议合格后，交由该分志主编统稿、编稿，统稿、编稿完成后，提交该分志编委会，组织有关专家学者进行评议，评议合格后提交承编单位编委会审定。

（5）新方志总纂与终审。承编单位编委会评审通过后的分志稿，提交总纂进行通审和编纂。志稿的总纂是志书编修的关键环节。总纂是一个再创作的过程，要求形成统一观点、统一体例、统一内容和统一文风。总纂的责任是把好政治关、资料关、体例关和文字关。总纂统校和编纂完成后，提请省志评审委员会组织终审。

三、省级新方志分志编纂

1981年，中国地方史志协会《关于省、自治区志编纂方案的建议》提出，省志的“编写工作一般由各有关事业机关单位分工承担；难以分头编纂的，则由省志编委会组织力量编写”。省级新方志的编纂工作是一项十分复杂的系统工作，一般包括制定编纂提纲、分工编纂、主编统稿、责编预审、修改完善五个步骤。

（一）制定编纂提纲

制定编纂提纲即编列分志的篇目草案，属于省志总体篇目设计范畴，是省志总体设计向具体领域的深入和延伸，是省级新方志编纂宗旨在具体专业志书上的体现，同时分志篇目设计要为省级新方志总体篇目设计提供基本资料依据。因此，制定编纂提纲与分志资料搜集和分志编纂有着密切关系，好的编纂提纲，可以为资料搜集和分志编纂提供指导。

1. 拟定分志编纂提纲的依据。拟定省级分志编纂提纲必须以《省级新方志编纂方案》和《省级新方志总体篇目草案》为遵循。省级新方志总体设计由省级新方志总纂人员及下设机构承担，拟定分志的编纂提纲由各分志编纂人员负责，在省级新方志总纂人员指导下，依据《省级新方志编纂方案》和《省级新方志总体篇目草案》提出的指导思想、编纂原则、体例规范、行文要求、结构方法、设志原则等，具体拟定分志编纂提纲。

2. 拟定分志编纂提纲的基础条件。资料是新方志的血肉，要编纂出好的分志，首先必须充分地了解或占有分志资料。资料是熟悉和了解本专业、行业历史发展主线和现实状况的关键。没有资料，编纂分志就成了无米之炊。拟定编纂提纲前，分志的主编要组织研究论证分志的全部资料，依据科学分类的原则，将所有资料进行分类，以便把握事物的个性特征，掌握客观事实，将事物共性原则体现在个性特征上。便于拟定出比较全面、系统、准确的具有地域、专业、行业特点的编纂提纲。

3. 拟定分志编纂提纲的基本方法。由于省级新方志分志数目较多，涉及面较广，而且每部分志记述的对象和内容又不同，编纂体裁和时限、篇幅也不尽相同，因此，各分志的结构特点和编纂提纲的拟定方法也不相同。拟定分志编纂提纲的方法可依据分志的特性分为三种类型：

（1）综合性分志，即总述、大事记、附录。这三部分相当于省级新方志的头、颈、足三个部位。与其他分志并不相同，是省级新方志三个综合性专题分志。这三部分分志各自具有专门体裁，是省级新方志中最高层次的综合性专题，一般由省级方志总纂组织编纂：①总述，位居省级方志之首，采取史论结合、夹述夹议的方式，综合记述一省事物发展的历史与现状的宏观概况。一般不设章节，根据事物的性质特点，分成几大块记述。常用的有横分法，即按环境、政治、经济、文化、社会、人物等划分若干部分进行概括记述。另一种是纵述法，即按事物发展的历史阶段划分为若干部分，按照时间顺序纵述事物发展的大势大略。省志总述通常分散在各分志“概述”中，其编纂应在各分志出齐后考虑设分志编纂；②大事记。通常采用编年体与纪事本末体相结合的体例，以时系事，用年月日划分记述层次，按照时间顺序综合记述一省各方面的首事、要事、大事，因而不必拟定提纲；③附录。没有特定的体例，一般按横分门类的原则，视记述内容需要灵活处理。

（2）专题性分志，包括区域建置志、地貌山河志、动植物志、民俗方言姓氏志、著述志、人物志、市地县概况等。这些分志对全面反映一省省情具有特殊作用。由于这些分志无社会管理主体，一般由省、市、县地方志（史志）机构根据新方志编纂宗旨组织有关专家学者编纂。除人物志外，其他诸如区域建置志、地貌山河志、动植物志、民俗方言姓氏志、著述志等，拟订编纂提纲与专业性分志大体相同。首列概述，之后按照横分门类、纵述历史的原则，列编纂提纲，包括篇、章、节、目。

（3）专业性分志，除前面所列两类之外，还有反映各行各业情况的分志。我国的行业是有明确的管理部门的。因此，各专业性分志的编纂工作，在省级方志总纂部门指导下，由各行业主管部门和单位承担。这些分志的编纂提纲大体分成三个部分：一是首设概述；二是设专章记述组织机构或管理内容；三是将专业内容依据事物性质，按照横分大类、纵述史实的原则设为若干章节。

（二）分工编纂

分志编纂提纲拟定后，即可进入编纂阶段。由行业管理部门承担编写任务。承编单位组织有经验的撰稿人员，明确编纂任务，按照编纂提纲进行志稿撰写。新方志是一地之百科式工具书。因此，分志的编纂工作对所掌握的全部资料进行再整理、加工、浓缩的过程，编纂人员虽有分工，但撰写时必须严谨和认真，做到言之有体，严格遵循志体规范和体例体裁规范。做到言之有物，思想明晰，每记一事，先定主题，遵循主旨记述资料和史实；确保思想性与资料性相统一。做到言之有序，使行文结构合理、层次分明、上下贯通、左右协调。做到言之有文，文字优美，简约而不疏漏，平易而不粗俗，精练而不晦涩。具体要求：

1. 坚持以时间为顺序，突出事物发展主线。新方志编纂的基本要求是横排竖写。横排主要体现在新方志篇目结构上，是新方志篇目编排设计的基本原则。按照事物性质横排篇目要做到横排到边、全覆盖，以确保新方志记述事物的完整性。竖写则主要体现在内容记述上，是新方志记述内容的基本准则。按照事物发展变化的过程性，竖写（纵述）历史要到底、不断主线。横排竖写，就是以时间为经，以事物资料为纬，从古至今，记述事物起始、转折、发展变化的历史与现状：①要明确历史断限。凡不在断限内的事物，不得入志。即使是断限内的事物，时间不明确、不清晰的资料、图表等一律不能入志；②要严格按照新方志文体要求依据事物发展先后时间顺序记述资料，不能用倒叙、插叙等手法；③要突出记述主线和主要事物，不能平铺直叙、面面俱到地记述；④要注意按事物发展的历史分期或事物发展规律记述阶段性特征。

2. 围绕宗旨、紧扣主题，反映事物本质和发展规律。资料为主题服务，要紧紧围绕主题组织资料和剪裁资料，选择那些突出主线、反映事物发展变化规律的资料和史实记述，使新方志内容丰富，主题突出，血肉丰满。

3. 资料裁剪得当，编排得体，确保真实、准确、可靠。新方志汇集的是资料，但并不是拿来资料，不分好坏就用，也不是资料的简单堆砌。新方志是资料性著述，因而必须对搜集来的资料进行加工整理、筛选，去粗取精，去伪存真，选择那些真实可靠的资料进行记述。即使是真实的资料，也有重要与一般之分，资料的编排要突出为主题服务。原始资料是多种多样的，诸如总结、报告、图表等，粗细不一，详略有别，有单一性的，也有多主题性的。因此，编排、浓缩要得体，始终围绕服务主题来选择资料，裁剪、编排资料。

4. 要遵守述而不作的原则。记述事物发展变化的历史与现状，用史实说明因果，反映规律。坚持用资料和史实说话，在选择资料和史实时，要注意事物的因果联系。反映事物的因果联系，述因要精确，述果要鲜明，记述过程要简洁、清楚。叙述得体、文字精确、资料准确，这是新方志学术价值、社会价值、使用价值的要求。

（三）主编统稿

分志主编是分志编纂具体工作的主持者。一部省志分志稿是由承编部门组织力量按照编纂提纲，分工进行编纂成稿的。各人编纂时，虽然有编纂提纲作指导，但由于每位编纂人员的编纂技术和文字能力存在差异，因而各人按分工编纂完成初稿后，必须经过主编统稿。统稿也是主编最重要的职责和义务。主编统稿的主要任务：

1. 贯通全稿。分志在编纂过程中，经过具体编纂人员自己修改、参与编纂人员互相修改、广泛征求本部门相关人员意见后，提交主编进行统稿。主编首先要从宏观上把握全志，即按照省级新方志编纂的各项规定，宏观审视分志稿的政治观点是否正确，框架结构是否科学合理，志稿的内容是否全面系统、真实准确地反映本行业特色和地方特色，是否存在重大遗漏、不协调、交叉重复等问题。

2. 严格把关。新方志编纂的特点是众手成志。由于新方志这一特点，同时也会存在由于每位参与编纂工作的同志，对于问题的理解和思考角度不同，运用资料和史实的方法不同，行文记述事物的风格有差异，因而一部分志的初稿编写出来后要由主编依据统一的方志编纂的质量标准进行统合，使各人编纂的内容能够有机地结合在一起，使众手成志变成完整统一的科学体系。具体说来主编统稿要把好政治关、资料与史实关、结构体例关、文字及行文关、详略得当关。把关的目的在于尽量消灭硬伤，坚决杜绝致命伤，严格把关应注意以下几点：①把好政治关。主要是审视志稿各部分内容是否符合党的路线、方针、政策，有无违反国家法令、民族宗教政策，对重大问题、重要事件的记述是否真实准确，是否符合权威部门公开发布的评论，是否符合国家保密规定等。政治问题关系新方志的命运，政治观点出问题是新方志的致命伤。新方志绝不允许出现致命伤；②把好资料与史实关。重点审核志稿各部分内容记述历史事实和相关资料是否真实、准确，采用的数字资料是否符合国家权威部门公开发布的内容，分志记述的行业内容是否全面、系统、客观、真实，凡是存在问题的，要认真予以纠正。由于主客观原因，新方志在内容记述上出现遗漏，在所难免，遗漏是编纂工作上的缺憾。但方志内容记述上出现错误，则会贻害无穷，必须予以杜绝；③把好结构体例关。主要是审查分志各部分结构体例是否统一、协调，编纂章法是否符合体裁要求，是否符合省级方志编纂原则，横排竖写，寓论点于所记述的资料和史实中等；④把好文字及行文关。主要审核全志文风是否一致，文体及文字是否符合志书的规范体例与体裁，语言是否通俗、朴实、简洁、流畅，记述是否符合述而不论的原则，行文是否合乎规范，诸如时间，计量单位，人物称谓，引文注明等是否符合规范；⑤把好内容记述详略得当关，主要从整体上审查分志部分内容与整体内容是否统一，资料取舍是否得当，重点是否突出，详略是否合理，整个内容的记述是否符合详今略古、详近略远、详主略次、详独略同、详结果略过程、详史实略背景、详转折略铺垫的原则。

综上所述，主编统稿把关，是提高志书质量的基本要求。主编必须严谨、认真地做好把关工作。

（四）责任编辑预审

分志主编统稿完成后，将分志成稿提交省志总纂部门（省志工作机构），由责任编辑（以下简称责编）对承编单位提交的志书初稿进行预审。

责编预审主要审查承编部门是否按照《省志编纂方案》《省志篇目草案》和分志编纂提纲组织编纂工作，是否完成了分志编纂提纲要求的记述内容。重点是：

1. 分志记述事物的分类是否科学，篇目结构是否合理，是否做到了横分到边、不缺要项。

2. 记述内容是否全面、系统、客观、真实，层次是否清晰，是否做到纵述到底、不断主线，记述脉络是否清楚，内容主题是否突出。

3. 观点是否正确，评价是否准确，资料选用是否符合保密规定。

4. 采用资料是否翔实，记述事物要素是否齐全，诸如时间、地点、人物、事物（产品、产量等），是否符合域限规定，资料取舍是否得当。

5. 记述是否符合新方志编纂规范体裁，记述是否系统、全面、严谨、规范、准确、科学，语言是否精练，文字诸如年代、数字、计量单位、编号等是否符合规范。

6. 分志自身记述内容是否存在重复交叉的情况，同省级志书其他分志是否存在内容重复交叉。

四、省级新方志纂审定稿

省级新方志记述的是一省的自然与社会各方面总体的情况，反映的是全省各行各业的全貌。因此，省级新方志与市志、县志、行业志、部门志不同，突出宏观记述。从第一轮修志情况看，现代省级新方志一般由多部分志组成，每部分志字数都在百万字左右。由于现代省志一般由各相应的承编单位完成撰稿，众手成志，其体例把握、内容取舍、记述方式各省存在差异，这就需要加强总纂工作。

（一）“三审”定稿

为了确保质量，省级新方志实行初审、复审、终审“三审”定稿制度。初审（一审）由新省志分志承编单位（部门）组织对志稿进行审核。新省志各分志由承编部位撰写出志稿后，承编单位要组织由部门领导、专家（学者）、知情人士、编纂人员参加的评审会议，对志稿进行评审。承编单位组织评审后，要根据评审提出的意见对志稿进行修改完善，经承编单位分志编委会或领导小组审查同意后正式送审。复审（二审）由省级方志机构组织对志稿进行复审；终审（三审）由新省志评审委员会组织完成。

1. 成立新方志评审委员会。评审委员会应具有权威性、代表性、广泛性。吸收保密、档案、历史、法律、经济、宗教、教育、科技、文化、政治、军事等方面的专家（学者）和有业务专长的其他人员参加。组成省级新方志评审委员会。

2. 评审内容。重点审查省级新方志的内容是否符合宪法和法律、民族宗教政策、保密与档案等法律、规章的规定，是否客观真实、全面系统、科学规范地记述一省自然、政治、经济、文化、社会及生态文明等各方面的历史与现状。

3. "三审"各阶段的重点。省级新方志的初审、复审、终审各阶段的任务各有侧重。

（1）初审的重点。初审是志稿的第一道质量检查工序。审查的重点：资料和史实是否丰富、系统，真实、准确，符合国家保密规定；志书篇目设置是否合理，门类是否齐全，归属是否得当；记述内容是否客观、全面，文体、文风是否符合志体要求，行文是否规范；专业特色是否突出，地域特色和时代特色是否鲜明。

（2）复审的重点。复审是志稿质量审查的第二道关口，在初审的基础上，重点审查：体例是否完备，体裁运用是否得当；结构是否严谨，分类是否科学、合理；层次是否分明，排列是否有序；文字、图表、数据等是否正确、规范。

（3）终审的重点。终审是志稿质量审查的第三道关口，在复审的基础上，重点审查：政治观点、法律法规、保密规定、涉外、涉港澳台、军事、国防、民族宗教等重要内容和敏感问题，以及重大事件、重要人物、重大历史问题等内容的记述是否符合国家有关规定。

4. 评审依据及要求。新省志的评审，要根据中国地方志指导小组印发的《地方志书质量规定》和新省志编纂规定，对志书的政治观点、资料史实、结构体例、内容记述、行文规范等进行全面审查把关，确保志书观点正确，体例严谨，内容全面，特色鲜明，记述准确，资料翔实，表达通顺，文风端正，符合宪法及法律、保密、宗教等法律规定。具体要求：

（1）观点正确。以马克思列宁主义、毛泽东思想、邓小平理论和"三个代表"重要思想、科学发展观和习近平新时代中国特色社会主义思想为指导，坚持辩证唯物主义和历史唯物主义的立场、观点和方法。记述中国特色社会主义建设时期的内容，应体现中国特色社会主义时代精神风貌，全面反映发展中国特色社会主义事业的历程和成绩，正确反映历史发展中的曲折和问题。坚决杜绝志书的致命伤，即志书不得含有下列内容：反对党的基本路线及方针政策的；反对宪法确定的基本原则的；危害国家统一、主权和领土完整的；泄露国家秘密、危害国家安全或者损害国家荣誉和利益的；煽动民族仇恨、民族歧视，破坏民族团结，或者侵害民族风俗、习惯的；宣扬邪教、迷信、赌博、暴力、色情的；侮辱或者诽谤他人，侵害他人合法权益的；危害社会公德或者民族优秀文化传统的；法律、法规和国家规定禁止的其他内容的。涉及国家安全、社会稳定等重大问题，法律、法规及政策未作规定的，须经有关部门审查把关，正确把握记述尺度。

（2）体例严谨。坚持志体，以志为主。横排门类，纵述史实，述而不论。体例科学、规范，体裁运用得当，适合内容记述的要求：①凡例。关于编纂志书的指导思想、原则、时空范围、体裁、人物收录标准、资料来源、行文规范、特殊问题处理等要求，清楚明确；②述。根据方志种类和内容层次的不同，合理设置，概述事物发展全貌和特点等；③记。大事记选录大事得当，重要事项不漏，时间、地点、人物（单位）、原因、结果等要素齐备。专记设置因事制宜，选题严格，数量适度。编后记重点反映修志始末；④志。门类设置合理，纵述史实把握事物的发端、变化和现状，不缺失主要事物、事物的主要方面和事物发展的重要阶段；⑤传。立传人物为在本行政区域有重大影响者，以及本籍人物在外地有重大影响者；⑥图、照片。注重典型性、资料性，从不同角度反映变化的情况。卷首插图包括本行政区域位置图、地形图、行政区划图、交通图等。地图采用国家测绘部门和有关部门绘制或者审定的。重要地理信息数据采用测绘部门公布的法定数据。照片无广告色彩。除人物传、人物简介外，无个人标准像；⑦表。设计合理，要素齐全，内容准确，不与正文简单重复；⑧录。附录的原始文献、补遗考订等资料须具有重要存史价值；⑨索引。分类标准统一，名称概念清楚，提炼的标目符合主题原意，附缀正文页码准确。

（3）篇目设置符合“事以类聚”“类为一志”的基本要求，科学分类与现实社会分工、分志相对独立性与全志整体性的关系处理妥当。整体布局合理，结构严谨，归属得当，层次分明，排列有序。类目的升格或降格，使用适当。标题简明准确，题文相符，同一门类各级标题互不重复。

（4）内容全面。内容反映本行政区域内自然、政治、经济、文化、社会等方面的历史和现状。根据各部门实际，记述内容完整，横不缺要项，纵不断主线；详略得当，重点突出；反映事物基本特征，记述有深度。记述区域界限明确。以本行政区域为记述范围，越境不书。交代背景，反映与本行政区域外的横向对比、联系等，不视为越境而书。时间界限明确，不随意突破志书的上限和下限，严格控制上溯或下延。续修志书应处理好与前志的衔接，注意对前志的拾遗补阙、订讹正误。记述事物、事件和人物，寓观点于记述之中。述体中的必要议论适度，不空泛。志书中同一名称、事实、数据、时间、度量衡、术语的表述，前后一致。内容记述不机械重复。交叉记述的事物，从不同的角度记述，或此详彼略，或用互见法。生不立传。在人物传、人物简介、人物表以外记述人物，以事系人、人随事出。记述人物准确、客观、公允。人物传记述传主的生卒年月、籍贯（出生地）、主要经历、典型事迹、个性特征、社会评价等。人物简介略记人物履历及主要事迹，不面面俱到。人物表要素不缺。图的制作规范，要素齐全，包括必要的图题、图例和注记。照片主题明确，图像清晰，注明时间、地点、事物、需要说明的人物的位置及时任职务等。

（5）资料翔实。资料真实、准确。资料须经过鉴别、考证、核实，时间、地点、人物（单位）、事实、数据等准确。有歧义但不可或缺的资料，多说并存。资料全面、系统。自然、政治、经济、文化、社会、人物等方面的资料齐全。反映事物发生、发展变化过程的资料连贯、系统。人、事、物，时间、地点、事件经过等要素齐备。资料具有代表性、权威性。注重使用原始资料。

（6）行文规范。使用规范的现代语体文记述，不用总结报告、新闻报道、文学作品、教科书、论文等写法。行文严谨、朴实、简洁、流畅。除引文和特殊情况外，以第三人称记述，不用第一人称。使用规范汉字，用词概念准确，符合现代汉语语法规范。使用口语、方言、土语、俗语适当；不滥用时态助词；慎用评价词语；不用模糊、空泛词语和句子。时间、空间概念表述准确具体，指代明确。无知识性和常识性错误。不乱改科学定律、理论概念、政治术语、历史典籍、名人名言的提法和内涵等。各种组织、机构、法律法规、文件、会议等专有名称使用全称。使用简称的，应在首次出现全称之后。简称概念准确规范，不产生歧义。不同时期的国家、团体、机构、职务等名称，均用当时名称。历史朝代名称使用规范的通称，以新版《现代汉语词典》附录中的中国历代纪元表为准。

5. 志稿终审程序。

(1) 选定评审人员。评审人员由省志评审委员会主任或委托省地方志机构，从评审委员会委员或评审专家（学者）库中采取抽签的形式，选定参加各分志终审会议的评审委员会委员或评审专家（学者）。

(2) 省地方志工作机构负责将分志志稿提前分送给选定参加终审会议的评审委员或专家（学者）。

(3) 召开志稿终审会议。具体议程如下：①承编单位分志主编介绍志稿编纂情况；②与会评审委员发表意见；③评审会议主持人综合各位评委意见发表终审结论；④承编单位领导表态发言；⑤评审会议主持人作会议总结。

（二）主编或责编修改

承编单位分志主编或省级地方志工作机构责编对志稿的修改，是根据志稿终审会议所提出的意见，对志稿进行系统的再加工创造的过程。

1. 修改的意义。修改完善是新方志编纂过程中的必要和重要环节，目的在于提高新方志质量，打造精品志书。孔子《论语·宪问》说："为命，裨谌草创之，世叔讨论之，行人子羽修饰之，东里子产润色之。""为"即写作、制作；"命"指国家的政令；"裨谌"即郑国的大夫；"世叔"即子太叔，名游吉，郑国的大夫，继子产为郑国宰相；"行人"即掌管朝觐聘问（外交事务）官员；"子羽"是郑国大夫公孙挥的字；"东里"即郑国大夫子产居住的地方。孔子的意思是说，郑国虽是小国，但治理得很好，其原因就是人才众多，各司其职，例如，"郑国发表的公文，都是由裨谌起草的，世叔提出意见，外交官子羽加以修饰，由子产作最后修改润色"。由此可见，写作制定政令文书，需要经过草创、讨论、修改、润色四个环节，后三个环节都是修改完善。修改完善是分时作一切文字作品所必经的过程，在这个过程中，编纂者主要是经过调整、删改、补充、润色，使其内容更加科学、完美、精练。尤其是众手成志的新方志，由于编纂人员职业素养、专业水平、思想认识、学识素养等存在差异，所写的志稿无可避免地带有编纂者个人写作习惯的痕迹；其内容纵贯今古、横涉百科，资料来源广泛、内容庞杂繁多，不经精心整理、仔细推敲打磨，是难以出良志的；新方志是传世之作，质量如何关系重大，要使新方志成为实用性强、科学价值高的资料性工具书，必须对志稿进行反复修改完善。2003 年 9 月，中国地方志指导小组办公室编印的《新方志纠错百例》一书，将我国首轮修志编修的新方志中普遍存在的问题和不足，归纳为13类：体例、资料、凡例、概述、大事记、经济部类、政治部类、文化部类、人物、附录、硬伤、语言文字、图片。这说明新方志编纂实践中质量欠佳的志书是客观存在的。不论是从资料的思想内容方面来说，还是从志体特有的结构形式来说，或者从记述的文字来说，对新方志进行修改完善都是十分必要的。玉不琢不成器。一部志书只有经过反复琢磨修改，才能使其文、意、体、言符合规范体例，浑然一体。

2. 修改的原则。新方志编纂过程中的修改完善是追求表达准确、规范，使内容记述更加符合文体。修改完善的原则：

（1）恪守编纂宗旨和指导思想，遵循新方志编纂规范和质量标准。

（2）坚持实事求是的科学精神、认真负责的工作态度和严谨细致的工作作风。

（3）坚持从新方志整体格局着眼，从章、节、目，段、句、字入手。

（4）坚持高标准、严要求，有偏必纠、有错必改，冗滥必删、漏缺必补。

3. 修改的方法。新方志的修改完善是对志稿进行深加工的过程，具体来说有以下几种方法：

（1）补充内容缺项，增加重要资料。审读审查时，发现志稿横排门类缺要项、纵述史实断主线的务必进行增补；章、节、目之间衔接不上的要增补；文字表达疏漏不全的要增补；缺少反映事物本质和发展规律的资料和史实要增补；遗漏反映地域特色、时代特色、专业特色、具有典型性和代表性的资料要增补。

（2）删滥芟浮，去伪存真。删除记述不实、空洞无物、空话套话、虚饰浮夸、画蛇添足之类的内容和文字；删除扞格难通、佶屈聱牙、生涩难懂的内容和文字；删除过多学术术语、名词术语、解释说明之类的内容和文字；删除语义不清、表达含混字词句；删除议论过多、交叉重复的内容；删除标语式、口号式、教科书、论文式的语言文字。

（3）调整修改有关内容。对于观点不正确、内容不全面、结构不严谨、文句不通顺、字词不准确的，都要进行调整、改正。宏观修改主要是内容调整变动、结构设计调整、资料重新选择运用，对于记述内容交叉重复、因果关系不明、记述内容偏颇、比例失衡的要进行调整和改正；调整是在原有志稿内容、文字表述范围内进行调整；微观修改是在志稿结构不变的基础上进行修改，其内容出现资料不实、数字错误或不规范（前后不一、文表不一、滥用概数）、用词不准确、标点符号使用不当；对于不合志体要求的，诸如文白夹杂、言不及事、言不符实、滥用简称，使用抒情、夸张、比喻、拟人等手法记述的，定语、状语、补语并用，不符合文字简洁要求的，都要认真修改。

4. 修改的准备。责编完成志稿审查后，向承编单位反馈预审意见，分志主编要与责编进一步协商修改志稿。

（1）修改前，主编要组织编纂人员认真学习《省志编纂方案》《省志篇目草案》和分志编纂提纲，进一步熟悉和了解省志编纂的宗旨、指导思想、编纂原则、体例规范、行文要求、结构方法、设志原则等基本规定，厘清思路，掌握本领，避免盲目。

（2）认真梳理和研究评委和专家（学者）在终审会议上提出的意见和建议，重新审读志稿内容，特别是对提出修改意见的内容，要反复琢磨、商讨。

（3）从宏观高度上，按照省志编纂的各项规定，重新审视分志的框架结构、记述内容。发扬工匠精神，对志稿要不厌其烦地反复推敲琢磨，认真修改。

5. 注意事项。

（1）分志编纂要始终立足全省高度，编纂人员切忌抱有部门之见，只编纂部门所管辖的内容，把分志编纂成部门志书。分志是省志的重要组成部分，其内容要涵盖全省同行业全貌。

（2）记述内容要突出主业，反映行业特点和地域特色。在制定编纂计划和拟定编纂提纲时，要充分考虑行业特点，符合本行业历史与现状的实际情况，事物分类要科学系统，横分门类不缺要项，同时要充分考虑各类事物之间的有机联系，体现分志内容的整体性。

（3）分志编纂工作要始终遵守新方志的编纂规范要求，无论是资料分类、篇目结构设计，还是体例、体裁、行文等，都必须严守编纂规范。

（4）认真做好资料的搜集、整理，分析、综合，选取运用工作。严守域界，非规定域界内的事物不得采用。注意解决好内容交叉重复、畸轻畸重问题。

（三）总纂定稿

新方志总纂是指在各分志或篇章编纂的基础上总纂、合成的过程。这是新方志成书的重要步骤，也是决定志书质量的重要环节。

1. 总纂的地位与作用。新方志总纂是对志稿的总合成和编纂。总合成的目的是确保新方志的整体性，主要是保证新方志在编纂过程中，遵守总体设计篇目，按照统一凡例、规范体例、质量标准和行文规则等。编纂的目的在于突出新方志的著述性，即对搜集整理的资料进行认真整理取舍、排列组合，使其成为一个能够真实反映客观事物本来面目的有机整体。

总纂是一个对志稿总合成、再加工，在更高层面上对全部资料进行重新整理、系统加工，在初稿基础上进行再创造的重要步骤。通过总纂，使各门类既具有相对独立性，又服从全志的统一性，使各分志成为总志的有机构成。总纂作用主要有三个方面：①统一志书体例和文风；②加强志书的整体性；③加强志书内部联系。

2. 总纂的条件与职责。新方志总纂是一项既复杂又浩繁的系统工程。总纂需要具备三个条件：一是完成各分志或篇章的分纂工作，这是总纂基础工作；二是组建总纂班子，这是确保总纂质量的关键环节；三是制定总纂方案，包括总纂的指导思想、质量要求、工作职责、任务分工、工作步骤及时限要求等，这是保证总纂工作顺利进行的指导纲领。总纂的职责是把好政治关、资料关、体例关和文字关。

3. 总纂的步骤与方法。总纂的职责是把好新方志的质量关。要遵循总纂的步骤与方法。

（1）通读志稿。总纂人员要对新方志初稿进行深度修改，首先要全面了解新方志初稿的质量情况。因此，接到初稿后，必须认真通读全部志稿，这样才能吃透全志的内容，发现志稿存在的问题。通读志稿时，总纂人员要严格按照新方志编纂质量标准，认真审查书稿中存在的问题，找出志稿在政治观点、体例体裁、资料史实方面存在的错误、矛盾、重复以及文风上存在的问题。重点把握两方面情况：①新方志所记述的资料和史实是否能够全面系统、真实客观、准确完整地反映所记述事物的本质特征及其发展变化规律；②所运用的资料和史实是否翔实、可靠。在通读志稿时，总纂人员要作详细的通读札记，随手把发现的问题和修改意见记录下来，以备着手修改时参考。通读全志是发现问题的前提，从而统揽全局，把各分志或篇章的内容结合起来，对志稿的修改做出通盘安排，形成具体的修改计划。

（2）统一思想。总纂人员通读志稿，对志稿形成系统思考后，应该把大家的意见集中起来，形成统一的认识。总纂班子诸人对志稿的看法未必完全一致，诸人的想法也不一定完全正确。若思想认识不统一，总纂就无法进行。因此，在着手总纂前，要召开总纂班子会议，让每个人把自己的意见讲出来，发扬学术民主，展开认真讨论，在充分讨论的基础上，最终形成共识，达成统一的意见。以此为依据，总纂工作才能顺利进行，避免因个人片面认识而改错志稿。

(3) 初步修改。在通读全志并形成共识后，总纂人员就要静下心来，集中时间和精力，对志稿进行认真修改、加工。加工、修改新方志志稿总的要求是：消除硬伤，杜绝致命伤。修改新方志有三种情况：①对新方志存在致命伤的内容，要推倒重新编纂；②对新方志记述内容交叉重复的、篇目设置不尽合理的、事物分类不清和资料归类不合理的、归属不当和记述层次混乱的，要下决心大改大动；③对于新方志存在的人、事、物名称错误、用字错漏、图表数字错误、引用不规范、滥用简称、标点符号错误等作小改小动即可。

(4) 组织评审。省志各分志或篇章经过总纂修改后要及时组织评审，评审会议是保证新方志质量的重要环节。评审人员由部门（行业）领导、专家（学者）和编纂人员组成。部门（行业）领导了解本部门（行业）全面情况，掌握党的方针政策，可以从全局上、政治上、政策上把关。专家（学者）、业务人员既要有本地区的专业技术人员，也可请本地区外专业对口的知名专业人员。专业人员主要是从专业（行业）的历史与现状、专业的特点、所选择运用的资料是否科学规范、翔实可靠上把关。编纂人员既要把好政治关、资料关，又要从修志理论、志书体例和文字表达方面把好关。评审会议要充分发扬民主，与会人员要畅所欲言、各抒己见；允许不同意见争论，最终达成一致。

(5) 再度修改。评审会议与会的各方面人员发表意见后，组织评审的单位或机构，要对评审会议提出的各种意见和建议进行梳理和归纳，然后组织力量对志稿再度进行修改。再度修改的过程是进一步加工志稿的过程。要切实做好以下工作：①分析归类。总纂人员对评审会议所提出的意见和建议要逐条分析，必要时召开总纂班子会议讨论，确定哪些意见和建议应该采纳，哪些意见和建议不可取，把正确的意见和建议按新方志的内容进行归类，落实到各分志或篇章中去；②制订方案。内容包括再度修改工作计划和岗位工作责任、再度修改内容及完成时限要求等；③学习相关规定。再度修改动笔前，要学习有关法律规章和方针政策，学习新方志编纂规定和质量标准，明确再度修改的标准和要求；④分工修改。志稿应由总纂人员分工负责进行修改，包括调整篇目结构、增删相关内容、考证资料史实、润色文字等；⑤总纂平衡。分工修改完成后，由总纂班子中确定一人负责最后统改，主要是消灭差错、删繁补要、通贯全篇、剪裁重复、统一体例、润色文字等。

下一步就是将志稿送审验收、直到出版发行。

第二节　市级新方志编纂

市志是新方志中一个新的种类，旧志有通志（省志）、府志、州志、县志，没有市志。

地级市是中华人民共和国第二级行政区划之一，因其行政建制级别与地区相同，故称“地级市”。自1983年11月5日开始，在国家行政机构区划统计上作为行政区划术语固定下来，取代之前的专区之称。进入21世纪以后，中国大陆地区地级市数量逐渐稳定下来，截至2017年10月2日，在总计334个地级行政区中，其中有294个地级市、30个自治州、7个地区、3个盟，地级市数量约占地级行政区总数的88%，地级市已逐渐取代地区成为地级行政区的主体。

自20世纪80年代初期开始编纂社会主义新方志，至今已有近40年的修志历史，对于市志的编纂，积累了一些经验。

一、市级新方志的体例

新方志的体例是贯彻修志4宗旨的重要手段，是新方志区别其他著述的特殊表现形式。傅振伦说，修志之义，先严体例。因为体例是编纂新方志的纲领，是统一全书的准绳。没有完整的体例，是无法编纂出合格新方志的，更谈不上突出新方志特色了。

（一）市级新方志体例结构

从近40年新方志编修历史和已经出版的新方志看，市级新方志体例结构一般采取篇章节目体、类目体、条目体、篇章节与条目结合体四种形式。

1. 篇章节目体。篇章节目体也称章节体，是以篇章节标引内容的结构形式。篇章节目体中的篇与篇、章与章、节与节相互之间的关系是并列的，从各个方面展现事物的内容。而篇与章、章与节是统属关系，从各个方面展现事物的层次关系。这种体例结构严谨，内在逻辑关系紧密，内容的整体性强，志书的容量大，便于客观反映特定地域内各项事物之间的联系。

2. 类目体。类目体按照现代分类学原理设计的一种志体。基本结构是依据社会分工，宏观层次上按大、中、小分类，层层统属，最低层次为目，目为志稿实体。其特征是宏观分类科学严谨，各层次标题以字号或字体加以区别，标题前一般不冠序号。其本质与现代纲目体、条目体没有差别。

3. 条目体。条目体即按事物分类设置条目，以条目为记述单位的一种志体。是新方志创新体例之一。其特点是主题鲜明、类目清晰、结构灵活。不强求归属，减少了志书内容上下左右相互间的牵制和制约的复杂关系，避免了多属性归类上的问题，便于突出各专业在志书中的位置，有利于记述的广度和深度，编纂时便于记述，志书出版后便于检索。

4. 篇章节与条目结合体。这种形式吸收了篇章节体在宏观上分类排编和条目体在微观上切块编写的优点，避免了篇章节体和条目体各自的缺点。一方面，在篇章节层次加强了宏观性，保证志体必要的逻辑严密，并强调全志的总述，篇下综述，章下概述，节下简述，增强了全志的整体性。另一方面，强调条目信息价值、覆盖面，适度放开节下内容的排列规则，灵活设置综合性、主体性、典型性条目，既可增加大量信息，突出特色，又可减少交叉重复，便于编写，有利于检索使用，能够较好地弥补篇章节体与条目体各自的不足。

（二）市级新方志体裁

市级新方志体裁包括述、记、志、传、图、表、录七种形式。本章第一节已有讨论，此不再赘述。

二、市级新方志的篇目设计

篇目是体例的重要体现，是新方志体例的具体化。篇目与体例相辅相成。市级新方志的篇目是市级新志书的框架结构，“篇目是志书的眼睛”，是组织和实施编写工作的纲目和前提。篇目的制定是编纂志书的第一道工序，关系一部志书的总体设计、层次结构，犹如房屋的框架、桥梁的蓝图，是搜集资料的向导、编写志书的提纲。因此，设计好篇目尤为重要。

（一）篇目设计步骤

篇目设计步骤一般分为三个阶段：一是准备阶段；二是拟定篇目阶段；三是修改完善阶段。

（二）篇目设计的要求

市级新方志篇目的设计，要坚持志体，有利于反映地域特色和时代特色，有利于用志。在具体构思过程中，应按市级新方志的性质、范围、体例和当地的实际情况，条分缕析，分门列目。力求史实无遗漏、资料归类得当、事物排列有序、重点突出、纲举目张。使读者一目了然，便于查验。具体要求：

1. 市级新方志篇目要依据“事以类从，类为一志”的原则来设计。

2. 市级新方志篇目设计要体现地方特色。

3. 市级新方志篇目设计要体现时代特色。

（三）篇目设计把握的问题

搞好篇目设计必须把握好几个问题：一是容量广大；二是分类科学；三是排列有序；四是层次分明；五是标题醒目；六是编次考究；七是升格适度；八是整体性强。

三、市级新方志的部类

2006 年 5 月 18 日，国务院公布的《地方志工作条例》第三条强调说：“地方志书，是指全面系统地记述本行政区域内自然、政治、经济、文化和社会的历史与现状的资料性文献。”党的十九大报告着眼于全面建成小康社会、实现社会主义现代化和中华民族伟大复兴，提出加强经济建设、政治建设、文化建设、社会建设、生态文明建设，对推进中国特色社会主义事业做出“五位一体”总体布局。

因此，市级新方志的部类主要分为自然部类、经济部类、政治部类、文化部类、社会部类、生态环境部类。

（一）自然部类

自然部类一般应该包括地形地貌、地质、山脉水系、土壤、气候、物候、自然资源、自然灾害等方面内容。

（二）经济部类

经济部类一般应该包括农业经济（农业、林业、水利、畜牧业、副业、渔业）、工业经济（工业、手工业、乡镇企业）、工商贸易经济（服务业、商业、粮食、工商、贸易、物价）、城建交通经济（城乡建设、物产、交通、邮电）、财政金融经济（财政、金融、税收）。

（三）政治部类

政治部类一般应该包括地方行政设置、民政、司法、党派群团、军事、统战、侨务等方面内容。

（四）文化部类

文化部类一般应该包括文化（艺术、影视、文物古迹、新闻、广播电视）、教育、科技、体育、医药卫生与计划生育等内容。

（五）社会部类

社会部类一般应该包括民族、宗教信仰、人民生活、精神文明建设、方言（谣谚、民间传说）、民情（民俗、风俗、习惯、服饰、风味小吃、传统建筑）等方面内容。

（六）生态环境部类

生态环境部类一般应该包括生态环境、生态环境监管、环境污染防治、环境污染整治、绿色环保经济、生态环境保护等方面内容。

四、市级新方志的编纂

市级新方志主要从城市区域功能考虑，注意城市的综合性和扩散性，篇目设计以突出城市为主，内容记述既要注意城市的中心作用，又要考虑城市的辐射功能，处理好市区与城市、县域与城市记述内容交叉重复问题。

（一）自然部类撰写

自然部类，是新方志对自然环境方面的记述，内容包括市辖区域内自然环境的各方面情况。旧方志自然部类仅包括山川、河流，内容不多。社会主义新方志的自然部类，主要记述的内容包括地质、地貌、气候、水文、土壤、生物六大要素。根据自然地理科学的研究成果，科学排列，分类记述。

1. 地质部分。记述地层、地质构造、地震、矿产、地质运动等有关地质环境的基本内容。

2. 地貌部分。记述地形、地貌、类型分区等方面的内容。如基本地貌类型包括平原、丘陵、盆地、高原等，特殊地貌类型包括河流冲积地貌、黄土高原地貌、喀斯特地貌（岩溶地貌）、风沙地貌等，记述地貌形态大小、地貌特征。

3. 气候与物候部分。记述内容包括日照、气温、降水、风、霜、湿度与蒸发等概况，充分记述这些要素的最大值、最小值、平均值、逐年变化情况；记述植物物候、动物物候，以及海洋气象；记述自然灾害，诸如旱灾、水灾、风灾、冰雹灾害、霜冻灾害、地震灾害等。

4. 水文部分。记述地表水和地下水，诸如河流、湖泊、海洋、地下水等水体的水文情况和地质情况，以及可被利用的水资源情况和海区概况；记述海域，诸如岛礁、海湾、海峡、水道、滩涂、渔场、锚地及自然保护区。

5. 土壤部分。记述土壤概况、土壤种类、分布，反映各种类型土壤的物理性能和化学性能。

6. 生物部分。记述植物种类、植物分布和植被，记述动物种类和分布，植物、动物按照植物学、动物学的科学分类，如实记述。

（二）经济部类撰写

从方志发展历史看，旧方志虽然有经济内容，但由于历史上人们社会经济活动的局限以及经济观念不及现代社会发达，旧方志中记载经济的门类和内容相对较少。中华人民共和国成立以后，特别是党的十一届三中全会以来，中国共产党领导人民坚持社会主义道路，完善社会主义制度，创新社会主义理论，繁荣社会主义文化，不断推进社会主义伟大事业，坚持以经济建设为中心，坚持四项基本原则，坚持改革开放，解放和发展生产力，繁荣经济。社会主义新方志，特别是第二轮修志，记述的是我国人民在中国共产党的领导下，探索建设中国特色社会主义的伟大实践。经济建设和改革开放成为这个时代的主旋律。反映在新方志中，经济部类就成为重要内容。经济部类反映的是我国人民进行物质文明建设的活动，主要内容包括：

1. 经济体制改革、经济综述部分。记述由计划经济转向市场经济的改革发展过程，诸如农村生产经营方式的改革、国有企业发展、流通领域改革、宏观经济管理体制改革等，记述改革应该充分反映不同历史阶段的改革政策、改革措施、改革成果。经济综述是宏观反映一市经济发展变化，起统领经济部类各篇的作用，可以根据实际情况撰写。或按时期撰写，或按经济发展、经济结构、投资规模等横分门类而撰写。

2. 生产与经营部分。记述农业、工业、流通领域的生产经营活动。农业分门别类地记述，种植业包括粮食作物种植、经济作物种植、耕作制度、种子、病虫防治等；林业包括森林资源、植树造林、林产品生产、林业管理等；牧业包括畜禽品种、畜禽饲养、疫病防治、牧草等；

渔业包括水道养殖、渔业捕捞、渔政管理等；乡镇企业包括国家对乡镇企业积极扶持、合理规划、分类指导、依法管理及乡镇企业的布局、发展规模、经营状况等；水利包括水利设施、水利建设、水土保持、水利管理等；各工业行业、商品购销及市场建设等情况；农业机械包括大型农业机械、小型农业机械、农机维修、农机管理、农机服务；扶贫开发包括扶贫开发项目、扶贫项目、减轻农民负担等。工业经济重点记述各工业行业和工业企业。工业行业包括矿产开采、机械制造、金属冶炼、建筑材料、纺织服装、石油化工、农产品加工等；工业企业则在行业中加以记述。流通领域包括市场体系建设，诸如商品市场、资本市场、劳动力市场及其他形式市场建设与管理等基本内容。

3. 经济管理部分。记述财政、税收、金融、计划、物价、工商行政管理、技术监督、统计、审计等经济管理活动。主要记述一市财政收入、支出、管理，国家和地方税收等方面的情况；记述金融和保险等方面情况；记述政府对生产经营活动调节管理，包括计划、工商行政管理、物价管理、技术监督管理，统计、审计等综合管理情况。

4. 基础设施部分。记述城乡建设、道路交通、机场、港口及航运、邮电通信、水利等基础设施建设情况。

（三）政治部类撰写

政治是指政府、政党、社会团体和个人参与管理社会的活动。政治同各种权力主体的利益密切相关。政治作为权力主体维护自身利益的方式，主要表现为以国家权力为依托的各种支配行为和以对国家的制约性权力为依托的各种反支配行为，如统治行为、管理行为、参与行为、斗争行为、领导行为、权威性影响、权力竞争等。这些行为的共同特点是都以利益为中心，具有不同程度的强制性、支配性和相互斗争。政治作为权力主体之间的关系，主要表现为上述特定行为的相互作用。如统治与被统治的关系、管理与参与的关系、权威与服从的关系、相互斗争的关系等。这些关系又基本上取决于社会经济关系所具有的必然性。社会主义新方志政治部类的基本内容包括政党、人民代表大会常务委员会（简称人大）、政府、政治协商会议委员会（简称政协）、群众团体、民政、司法、军事、劳动人事等，反映的是一市政治文明发展建设的历史和现状。

1. 政党部分。记述本市各党派组织的发展建设的历史与现状，重点记述中国共产党建设的伟大工程、领导建设中国特色社会主义伟大事业的重大活动及重要事件等。

2. 人大部分。记述本市历届人民代表大会及其常务委员会行使立法权和选举权的情况，接受议案和处理议案的情况，履行立法监督和督察等情况。

3. 政府部分。记述本市政府按其管辖的权力范围，履行管理职责的情况，包括政府机构、组织形式、历史沿革、重要政事、民政、人事、外事（侨务）等相关内容。

4. 政协部分。记述本市政协组织机构、重要会议、行使政治协商、民主监督、参政议政职能的情况。

5. 群团部分。记述本市工会、共青团、妇联、工商联、残联、侨联、社科联、文联、科协、学联的群团组织机构的发展历史与现状，以及在群众中的影响和作用。

6. 民政与劳动人事部分。记述本市民政部门业务工作情况，包括优抚、扶贫、社会救济、社会流浪人员安置、残疾人员就业和扶助、烈士褒奖及军烈属优抚、婚姻登记管理、殡葬管理、民事调解和行政区划管理及基层选举等；劳动人事记述本市劳动就业、管理、职业培训、工资劳保、机构人员编制及其任用、考核、培训等。

7. 政法部分。政法部分包括公安、检察、审判、司法四方面内容，其中公安记述本市警制沿革、政治保卫、国家安全、社会治安、刑事与经济侦察、预审、消防、交通管理、户籍管理等；审判记述本市审判机构、审判制度、诉讼程序、刑事审判、民事审判、经济审判等；检察记述本市检察制度、刑事检察、经济检察、法纪检察、监所检察、控告申诉检察等；司法记述本市司法行政机构、法制宣传、民事调协、律师、公证、监狱及社区矫正等。

8. 军事部分。记述本市的军事地理、驻军、兵役制度、民兵、武装机构、兵事、人民防空等。

（四）文化部类撰写

文化是人类社会特有的现象。文化是由人所创造，为人所特有的。有了人类社会才有文化，文化是人类社会实践的产物。广义的文化是人类创造出来的所有物质和精神财富的总和。其中既包括世界观、人生观、价值观等具有意识形态性质的部分，也包括社会主义精神文明建设活动、公民道德建设、国民教育体系、国民健康体系、文化事业、文化产业等，更包括自然科学、科技创新与进步、语言和文字等非意识形态的部分。

社会主义新方志文化部类，主要记述一市人民在中国共产党的领导下建设社会主义精神文明的活动和状况。以弘扬民族文化、民族精神为主旋律，反映民族的、科学的、大众的社会主义先进文化。其篇目设计包括精神文明创建活动、教育、科技、文化、卫生、体育、社会科学研究等方面情况。

1. 精神文明建设部分。记述本市改革开放以来的各种文明创建活动、公民道德教育活动、社会主义核心价值观培育以及社会新风尚。

2. 教育部分。记述本市种类教育，诸如幼儿园、小学、初中、高中、职业教育、大学、成人教育、终身教育等一系列教育体系的建立、发展和变化。

3. 科技部分。记述本市科研机构、科技队伍、科研项目、科技开发和应用、科技装备水平。

4. 文化部分。记述本市文学、戏曲、电影、音乐、杂技、美术书法、摄影、民间艺术、图书馆、博物馆、展览馆、文化馆、艺术馆以及群众文艺活动、艺术教育与研究、文化机构、文艺人才等，记述本市文化产业，包括文化市场的建立、发展与管理，文化产业生产经营情况等。

5. 卫生部分。记述本市疾病防控、公共卫生、医疗机构、医疗水平、医疗设施、医疗人才等内容。

6. 体育部分。记述本市群众体育、学校体育、体育设施、竞技体育、体育人才、群众身体素质状况等内容。

7. 社会科学研究部分

记述本市哲学、经济学、政治学、法学、伦理学、文学、历史学、社会学、心理学、教育学、管理学、人类学、民俗学、新闻学、传播学等各社会学科研究成果，艺术交流、社科管理等。

（五）社会部类撰写

社会主义新方志社会部类与自然部类、经济部类、政治部类、文化部类 、生态环境部类一起，组成了市级新方志的主体内容。2006 年 5 月 18 日，国务院公布的《地方志工作条例》明确指出："地方志书，是全面系统地记述本行政区域自然、政治、经济、文化和社会的历史与现状的资料性文献。"不难看出，社会部类已经包括在其中了。

社会主义新方志社会部类可包含社会结构、社会组织、社会管理、社会保障、民族与宗教、风俗风尚、方言、人民生活、婚姻与家庭、社会问题等内容。

1. 社会结构部分。社会结构部分主要是指社会阶层结构。记述本市社区沿革、社会阶层及其变迁、有关人口结构、年龄层次、文化层次、就业层次、经济层次等。社会阶层着重写好新出现的阶层。

2. 社会组织部分。社会组织部分主要是民间组织的一些内容。记述本市社会组织的成因、规模、活动及影响等。

3. 社会管理部分。社会管理部分记述本市一些部门的工作内容。包括社会治安、基层政权与社区建设、民间组织管理、老年工作、收容改造、婚姻登记、殡葬管理等。

4. 社会保障部分。社会保障部分是社会主义新方志中具有时代特色的内容，也属于社会管理，内容较多，在社会上影响较大。主要记述本市社会保险、社会福利等方面内容。

5. 民族与宗教部分。民族，记述本市少数民族人口及分布、宗教信仰、风俗习惯、语言文字、文化生活等方面内容；宗教记述本市宗教概况、宗教事务管理机构、不同宗教派别机构及宗教场所、教职人员培养、公益事业、经费来源等方面内容。

6. 风俗风尚部分。风俗风尚部分着重反映本市改革开放 40 年期间风俗的现状、变迁及社会倡导的新风尚，体现时代特色。精神文明的部分内容也可入内，文明新风、移风易俗、民风民情、新兴节日等。记述本市居民仪礼习俗、岁时节日、生活习俗、社交习俗、行业习俗、民间信仰等方面的内容。

7. 方言与民间艺术部分。方言与民间艺术部分着重记述反映改革开放 40 年来，本市出现、变异的新词汇新俚语。记述本市民间艺术、民间文学、民间技艺、民间游艺、社会新风等方面情况。

8. 人民生活部分。记述的基本内容应包括：本市居民收入及消费水平，居住条件、物质消费（衣、食、住、行、娱乐、保健等各种消费状态）。

9. 婚姻与家庭部分。重点记述本市婚姻观、婚姻习俗等方面内容。

10. 社会问题部分。记述本市社会问题，一般包括结构性社会问题（贫富差距、下岗失业、应试教育、社会保障、腐败等）、变迁性社会问题（农村问题、老龄化问题、流动人口、耕地、环境、交通等问题）、道德性问题等。涉及面广，对每个问题，可从状态、危害、成因、对策几个方面来分目，进行深层次的剖析与探索。但现在一般资料不足，记载缺乏深度。可以列出专题，请相关社会团体或专家进行调查、撰写。

（六）生态环境部类撰写

生态环境是指影响人类生存与发展的水资源、土地资源、生物资源以及气候资源数量与质量的总称，是关系到一市社会和经济持续发展的复合生态系统。生态环境问题是指人类为其自身生存和发展，在利用和改造自然的过程中，对自然环境破坏和污染所产生的危害人类生存的各种负反馈效应。党的十九大着眼于全面建成小康社会，建设社会主义现代化强国和中华民族的伟大复兴，对推进中国特色社会主义事业作出“五位一体”总体布局和协调推进“四个全面”的战略布局，推进绿色发展，推动形成人与自然和谐发展现代化建设新格局。这是总揽国内外大局、贯彻落实习近平新时代中国特色社会主义思想的新部署。社会主义新方志必须适应新时代、新形势发展的需要，在第三轮市志编纂中应设立生态环境部类，主要记述本市生态环境恶化现象及形成原因、给本市及至更大地域范围造成的生态环境影响。

1. 生态环境。记述本市自然生态环境的历史变迁与现状。生态环境保护取得的积极进展；生态环境保护面临的机遇与挑战。

2. 生态环境监管。记述本市环境执法、监督检查、环境监察、完善市场机制、落实地方责任、加强企业监管、实施全民行动、提升治理能力，建设项目环境评估与管理等内容。

3. 环境污染整治。记述本市大气环境综合整治、水环境整治、噪声污染防治、固体废物污染防治、环境基础设施建设、创建国家环境保护模范城市、实施工业污染源达标排放和推进重点污染物减排、开展农村环境综合治理等内容。

4. 环境污染防治。记述本市土壤环境污染防治、工业污染防治、海洋与江河污染防治、核污染防治、核安全与辐射环境管理等内容。

5. 绿色环保经济。记述本市强化生态空间管控、推进供给侧结构性改革、强化绿色科技创新引领、推动区域绿色协调发展，发展环保产业、清洁生产与循环经济、乡村生态环境保护、修复生态退化地区、建设自然保护区及生态示范区等方面内容。

第三节　编纂县级新方志的方法与步骤

县是我国基层行政建置单位，设立的历史比较久远。春秋时期已经有邑、县之称，战国时期，有些诸侯国已经开始实行郡县制，秦统一六国，郡县制进一步得到巩固。因此，县的普遍设立是在秦朝。秦代以后，各个朝代普遍设有县。截至2017年年底，我国有2052个县级行政建置单位。其中：393个县级市，1491个县，116个自治县，49个旗，3个自治旗。

县志是记述一县古今人、事、物的志书。县志的编纂历史同样也很久远。秦汉时期无载，三国时期吴顾微编纂《吴地记》，顾启期编纂《娄地记》；至晋、隋又编纂《安定图经》。此后，县志编纂延绵不绝，数量越来越多，质量越来越高，明清以后，县志成为方志中数量最多的一个品种。现存最完整的全国地方志，是公元813年唐代李吉甫编的《元和郡县图志》（后因图佚，改名《元和郡县志》），共40卷，后有部分散失。它以唐代的47镇为纲，每镇一图一志，详细记载了全国各州县的沿革、地理、户口、贡赋等，如图8－1所示。

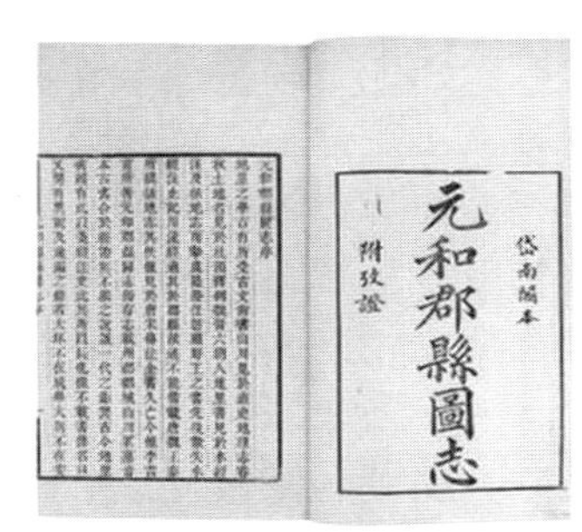

图8－1　元和郡县图志

一、成立编纂机构

组建县志编纂机构，建立工作平台，是做好编纂工作的重要保障。2015年8月25日，国务院办公厅制发的《全国地方志事业发展规划纲要（2015—2020年）》强调将地方志工作纳入各地国民经济和社会发展规划、地方各级政府工作任务，做到“认识、领导、机构、编制、经费、设施、规划、工作”到位。明确提出：“地方志工作要坚持和健全党委领导、政府主持、地方志工作机构组织实施、社会各界广泛参与的工作体制。地方志工作机构设置和人员编制，要与其有效履行职能、顺利开展工作的要求相适应；按照德才兼备原则和专业要求，配齐配强地方志工作机构的领导班子。”根据“党委领导、政府主持、地方志办公室组织实施”的工作格局，由县政府出面组建县志编纂委员会，加强组织领导，保证修志任务高质量按时完成。

（一）成立编纂委员会

新县志编纂委员会设主任一名，副主任3—5名，委员若干名。编纂委员会主任一般由县长担任；编纂委员会副主任由县委、县人大、县政协等部门负责人和一名副县长担任；编纂委员会委员由县有关部委办局负责人和其他有关人员组成。

县志编纂委员会的主要任务是制定规划；开展调查研究，组织搜集资料；组织县志编撰；组织审定验收志稿工作等。

（二）设立编纂委员会办公室

编纂委员会下设办公室，主要负责县志编纂日常工作。办公室设主编或主任一名，副主编或副主任2—3名，责任编辑或科（股）长及编辑或工作人员若干名。

主编或主任要具备较高政治素养和业务素质，既有马克思主义理论水平，又有较强文字综合、写作能力和组织协调能力，熟悉本县情况，精通业务，真正是方志方面的明白人。

实行编纂委员会领导下的主编负责制。主编副主编负责志书总体设计、拟定篇目、总纂志书和组织志稿初审等工作。主编定期向编纂委员会汇报编纂情况，重大问题由编纂委员会研究决定，日常编纂工作由主编主持。

办公室其他成员要忠诚方志事业，热爱方志文化，具备编纂工作所需要的素质条件，诸如道德素质、知识素质、能力素质等。

办公室其他成员依据篇目设置进行分工，一般按大编分组，并由专人负责乡镇志的联系和指导。

各编写组的主要任务是：拟订和修改本组分工的具体篇目，搜集相关资料；编写和修改本级承担的具体篇目内容；与有关县直单位联系，指导搜集资料和编写部门志稿；对有关部门搜集的资料进行审核把关，对其撰写的志稿进行审改；对乡镇志相应部分进行审改。

二、县级新方志总体设计

县志要突出地方特点，是由方志的性质和功能决定的。县级新方志要体现地方特点，首先要搞好总体设计。

（一）选择体例结构

在漫长的修志历史过程中，历代修志人经过艰辛探索，形成了很多体例形式。不同的体例结构，各具优劣。因此，在组织编纂县级新方志时，首先要选择一种适合记述本县实际内容的体例形式。县级志书选择何种体例形式，要经过充分研究本县的自然和社会、经济与政治、环境与人文、地方优势与特色等情况后，慎重研究确定，要选择适合记述本县全面情况，有利于反映本县实际，展示本县特色的体例结构。只有选择适合本县情况记述要求的体例，才能确保新县志编纂工作顺利进行。据黄苇主编的《方志学》介绍，从我国方志编纂历史看，县志的主要体例大体上有无纲并列体、门目体、编年体、总纲系目体（三宝体）、三书体、竖切横分体六种结构体例。其中编年体和竖切横分体显然不合方志"事以类聚，横排竖写"的基本要求；总纲系目体（三宝体）把复杂的社会生活完全囿于"土地、人民、政事"等几个总纲之中，形式限制了内容的合理排比，而且不免流于模式化；无纲并列体则与总纲系目相反，失之过于分散，缺少统属，似有"只见树木，不见森林"之弊；三书体立三书，把志与文征、掌故分开，眉目比较清楚，但一般来说，县志是以志为主，文征、掌故之记述量难以与志平立，掌故、文征需保存史料，完全可以另编资料专辑，若在志中分量超重，难免庞杂，也影响志书的可读性。权衡下来，较为理想的县志体例结构是门目体，现今，新县志的编纂已经普遍采用。

选择体例结构要与制定总体方案和拟定凡例一并考虑。

（二）制定总体方案

县级方志总体方案设计，包括总体设计思路、编纂指导思想、编纂任务、编纂通则（包括志书名称、时间断限和记述范围、编纂体例和体裁、结构层次、行文规范）、编纂工作程序（准备工作阶段、收集资料阶段、编写修改阶段、总纂合成阶段、审稿出版阶段）、县志编纂质量要求（观点正确、资料翔实、体例严谨、文辞规范、校核准确）、审查验收、组织领导等诸多方面。总体设计方案是县级新方志编纂全部工作的总指导和规划蓝图。要在分析研究本县全局性问题的基础上进行设计。只有吃透了本县的情况，制定的总体方案才会具有实践性和可操作性，才能便于组织落实。

（三）拟定县志凡例

凡例也可称作编纂说明。即说明编纂县志的指导思想、编纂宗旨、起讫时限、基本内容、编纂体例、文辞规范等。县级新方志凡例的作用：在成书前，是编纂工作的指导纲领，是统一编纂者行为的规范，是编纂工作必须遵循的准则；志书出版后，是指导读者阅读志书的指南，便于阅读者把握要领，有利于阅读和作用方志。概括起来说，凡例是指导修志的权威性法规；是规范编纂行为的准确；是帮助阅读的指南。新县志的凡例内容由通例、分例和特例三部分构成。通例，内容包括新县志的总纲；分例，内容包括分门别类地说明新县志的各种体裁；特例，内容主要是如何处理一些与他志不同的做法。

三、县级新方志编纂

编纂县级新方志是一个非常复杂而系统的工作，从篇目设计到志书出版发行，都有明确的要求。具体方法与步骤如下：

（一）篇目设计

设计好县级新方志篇目，是加快修志进程和保证方志质量的关键。根据 1981 年中国地方史志协会提出的《关于新县志编纂方案的建议》，其中关于县志的《基本篇目》，大体分为 10 编 49 卷。根据相关资料整理，如表 8—1 所示。

表 8—1　　县级新方志基本篇目

序号	篇目	卷一	卷二	卷三	卷四	卷五	卷六	卷七	卷八
	序言								
一	概述编	历史大事记	建置沿革	区域区划	县城乡镇	人口民族			
二	自然编	地形地貌地质	山脉水系	土壤气候物候	自然资源	自然灾害			
三	经济编	农业林业牧业副业	水利渔业	工业手工业乡镇企业	商业粮食	城乡建设物产	交通邮电	财政工商金融贸易税收物价	
四	政治编	地方行政设置	司法	民政	党派群团	统战侨务	民主革命斗争纪略	社会主义革命纪略	

续表

序号	篇目	卷一	卷二	卷三	卷四	卷五	卷六	卷七	卷八
五	军事编	机构设置	兵役民兵	重大兵事记述					
六	文化编	文化艺术影视	教育	科技	体育	医药卫生与计划生育	文物古迹	新闻广播电视	
七	社会编	风俗习惯	宗教信仰	方言谣谚与民间传说	服饰风味与传统建筑				
八	人物编	人物传	人物表	革命烈士英烈名录					
九	图表编	图像	表谱						
十	附录编	县志编修始末	重要文献辑存	优秀诗文选录	地方文献要目				

注：表8—1根据1981年中国地方史志协会提出的《关于新县志编纂方案的建议》，其中关于县志的《基本篇目》分为10编49卷等相关资料整理。

采取何种结构形式、用什么标准设置分志、划分多少分志等，主编要组织相关人员进行认真研究确定。篇目结构务必符合本县实际情况，切忌照搬上级部门拟定的基本篇目。篇目对新方志质量关系重大，必须科学严谨。研究新县志篇目时，要吸收有关部门志稿编撰人员参加讨论，篇目初步形成后，要征求熟悉本县情况的同志的意见。篇目在广泛征求意见、反复修改完善的基础上，慎重确定。一经确定下来，便成为分工搜集资料和组织志稿撰写的依据，不得随意更改。篇目设计要从以下几方面着手：

1. 围绕方志功能设计篇目。社会主义新方志的功能是明道、资治、存史、辅教。新县志要围绕这四大功能设计篇目，只有这样才能体现修志的根本宗旨。为此，要做到三个突出：一是突出县域特色，新方志要反映县域独特优势，包括县域独特的自然环境和人文环境、区域经济、地域文化；二是突出时代特色，县级新方志要以反映现状为主，对中华人民共和国成立以来所取得的重大成就，特别是1978年党的十一届三中全会以来出现的新事物、新成果、新局面，要在篇目上加以体现。坚持用新思维、新观点、新资料、新方法、新体例来记述县域全面情况；三是突出地域人文特色，县级新方志既要记述本县社会风俗、民俗习惯，民族、宗教，谣谚、方言，人物、传奇，不仅记述人物群体，更要记述对本县现代化建设做出贡献的英雄模范人物加以记述，增强县志的可读性。

2. 依据科学性设计篇目。科学性是社会主义新方志的重要特性。县级新方志篇目设计科学性的总体要求是：门类划分恰当、按类归属，统属得当、层次清楚，标题立题准确、符合志体要求。

县域事物繁多，划分门类要严格按科学分类方法进行。门类不宜太细，层次不能太多；做到门类齐全，篇目横排，平列均衡；性质相同，标准统一，避免交叉重复；纵向，篇章节目统辖得当，避免颠倒混乱；篇目标题，用词简洁，立题明确，就实避虚，直书其事，文题相符。

（二）资料搜集、考订、整理

资料是编纂新方志的前提，缺乏资料，编纂工作就成无米之炊了。县志记述一县地情应当是全要素、全方位、全过程的。作为资料性百科全书，新县志从头到尾始终用资料和史实说话。新县志所用资料不能简单从乡镇志、部门志中摘取，编纂人员要亲自动手，搜集原始资料，资料丰富是记述精益求精的保证。

1. 搜集资料的具体方法。

（1）查阅与采访相结合。

（2）搜集编史资料与搜集修志资料相结合。

（3）广泛征集与特约相结合。

（4）编纂人员与发动群众相结合。

（5）个别采访与集体座谈相结合。

（6）调查与研究相结合。

2. 搜集资料的步骤。

（1）先内后外，先近后远。

（2）先易后难，先急后缓。

（3）先典型后一般，先重点后全面。

（4）先概括后具体，先主体后背景。

3. 鉴别资料的原则。

（1）坚持科学分析，存实去虚、存真去谬。

（2）坚持实事求是，保持资料原貌。

（3）坚持从实际出发，无证不言、慎用孤证。

（4）坚持完整性，查核疑难、充实补缺。

4. 考订资料的方法。

（1）矛盾排比，去伪存真。

（2）征文考献，实物查核。

（3）逻辑推理，辨别虚假。

5. 整理资料的方法。

（1）建立资料卡片。

（2）分类与编目。

（3）编列资料代号。

（4）编纂资料长编。

（三）编纂分志

编纂分志是编纂县志的基础。新县志篇目设计、资料搜集工作完成后，即按照分工进行志稿的编写。编纂新县志要注意三点：

1. 记述内容要细致详尽、翔实准确，采用资料要抓典型、抓细节、抓关键，记人、记事、记物要详尽、准确。

2. 彰显本县地方特色，落实好篇目地方特色，在记述内容上要写得深透，具有说服力和感染力。

3. 严格遵守新县志体例和篇目规划，编纂分志时不能受制于部门志，部门志书可以作为参考，编纂按“事以类从，类为一志”的原则，对部门志的再加工，不能把几个部门志凑在一起就算完事。

（四）总纂合成

新县志的总纂合成是主编与副主编根据总体设计，在县志完成初稿的基础上，对各编纂人员分工编撰的志稿进行合成编纂为一部县志。志稿总纂合成要体现抓总，即总揽全局、总体设计、总体编辑、总体审核。具体来说包括：

1. 加强县志综合记述，深化县志的主体内容，重点提高县志整体性，处理好资料编排的综合性和主体内容记述的阶段性关系，处理好横排与纵写的关系，处理好宏观记述与微观记述的关系，处理好综合记述与重点记述的关系。

2. 精选入新县志资料，提高新县志的存史价值，选择一县之资料入志，事关县志的史料价值和存史价值。总纂合成志稿时，对初稿提供的资料要重新筛选，既要考虑资料的全面性、完整性、系统性，又要突出典型、突出重点、突出特色，对初稿提供资料进行加工处理，正确处理交叉与重复的关系。

3. 统一新县志记述标准，提高新县志记述风格：一是统一政治尺度及术语用法；二是统一同类事物记述格式；三是统一行文及记述规范。

（五）征求意见

县志完成总纂合成后，要广泛征求意见，由主编与副主编组织召开专门评议会议，请有关单位和部门熟悉情况的同志、邀请专家学者，对县志进行讨论评议。对评议会议提出的修改意见和建议，主编要组织县志编纂委员会办公室人员进行认真研究与梳理，认真采纳各方面提出的正确意见和合理建议，对县志稿再进行修改和完善。

（六）修改完善

一部新县志，文字体量很大，内容丰富，从初稿到定稿付梓，必须反复修改和完善。这是因为，新县志是“众手成志”，志稿质量会因编纂者的认识水平差异而良莠不齐，错误在所难免，也会因为编纂写作能力和行文风格差异而致县志体例和文字风格不统一。志稿修改完善是编纂新县志的重要环节，只有反复修改、充实完善，才能使志稿内容更加科学、更加完美、更加精练。新县志修改完善的重点：

1. 补充缺失资料和史实，着重补充反映本县事物本质的资料和史实、补充本县具有代表性的典型资料和史实、补充反映本县地域特色的资料和史实；

2. 查核入志资料和史实，重点查核县志记述的历史现象与历史本质是否真实一致、查核县志记述的前后事件或数据是否准确一致、查核县志记述的文中数据与表格数据是否一致；

3. 删除多余文字和内容，重点删除空洞无物的记述、删除多余的文字和内容、删除交叉重复的内容、删除标语口号式语言文字、删除猎奇及宣传封建迷信等陈规陋习的记述、删除过多记述过程及滥发的议论。

4. 调整县志框架结构，主要是对志稿纲目、段落顺序、图表位置、资料运用和编写方法进行适当调整，确保志稿宏观整体性，确保县志大结构和大框架的科学性。

（七）复审与报批

修改稿由县志编纂委员会讨论审定后，提请市志编纂委员会或市志工作机构进行复审。

市志编纂委员会或市志工作机构应组织保密、档案、历史、法律、经济、军事、民族、宗教等方面的专家和学者，重点审查县志的内容是否符合宪法和保密、档案、民族、宗教等法律、法规的规定，是否全面、客观地反映本县自然、经济、政治、文化和社会的历史与现状，政治观点是否正确，资料是否全面系统、翔实准确，主线是否清晰，主项是否突出，内容取舍是否得当，地方特色、时代特色是否鲜明，是否符合志书体例和行文规范。

县志通过复审后，要根据复审会议提出意见再次修改。修改完成后，经县志编纂委员会讨论审定后，报请县政府验收。

（八）出版发行

新县志通过县政府审查验收，完成各种审批程序后，进入出版印刷程序。县志编纂委员会或县志工作机构要切实做好出版发行相关工作，把好出版发行质量关。

四、县级新方志编纂应处理好几个关系

县志作为方志主要志种之一，除了具有方志的一般特性外，还有自身的特性。这些特性归纳起来具有以下几点：一是普遍性。几乎所有县都修志。在我国现存方志中，县志数量最多。《中国地方志联合目录》（中国科学院北京天文台主编，1985 年）共收录方志 8264 种，其中县志有 5728 种，占该目录收录方志总数的七成左右，县志保有量在 300 种以上的省份有冀、晋、陕、鲁、苏、浙、赣、豫、粤、川；二是基础性。旧时修志，先修县志。新方志有省志、市志、县志，县志依然是基础；三是百科性。县级方志是一县之全史、百科之总览；四是资治性。旧时，新任县官到任，下马即寻找并翻阅县志；清代《吏治悬镜》说，“治天下者以史为鉴，治郡国者以志为鉴”。因此，要编纂符合方志特性的高质量县志，客观要求编纂工作者必须正确处理继承与创新、成功与失误、经济与人文的关系。

（一）继承与创新的关系

继承与创新是社会主义新方志编纂实践中一个永恒的话题。继承是创新的基础，传统是创新的源泉。继承如果没有创新作支撑，不可能行

之久远；创新如果没有传统作滋养，创新就会枯萎。继承是为了发展，创新是为了更好地发展。创新是一个民族进步的真正动力，也是新方志事业发展的推动力量。社会主义新方志事业是随着时代发展进步不断发展进步的。只有跟随时代步伐，把握新时代精神，立足于变化的新情况、新问题，不断探索和创新，大胆运用新思维、新方法、新资料、新观点、新方式，才能做到既有继承又有创新，既能承上启下，又能推陈出新，编纂出新方志。

中华人民共和国成立后不久，我国便开始编纂社会主义新方志，特别是自20世纪80年代以来，开展大规模修志已有近40年历史了。近40年修志历史，参加人员之多，修志品种之广，成志速度之快，志书质量之高，都是历史罕见的。县级新方志出版近3000部。总体上看，县级新方志内容丰富，体例完备，特别是鲜明的时代特色和科学性，都是旧方志所无法比拟的。由于在编纂中强调突出地方特色，所以县级新方志都必然充分反映本县特色内容，提高了地情价值。毫无疑问，新修县级方志，除了具备明道、资治、存史、辅教功能外，对于研究县域文化、县域历史、县域地理、县域经济都有无可替代的作用，成为建设社会主义精神文明，繁荣社会主义文化必不可少的内容。但新县志继承尚好，创新略显不足。主要表现在编纂者缺乏创新思维，墨守成规，大胆闯、大胆试的内容不多；体例框架较好地继承了历代旧方志的传统，但照抄照搬的地方多，标新立异的东西少；在记述方法上，较好地继承了传统方志的规范体例、体裁和章法，但过于保守、单调，造成千志一面的局面。党的十九大宣告，中国进入新时代。方志事业和方志文化作为中国特色社会主义文化事业和中华民族优秀传统文化重要组成部分，必须与时俱进，在新时代有新发展，出新成果，创造新局面，因此必须处理好继承与发展、改造与创新的关系，处理好形式与内容的关系，处理好记述内容的共性与个性的关系。鼓励编纂人员在篇目结构、记述内容、记述方式和方法等进行积极探索和创新。时代变化了，方志记述的内容也要变化，形式为内容服务，因而记述的方式、方法也要随之改变。

（二）成功与失误的关系

20世纪80年代，开展大规模修志以来，社会主义新方志事业的发展和繁荣，已经走过近40年历史。县志作为新方志的主体，成果丰硕。但回顾编纂出版的新县志，也有一些值得总结经验的问题。由于过分强调详今略古，出现历史资料和史实记述不全，如存在“两轻两重”的问题，即1921年中国共产党成立以前的资料和史实轻，以后的重。第一轮修志的断限是1840—1985年。新修县志中，记述有关1840—1920年的内容普遍偏轻。1949年中华人民共和国成立以前的资料和史实轻，以后的重，几乎所有新修县志记述的内容都是以中华人民共和国成立为分界点，民国时期的内容记述太少。县级新方志普遍存在著述性不足和记述深度不够的问题，突出表现为，只记成绩，不记缺点；只记顺利发展，不记曲折斗争；只记成功，不记失误，回避矛盾，回避失误。例如，对“大跃进”“人民公社”的副作用记述很少，对“文化大革命”采取回避不记述的态度，对于我国人民在中国共产党领导下，坚持中国特色社会主义道路、建立中国特色社会主义制度、发展中国特色社会主义理论、繁荣中国特色社会主义文化，在探索经济发展过程中“求新、求变、求发展”，进行艰苦卓绝的伟大斗争，深度记述不充分，对于改革开放的“新事物、新成果、新局面”广泛记述不全面。

县级新方志的基本属性是资料性著述，具有存史功能。这就客观要求将一县之内的自然和社会、政治和经济、历史与现状的兴衰起伏和发展变化、成功与失误、矛盾和冲突、优势与劣势等，如实记述下来，保存下去，供今人和后人查问参考。彰明因果、揭示规律，是新方志功能的本质要求。任何事物的现象与本质是存在差异和矛盾的，新方志在记述时不能表面化、片面化。记述不完全，甚至歪曲地表现事物的现象，不仅不能揭示事物的本质及其规律，相反，还会误导人们的认识。记述一县事物发展变化中出现的异常现象，包括失误甚至失败、矛盾冲突，是事物发展客观规律的真实体现，揭示出事物发展的必然趋势，对人们认识历史，借鉴经验是有帮助的。处理好成功与失误的关系，要始终坚持实事求是，秉笔直书；明了事实，明鉴功过；下笔准确，分寸得当。

（三）经济与人文的关系

旧方志的内容比较注重历史的连续性和社会、自然资料的广泛性。从纵的方面来说，前代有关的政治、经济、人口、田赋、人物、艺文等都有所记述，从横的方面来说，社会现象和自然现象的各种资料都兼收并蓄。旧方志由于缺乏科学的世界观和方法论的指导，对历史现象的说明和历史人物的评价，旧方志更充满了唯心主义的谬误。它们不是用历史解释迷信，而是用迷信解释历史；它们不是说明人民群众创造历史，而是宣扬帝王将相创造历史。马克思主义要求我们“把历史的内容还给历史”（《马克思恩格斯全集》第一卷 650 页）。我们必须清除旧方志中的唯心史观，恢复历史的本来面目，阐明人类社会历史进程的内在矛盾和发展规律，引导人们自觉地顺应历史发展的潮流，推进历史。

从第一轮修志开始到 2017 年年底，已经出版发行的县级新方志近 3000 余种，这些新修县志具有鲜明的时代性和严格的科学性，但内容上普遍存在显著弱点，主要是对历史的连续性和自然资料、社会资料、人文资料的广泛性重视不够，削弱了方志的传统特点，显得比较单薄。县级新方志普遍存在重视记述经济活动，忽视人文资料的倾向。中华人民共和国成立后，我国人民在中国共产党领导下医治国民党统治时期遗留下来的创伤，恢复和发展国民经济，全力进行经济建设，特别是 1978 年党的十一届三中全会以来，坚持以经济建设为中心，实行改革开放，我国经济取得巨大成就，国家的面貌发生了历史性变化。社会主义新方志必须全面系统、准确科学地记述中国共产党的执政规律、中国特色社会主义建设规律、近现代中国历史发展变化规律。记述经济建设方面的内容，是突出新方志时代特色的要求。但必须清醒地认识到，今天我们要建设社会主义现代化国家，社会主义物质文明和社会主义精神文明同步推进，并且用精神文明保证物质文明。历史文化和优良历史传统是精神文明的组成部分。让新方志为社会主义的现代化建设服务，是编修新方志的根本宗旨。我们要站在建设社会主义物质文明和精神文明的高度，来处理新方志经济与人文的关系。

主要参考书目

1. 黄苇等. 方志学［M］. 上海：复旦大学出版社，1993.

2. 曹子西，朱明德. 中国现代方志学［M］. 北京：方志出版社，2005.

3. 清·章学诚. 仓修良. 文史通义新编［M］. 上海：上海古籍出版社，1993.

4. 唐·刘知几撰，（清）浦起龙通释. 史通［M］. 上海：上海古籍出版社，2015.

5. 张铁锁. 新方志"概述"点评［M］. 北京：中华书局出版，2008.

6. 仓修良. 方志学通论（修订本）［M］. 北京：方志出版社，2003.

7. 王复兴. 方志编纂学［M］. 济南：济南出版社，1989.

8. 张其卓. 新志书编纂求索［M］. 沈阳：辽宁人民出版社，1990.

9. 袁广才，党戈. 方志写作学［M］. 长春：吉林文史出版社，2005.

10. 刘纬毅，诸葛计，高生记，董剑云. 中国方志史［M］. 太原：山西出版集团·三晋出版社，2010.

11. 高国抗. 章学诚方志论文选注［M］. 广州：岭南美术出版社，2009.

12. 金达迈. 方志文体研究［M］. 上海：上海人民出版社，1991.

13. 王晓岩. 历代名人论方志［M］. 沈阳：辽宁大学出版社，1986.

14. 王德恒. 中国方志学［M］. 郑州：大象出版社，2009.

15. 毛东武. 方志语言学［M］. 北京：方志出版社，2010.

16. 傅振伦. 中国方志学通论［M］. 北京：北京燕山出版社，1988.

17. 吕志毅. 方志学史（内部资料）［M］. 保定：河北大学出版社，

1993.

18. 李泰棻. 方志学［M］. 石家庄：河北人民出版社，1990.

19. 黄道立. 中国方志学［M］. 成都：四川出版集团巴蜀书社，2005.

20. 王晓岩. 方志演变概论［M］. 沈阳：辽沈书社出版，1992.

21. 梁耀武. 方志学举要［M］. 沈阳：云南人民出版社，1995.

22. 中国地方志指导小组办公室. 中国方志通鉴［M］. 北京：方志出版社，2010.

23. 王晓岩. 方志体例古今谈［M］. 成都：巴蜀书社出版，1989.

24. 禹舜，洪期钧. 方志编纂学［M］. 北京：中国文史出版社，1991.

跋

1989年，我到省政府办公厅工作，对于方志有过接触，但仅局限于机构与人员的层面。2017年，有幸调入省政府地方志办公室工作，尽管对方志并不陌生，但专事方志编纂工作，我是“懵懂”的。因此，我开始对方志及其文化进行研习。方志属信史，其文化奥衍宏深，包孕精微。非好学深思，不能通知其解。在将近一年的时间里，搜览方志理论文章200余篇，赏玩文义，各有取资；拜读省内方志专家的著作28部，征引旁求，采华摘精；搜集《盛京通志》等辽宁旧志18种，博观大要，左右采撷；选购全国方志专家著作10余部，暇就研索，参考其指。撰写读书笔记达60万字，本书许多观点都是学习过程中的感悟。

方志学是一门实践性很强的科学。理论上的学习与研究固然重要，更重要的是它对志鉴编纂工作的指导。为此，我在2017年用了近三个月时间，到省内14个市进行调研，其间，听取了101位基层工作同志的汇报，写了三万多字的调查手记。基层单位不畏困难以及对方志工作的执着与坚守，令我敬佩，让我萌生撰写本书的想法。

2017年，我在研究方志理论的同时，先后审读志稿近700万字，其中有《辽宁省志·水利志》《辽宁省志·公路水运志》《辽宁省志·地震志》《辽宁省志·军事志》《辽宁省志·外事侨务志》《辽宁省志·财政志》等。对每部志稿都从头到尾进行通审，从体例到文字，反复研读，逐字逐句地进行斟酌与考订，在办内组织的志稿预审会上，听取大家意见，从而形成自己对省志编纂的认识与看法，其中部分观点也吸收到本书之中；另外，还审读了《铁岭市志·卷三》《抚顺市志·第三卷》《朝阳市志·政治卷》，对每部志稿发现的瑕疵都作批改与贴条，以至于这些改过的志稿被各市修志人员戏称为“草履虫”。在调研与志稿审读过程中，我发现一些方志理论已经不能适应新方志发展的要求，特别是方志发挥“明道、资治、存史、辅教”功能不突出，坚持“求变、求新、求发展”理念不明确，反映“新事物、新成果、新局面”特点不鲜明。为此，每晚挑灯夜战，将自己的读书笔记进行筛选、归纳、整理，有针对性地概括、吸收、精炼、提升，将在实践中发现的问题，探索其解决的方式方法，以期解决方志理论与实践相结合的问题，于是，就有了本书今天的面世。

在书稿完成后，省志办的同仁们帮助审其篇目，辩其讹谬，补缺削衍，纠偏正乖。其中林燕燕、麻志杰对全稿进行通审；杜祥武、丁玉恒、由林鹏对存疑进行考订、对内容进行修改补充、对文献进行查核；赖明、郭雅云、梁忠音、侯颖、宁芳、宋华、姜潮洋、张鑫宇、胡亮对书稿文字进行审校；李楠、姜卫世、刘春旭、许宝珠、蔡苗、蔺晶晶对本书的完成给予了支持与帮助。总之，全办同仁兢兢业业地改错、纠偏、删冗、补正，提出了许多宝贵意见和建议。之后，我将大家的审读意见和建议进行消化吸收，并逐一修改、认定，增补万余字的内容，终成此书。事非亲历不知其难，学非亲为不知其艰。本书凝聚了全体省志办人员集体智慧与汗水。值本书面世之际，向各位同仁深表谢忱。

由于我对方志及其文化的研究尚处于起步阶段，窥片言而滥声，实乃责任所系。体无论繁简，辞无论工拙，而是非善败之端，备见于书。错漏之处，以俟博洽有志之士斧正。

鄂钢城

戊戌年初夏

20×20